本书获得了山东社会科学院出版资助项目、山东社会科学院博士基金项目、国家自然科学基金面上项目“‘供应链+多元主体’视角下中小制造企业污染共治模式与策略研究”（71974115）、山东省社会科学规划研究青年项目“‘好品山东’战略驱动下基于股权众筹的农产品电商创新发展研究”（22DGLJ30）的资助。

考虑股权合作的
闭环供应链价值共创研究

张伸 著

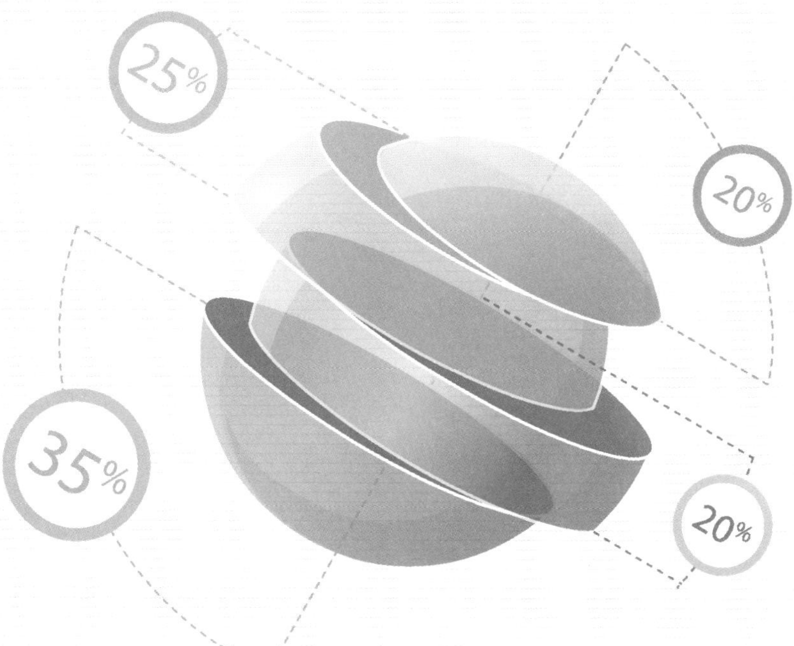

中国社会科学出版社

图书在版编目（CIP）数据

考虑股权合作的闭环供应链价值共创研究/张伸著．—北京：中国社会科学出版社，2023．7
ISBN 978-7-5227-2094-4

Ⅰ．①考…　Ⅱ．①张…　Ⅲ．①产业链—供应链管理—研究—中国　Ⅳ．①F269．23 ②F252．1

中国国家版本馆 CIP 数据核字(2023)第 112722 号

出 版 人　赵剑英
责任编辑　李庆红
责任校对　周　昊
责任印制　王　超

出　　版　中国社会科学出版社
社　　址　北京鼓楼西大街甲 158 号
邮　　编　100720
网　　址　http://www.csspw.cn
发 行 部　010-84083685
门 市 部　010-84029450
经　　销　新华书店及其他书店

印　　刷　北京君升印刷有限公司
装　　订　廊坊市广阳区广增装订厂
版　　次　2023 年 7 月第 1 版
印　　次　2023 年 7 月第 1 次印刷

开　　本　710×1000　1/16
印　　张　14．5
字　　数　216 千字
定　　价　78．00 元

前　言

加快建设现代化经济体系，着力提高全要素生产率，着力提升产业链供应链韧性和安全水平是党的二十大作出的重大战略部署，这要求供应链具有良好的价值创造能力。近年来兴起的价值共创理论重视消费者在价值创造中的作用，为供应链价值创造研究提供了新视角。随着环境问题日益突出，供应链上下游企业开始进行产品的回收与再制造，形成闭环供应链，价值共创活动也从传统制造扩展到了再制造领域。供应链企业间的合作是供应链高效决策的基础，也是企业与消费者共创价值的重要保证。股权合作即为重要合作形式，主要包括供应链链上企业间的单向持股和交叉持股，以及链上企业与链外主体间的股权合作（如股权众筹）等。三类股权合作形式虽然各具优势并广泛实践，但仍不可避免地存在缺陷，故对闭环供应链价值共创的影响不确定，需要全面系统地研究。有鉴于此，本书将以单向持股、交叉持股为例的链上企业股权合作形式和以股权众筹为例的链上企业、链外主体股权合作形式纳入闭环供应链价值共创体系中，全面分析了三类股权合作形式对闭环供应链价值共创的影响，提出了实现闭环供应链经济价值、环保效应提升的有效途径，主要有以下工作和发现：

（1）考虑股权合作的闭环供应链价值共创基础研究。本书首先界定了股权合作、闭环供应链价值共创等重要概念，明确了考虑股权合作的闭环供应链价值共创内涵；然后从链上企业、链外主体、消费者角度出发分析了考虑股权合作的闭环供应链价值共创的动因；最后通过系统分析明确了考虑股权合作的闭环供应链价值共创过程及实现形式，为后续章节的研究内容提供了理论支撑。

（2）闭环供应链价值共创的基本形式和特征不会因为股权合作形

式的不同而改变。基本形式和特征是：制造商关注消费者价值虽然损失了自身价值，但是提升了消费者、零售商、回收再制造企业、企业联盟与闭环供应链价值以及环保效应；制造商应创造条件吸引消费者积极参与价值共创，使其与制造商对消费者价值的关注相互配合，形成协同高效的价值共创。

（3）考虑单向持股的闭环供应链价值共创研究。针对零售商持股制造商、制造商持股零售商影响下的闭环供应链价值共创问题，运用Stackelberg博弈、无约束递阶规划构建相关模型，采用非线性分段函数刻画制造商、零售商单位成本与持股比例的关系，分析了两种单向持股对闭环供应链价值共创的影响，并通过数值分析与仿真进行比较。研究发现：零售商持股制造商有助于确定制造商对消费者价值关注程度的上限。制造商持股零售商有助于确定制造商对消费者价值关注程度的下限。制造商对零售商持股比例的提升还将促进消费者参与价值共创。

（4）考虑交叉持股的闭环供应链价值共创研究。在前述研究基础上首先针对利润单次分配型交叉持股影响下的闭环供应链价值共创问题运用Stackelberg博弈、无约束递阶规划构建相关模型，揭示了交叉持股对价值共创的影响，提出了实现价值提升的途径，并通过数值分析与仿真得出了使闭环供应链及各主体价值实现帕累托改进的最优交叉持股比例。在此基础上进一步运用圆盘定理构建考虑利润精确分配型交叉持股的闭环供应链价值共创模型，全面对比了两种利润分配模式下交叉持股对闭环供应链价值共创影响的异同以及最优交叉持股比例的变化，从而为两种利润分配型交叉持股的应用提供了理论依据。研究发现：虽然在利润精确分配型交叉持股下制造商对零售商最优持股比例得到提升从而增强了对销售渠道的控制，但闭环供应链经济价值、环保效应低于利润单次分配型交叉持股下的对应指标，与直观感受相反。

（5）考虑股权众筹的闭环供应链价值共创研究。首先针对无领投股权众筹影响下的闭环供应链价值共创问题运用完全信息动态博弈、有约束递阶规划构建了考虑无领投股权众筹的闭环供应链价值共创模型，解得最优闭环供应链及其各主体价值、环保效应和制造商股权让渡比例，分析了股权众筹对闭环供应链价值共创的影响。在此基础上，本书引入股权众筹领投人，进一步探究相关结果的变化，并简要分析了股权众筹、链上企业股权合作并存的情形，初步形成了“供应链+多元主体”的闭环供应链价值共创模式。

本书的创新之处如下：

（1）提出了考虑链上企业间、链上企业与链外主体间股权合作的闭环供应链价值共创研究框架，丰富并拓展了供应链价值共创研究，为研究考虑链上企业、链外主体其他行为的供应链价值共创、定价等相关问题提供了借鉴。

（2）采用非线性分段函数刻画了企业单位成本与单向持股比例的变化关系，得出了更全面准确的研究结果，为进一步研究交叉持股对闭环供应链价值共创的影响奠定了基础。

（3）对比了利润单次分配型、精确分配型交叉持股对闭环供应链价值共创的影响，发现了利润精确分配型交叉持股对闭环供应链价值共创的负面作用，为两种利润分配型交叉持股的应用提供了理论依据。

（4）构建了考虑无领投、有领投股权众筹的闭环供应链价值共创模型，对比了两种股权众筹对闭环供应链价值共创的影响，揭示了有领投股权众筹的实践性，进一步提出了“供应链+多元主体”的闭环供应链价值共创模式，拓展了闭环供应链价值共创的边界。

目　录

第一章 绪论

第一节 选题背景与研究意义

一 选题背景

加快建设现代化经济体系，着力提高全要素生产率，着力提升产业链供应链韧性和安全水平是党的二十大作出的重大战略部署（习近平，2022）。由此可见供应链相关研究与实践在国家战略中的地位得到进一步提升。

价值创造是供应链研究中关注的热点话题。近年来兴起的价值共创理论重视消费者在价值创造中的作用，为供应链价值创造研究提供了新视角（Zhang，Meng，2021）。互联网、云计算、大数据分析的发展进一步推动了供应链价值共创的实践，对相关行业产生了深刻影响。比如苹果耐克手表 App 的导航定位、社交、训练计划制订等功能改善了用户的使用体验，提升了用户的使用兴趣，而用户对苹果手表功能的交流反馈、在使用过程中产生的数据等进一步推动苹果公司改善产品（Ramaswamy，Ozcan，2018a）。随着环境问题日益突出，供应链上下游企业开始进行产品的回收与再制造，形成闭环供应链，价值共创活动也从传统制造扩展到了再制造领域。比如富士施乐从消费者处回收打印机、数码多功能机以及耗材等进行拆解、分类、再利用及再生利用，其再资源化率已达到 99.99%，荣获复旦大学管理学院颁发的 2016 中国企业社会价值共创践行奖（Zhang，Meng，2021）。而消费者获得的消费者价值除购买产品时的消费者剩余外，还包括回收时获得的收益，供应链上其他各方的价值也将发生改变（Hong，Ke，2011）。所以，闭环供应链价值共创研究具有重要的理论与实践意义，通过分析供应链及链上各方价值的变化，找出价值增值的条件，提出改进各方价值的策略并更加有效地应对环境问题。

供应链企业间的合作是供应链高效决策的基础，也是企业与消费者共创价值的重要保证（Herrmann et al.，2015）。股权合作是重要合作形式之一，主要包括供应链链上企业之间的单向持股和交叉持股，以及链上企业与链外主体间的股权合作等。单向持股的主要形式包括上游企业持股下游企业和下游企业持股上游企业。橡胶企业杜邦持股通用汽车、发动机企业戴姆勒持股阿斯顿·马丁就是上游企业持股下游企业的典型案例（张楠、周宗放，2017）。而经销商持股则是下游企业持股上游企业的重要形式，格力、格兰仕集团都对经销商开放持股（Leng，Parlar，2010）。交叉持股是以上两种股权合作形式的结合，它有利于企业通过资源共享、风险共担等合作机制增强竞争力（Peng et al.，2019），从而使交易关系更加稳定，比如2014年3月国企金枫酒业与民企永辉超市交叉持股，拓宽了金枫酒业的销售渠道，同时使永辉超市得以参与国企改革（何丽红等，2018；马洪坤、杨振宇，2020）。股权众筹则是链上企业与链外主体间股权合作的一种新兴形式，它为在传统渠道难以获得资金的企业提供了资金支持，为公众提供了大量投资机会，同时可利用互联网、大数据等技术优势根据公众的投资兴趣有针对性地设计投资项目，比如与环保相关的股权众筹项目就受到了热心环保的公众的关注（Lam，Law，2016），有助于构建公众帮助企业解决环保问题的多元主体共治机制（孟庆春等，2020），与闭环供应链的环保属性相契合。

股权合作虽然具有独特优势，也得到了广泛实践，但仍不可避免地存在缺陷。单向持股能够提高收益但无法完全实现供应链的一体化（付红等，2014；张楠、周宗放，2017）。交叉持股的双方企业依然是独立实体，双方的利益冲突不可能通过交叉持股完全消除。比如，雷诺与日产之间虽然通过交叉持股展开合作，但双方在企业规模、持股比例、股东权益方面均不对等，近年来一度出现联盟破裂的风险

(Zhang, Meng, 2021)。实证研究表明，交叉持股对公司绩效可能存在负面影响（Ang, Constand, 2002），同时在公司治理方面可能出现虚增资本、侵害少数股东权益的现象（Ferguson, Hitzig, 1993; Khanna, Palepu, 1999）。有鉴于此，日本于 2015 年 6 月修改上市公司治理准则，要求公司披露交叉持股原因与目的，对日本较为普遍的交叉持股现象作出了限制（Kanno, 2019；裴桂芬、赵翠，2012）。股权众筹的监管机制尚不完善，投资者专业性较低，风险较大（邓超、王腾，2019）。

由此可见，股权合作对闭环供应链价值共创的影响不确定，需要全面系统地研究，主要有以下研究问题亟待解决：（1）单向持股中，制造商（上游企业）持股零售商（下游企业）与零售商持股制造商对闭环供应链价值共创的影响有何不同？（2）如何刻画生产成本与持股比例的函数关系？（3）现行交叉持股模式下多采用利润单次分配方式，但理论上可以通过无限次分配以达到精确结果并存在相关计算方法（郭小林等，2002），那么两种分配方式下的交叉持股会如何影响闭环供应链价值共创？（4）是否存在使闭环供应链及各主体价值、环保效应实现帕累托改进的最优交叉持股比例？（5）股权众筹存在无领投人股权众筹和有领投人股权众筹两种形式，两种形式的股权众筹如何影响闭环供应链价值共创？

基于以上问题，本书将以单向持股、交叉持股为例的链上企业股权合作形式和以股权众筹为例的链上企业、链外主体股权合作形式纳入闭环供应链价值共创体系中，全面分析三类股权合作形式对闭环供应链价值共创的影响，提出实现闭环供应链经济价值、环保效应提升的有效途径。

二　研究意义

本书希望通过研究全面具体地反映考虑股权合作的闭环供应链价值共创的主体、特征、过程与结果，实现经济价值、环保效应的提升，既分别展现闭环供应链链上企业间、链上企业与链外主体间不同形式的股权合作对闭环供应链价值共创的影响，又纳入统一整体加以分析，最终得出兼具一般性和特殊性的科学结论，初步搭建起对这一问题系统分析的框架，并且有助于相关企业的业务流程优化和形成新的管理思维，推动政府出台更有利的产业政策。

（一）理论意义

一是丰富供应链价值共创的研究内容。现有供应链价值共创的研究多集中在正向供应链和消费者之间，鲜有涉及闭环供应链和股权合作。本书在已有研究的基础上拓展了闭环供应链价值共创的边界和主体，将链上企业间、链上企业与链外主体间的多种典型股权合作形式纳入闭环供应链价值共创中，丰富了供应链价值共创的研究内容。

二是推动供应链管理、金融、环境等学科的交叉研究。闭环供应链价值共创属于供应链管理领域的研究内容，股权合作属于金融领域的研究内容，环保效应则属于环境领域的研究内容，本书在一定程度上推动了以上三个领域的交叉研究。

三是探索“供应链+多元主体”的闭环供应链价值共创模式。本书通过股权合作将链上企业、消费者、链外主体等多元主体紧密联系，探索实现闭环供应链经济价值、环保效应提升的有效模式与途径，推动闭环供应链可持续发展。

（二）实践意义

一是提供有效策略支撑。在理论研究基础上，本书将设计价值共创策略，为闭环供应链价值共创提供方向指引和具体方案。

二是提高供应链整体竞争力。本书有助于核心企业实现产品的循环再制造，提升品牌声誉，吸引公众和消费者，形成供应链绿色竞争力，最终提高供应链的整体竞争力。与此同时，本书有利于在全社会范围内营造供应链创新与应用的良好氛围，全面推进“供应链管理”国家战略的落地生根。

第二节　主要研究内容

围绕提升闭环供应链价值共创水平的目标，本书将股权合作纳入闭环供应链价值共创理论体系，分析不同股权合作形式对闭环供应链价值共创的影响。主要研究内容包括：

一 考虑股权合作的闭环供应链价值共创基础研究

本部分通过对考虑股权合作的闭环供应链价值共创进行内涵分析、动因分析、过程与实现形式分析，为后续章节研究做铺垫。具体内容如下：①内涵分析。界定股权合作形式、闭环供应链价值共创过程、各主体价值、环保效应等相关概念，明确考虑股权合作的闭环供应链价值共创内涵。②动因分析。分析闭环供应链链上企业与消费者共创价值、消费者参与闭环供应链价值共创、链上企业股权合作、链外主体参与股权众筹的动因，阐明将不同股权合作形式纳入闭环供应链价值共创过程的合理性。③过程与实现形式分析。从系统角度论述考虑股权合作的闭环供应链价值共创过程和实现形式。后文将在此基础上根据股权合作的形式以及闭环供应链企业与消费者共创价值的特征，从考虑单向持股的闭环供应链价值共创、考虑交叉持股的闭环供应链价值共创和考虑股权众筹的闭环供应链价值共创这三类情形出发进行系统研究。

二 考虑单向持股的闭环供应链价值共创研究

本部分研究考虑闭环供应链链上企业间单向持股情形下的闭环供应链价值共创问题。具体内容如下：①考虑零售商持股制造商的闭环供应链价值共创研究。科学刻画制造商单位生产成本关于零售商对制造商持股比例的函数，运用 Stackelberg 博弈、无约束递阶规划构建考虑零售商持股制造商的闭环供应链价值共创模型，求解并分析闭环供应链及其各主体价值、环保效应的变化情况，从而得出零售商持股制造商对闭环供应链价值共创的影响。②考虑制造商持股零售商的闭环供应链价值共创研究。科学刻画零售商单位环保成本关于制造商对零售商持股比例的函数，构建考虑制造商持股零售商的闭环供应链价值共创模型，求解并分析闭环供应链及其各主体价值、环保效应的变化情况，从而得出制造商持股零售商对闭环供应链价值共创的影响，同时与考虑零售商持股制造商的闭环供应链价值共创作对比，分析两种情形下闭环供应链价值共创的异同。

三　考虑交叉持股的闭环供应链价值共创研究

本部分将零售商对制造商、制造商对零售商的单向持股共同纳入闭环供应链价值共创体系，根据研究情形选定核心参数，并通过数理建模，研究考虑利润单次分配型、精确分配型交叉持股的闭环供应链价值共创问题。具体内容如下：①考虑利润单次分配型交叉持股的闭环供应链价值共创研究。假设交叉持股企业间只进行一次利润分配，运用Stackelberg博弈、无约束递阶规划构建考虑利润单次分配型交叉持股的闭环供应链价值共创模型，求解并分析闭环供应链及其各主体价值、环保效应的变化情况以及使闭环供应链各主体价值实现帕累托改进的最优交叉持股比例，从而得出利润单次分配型交叉持股对闭环供应链价值共创的影响。②考虑利润精确分配型交叉持股的闭环供应链价值共创研究。在前述研究基础上运用圆盘定理构建考虑利润精确分配型交叉持股的闭环供应链价值共创模型，全面对比两种利润分配模式下交叉持股对闭环供应链价值共创影响的异同以及最优交叉持股比例的变化，从而为两种利润分配型交叉持股的应用提供理论依据。

四　考虑股权众筹的闭环供应链价值共创研究

本部分将对持股主体与行为的关注从链上拓展到链外，研究考虑股权众筹的闭环供应链价值共创问题。具体内容如下：①考虑无领投股权众筹的闭环供应链价值共创研究。假设链外的股权众筹投资主体地位平等，不存在领投人（股权众筹投资主体中资金充足、专业水平较高的投资人，首先作出投资决策），运用完全信息动态博弈、有约束递阶规划模型构建考虑无领投股权众筹的闭环供应链价值共创模型，解得最优闭环供应链及其各主体价值、环保效应和制造商股权让渡比例，分析股权众筹对闭环供应链价值共创的影响。②考虑有领投股权众筹的闭环供应链价值共创研究。在前述研究基础上，假设存在首先投资的专业领投人，其他股权众筹投资主体跟随投资，对相关模型进行修正，分析领投人的存在使相关结果产生何种变化，从而为业界如何选择不同的股权众筹方案提供理论依据，最大限度地提升闭环供应链及链上、链外各主体价值和环保效应，并简要分析股权众筹、链上企业股权合作并存情形下的闭环供应链价值共创问题，讨论不同股权合作形式下闭环供应链价值共创的异同，实现对前述研究内容的整合。

主要研究内容逻辑关系如图 1.2.1 所示：

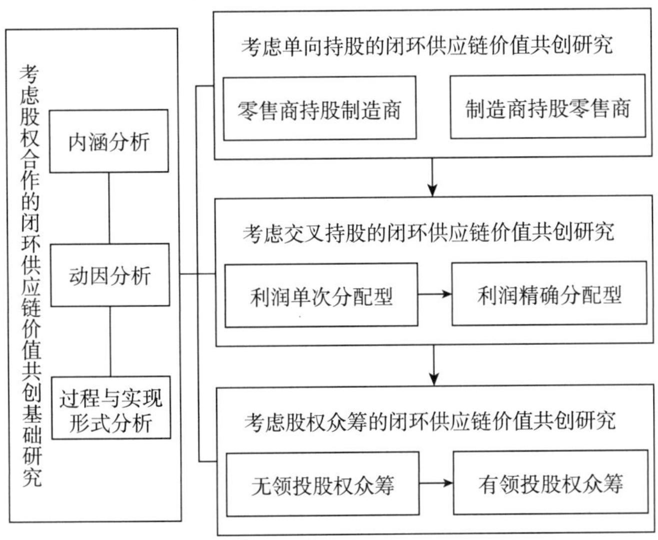

图 1.2.1　主要研究内容逻辑关系

第三节　研究方法、技术路线与主要章节安排

一　研究方法

（一）文献分析法

本方法主要用于第二、第三章，通过文献分析确定供应链价值共创、考虑股权合作的供应链决策等方面的研究现状，为基础研究中的概念界定、动因分析及后文具体问题的研究提供文献依据。

（二）博弈论

本方法主要用于第四、第五、第六章，运用 Stackelberg 博弈、完全信息动态博弈等分析闭环供应链各主体间的决策行为和互动关系，为采用递阶规划建模与求解提供支撑。

（三）递阶规划

本方法主要用于第四、第五、第六章，第四、第五章采用无约束递阶规划、逆序求解法对相关问题建模求解；第六章涉及股权众筹融资约束，故采用有约束递阶规划、Karush-Kuhn-Tucker（KKT）条件对相关问题建模求解。

（四）比较静态分析

本方法主要用于第四、第五章，运用导数、极值等数学工具和性质分析不同的股权合作形式对闭环供应链价值共创的影响。

（五）数值模拟

本方法主要用于第四、第五、第六章，运用 Mathematica 11 软件根据数理分析法结果制作对应图表，更直观地展示不同股权合作形式对闭环供应链价值共创的影响，验证比较静态分析的结果。由于第六章模型求解复杂，难以利用数理分析法进一步分析，故第六章只采用数值分析与仿真方法探究股权众筹对闭环供应链价值共创的影响。

二 技术路线

围绕明确不同情形的股权合作对闭环供应链价值共创的影响、提升闭环供应链经济价值和环保效应这一研究目标，本书首先通过绪论明确研究背景、研究意义和创新点；然后从供应链价值共创相关研究、考虑股权合作的供应链相关研究两个方向出发综述相关文献，明确研究基础；接着通过基础研究明晰相关概念、动因、过程与实现形式，为下文针对具体问题的研究确定框架；最后依据框架求解分析不同形式的股权合作对闭环供应链价值共创的影响。本书的技术路线如图 1.3.1 所示。

三 具体章节安排

根据上述研究思路和技术路线图，全书共分为七章，具体安排如下：

第一章 绪论。介绍本研究选题背景与研究意义，简述主要研究内容，理顺研究方法与技术路线，介绍创新点等。

第二章 文献综述。从供应链价值共创、考虑股权合作的供应链相关研究两个方向梳理评述相关文献，为后续研究提供文献基础。

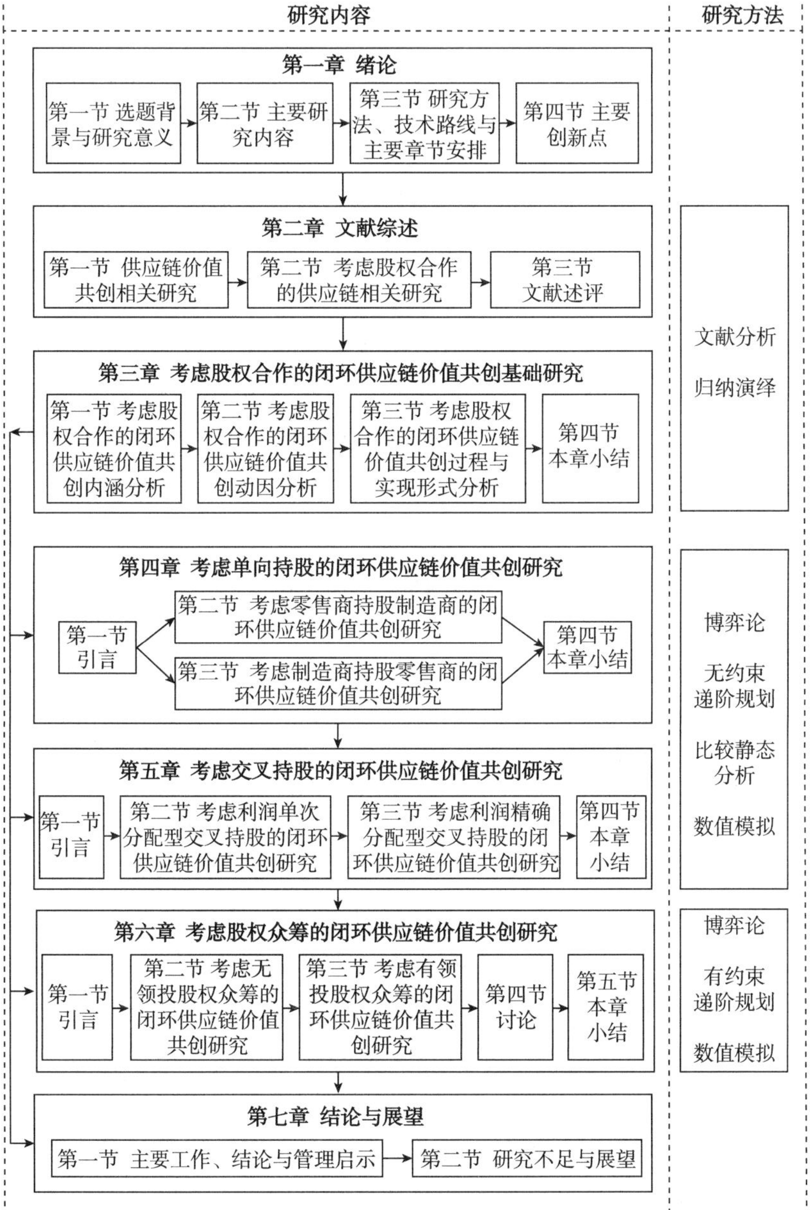

图 1.3.1　技术路线

第三章　考虑股权合作的闭环供应链价值共创基础研究。首先界定股权合作、闭环供应链价值等相关概念，明确考虑股权合作的闭环供应链价值共创内涵；从闭环供应链链上企业、消费者、链外主体出发分析考虑股权合作的闭环供应链价值共创动因；最后运用系统分析厘清考虑股权合作的闭环供应链价值共创过程和实现形式。

第四章　考虑单向持股的闭环供应链价值共创研究。具体内容如下：①考虑零售商持股制造商的闭环供应链价值共创研究。科学刻画制造商单位生产成本关于零售商对制造商持股比例的函数，运用 Stackelberg 博弈、无约束递阶规划构建考虑零售商持股制造商的闭环供应链价值共创模型，求解并分析闭环供应链及其各主体价值、环保效应的变化情况，从而得出零售商持股制造商对闭环供应链价值共创的影响。②考虑制造商持股零售商的闭环供应链价值共创研究。科学刻画零售商单位环保成本关于制造商对零售商持股比例的函数，构建考虑制造商持股零售商的闭环供应链价值共创模型，求解并分析闭环供应链及其各主体价值、环保效应的变化情况，从而得出制造商持股零售商对闭环供应链价值共创的影响，同时与考虑零售商持股制造商的闭环供应链价值共创作比较，分析两种情形下闭环供应链价值共创的异同。

第五章　考虑交叉持股的闭环供应链价值共创研究。在第三、第四章研究基础上，将零售商对制造商、制造商对零售商的单向持股共同纳入闭环供应链价值共创体系，根据研究情形选定核心参数，并通过数理建模，研究考虑利润单次分配型、精确分配型交叉持股的闭环供应链价值共创问题。具体内容如下：①考虑利润单次分配型交叉持股的闭环供应链价值共创研究。假设交叉持股企业间只进行一次利润分配，运用 Stackelberg 博弈、无约束递阶规划构建考虑利润单次分配型交叉持股的闭环供应链价值共创模型，揭示交叉持股对闭环供应链价值共创的影响，提出实现价值提升的途径，得出使闭环供应链及各主体价值实现帕累托改进的最优交叉持股比例。②考虑利润精确分配型交叉持股的闭环供应链价值共创研究。在前述研究基础上运用圆盘定理构建考虑利润精确分配型交叉持股的闭环供应链价值共创模型，全面对比两种利润分配模式下交叉持股对闭环供应链价值共创影响的异同以及最优交叉持股比例的变化，从而为两种利润分配型交叉持股的应用提供理论依据。

第六章　考虑股权众筹的闭环供应链价值共创研究。在第三、第四、第五章研究基础上，有别于第四、第五章研究考虑链上企业间持股的闭环供应链价值共创问题，本章将对持股主体与行为的关注从链上拓展到链外，研究考虑股权众筹的闭环供应链价值共创问题。具体内容如下：①考虑无领投股权众筹的闭环供应链价值共创研究。假设链外的股权众筹投资主体地位平等，不存在领投人，运用完全信息动态博弈、有约束递阶规划构建考虑无领投股权众筹的闭环供应链价值共创模型，解得最优闭环供应链及链上链外各主体价值、环保效应和制造商股权让渡比例，分析股权众筹对闭环供应链价值共创的影响。②考虑有领投股权众筹的闭环供应链价值共创研究。在前述研究基础上，假设存在领投人，其他股权众筹投资主体跟随投资，对相关模型进行修正，分析领投人的存在对相关结果产生何种变化，从而为业界如何选择不同的股权众筹模式提供理论依据，最大限度地提升闭环供应链及链上链外各主体价值和环保效应，简要分析股权众筹、链上企业股权合作并存情形下的闭环供应链价值共创问题，讨论不同股权合作形式下闭环供应链价值共创的异同，实现对前述章节研究内容的整合。

第七章　结论与展望。归纳总结本研究主要工作、结论、管理启示和研究不足，提出未来可能的研究方向。

第四节　主要创新点

本书的主要创新点如下：

第一，本书提出了考虑链上企业间、链上企业与链外主体间股权合作的闭环供应链价值共创研究框架，科学分析并全面对比了三类股权合作形式对闭环供应链价值共创的影响，丰富并拓展了供应链价值共创研究，为研究考虑链上企业、链外主体其他行为的供应链价值共创、定价等相关问题提供了借鉴。

第二，本书采用非线性分段函数刻画了企业单位成本与持股比例的变化关系，综合对比了两种单向持股形式对闭环供应链价值共创影响的异同，得出了更全面准确的研究结果，为进一步研究交叉持股对闭环供应链价值共创的影响奠定了基础。在以往关于单向持股的建模中，多数研究将成本与持股比例的关系视为单调线性变化，忽略了股权合作对成本改进的有限作用。本书第四章假设零售商持股制造商并优化其单位生产成本、制造商持股零售商并优化其与零售相关的环保成本，采用非线性分段函数刻画了两类成本与持股比例的变化关系，综合对比了两种单向持股形式对闭环供应链价值共创影响的异同，发现两种持股形式下闭环供应链及其各主体的经济价值各有高低但零售商持股制造商时的环保效应高于后者，故企业应当通过持股等措施优化与再制造相关的生产流程才能更大限度地提升环保效应，仅仅优化销售渠道的环保措施（如改善包装、不附赠配件等）对改善环境的作用有限。

第三，本书对比了利润单次分配型、精确分配型交叉持股对闭环供应链价值共创的影响，发现了利润精确分配型交叉持股对闭环供应链价值共创的负面作用，为两种利润分配型交叉持股的应用提供了理论依据。已有的考虑交叉持股的供应链相关研究鲜有对比不同利润分配方式对供应链价值的影响，更没有将其纳入闭环供应链价值共创情境中。本书第五章在对考虑利润单次分配型交叉持股的闭环供应链价值共创进行充分研究的基础上，进一步将利润精确分配方式引入模型中，借助圆盘定理进行了建模分析，对比了两种利润分配模式下交叉持股对闭环供应链价值共创影响的异同以及最优交叉持股比例的变化，发现利润精确分配型交叉持股下制造商对下游的控制更强，但闭环供应链经济价值、环保效应反而低于利润单次分配型交叉持股下的对应指标，与直观感受相反。

第四，本书构建了考虑无领投、有领投股权众筹的闭环供应链价值共创模型，对比了两种股权众筹对闭环供应链价值共创的影响，揭示了有领投股权众筹的实践性，进一步提出了“供应链+多元主体”的闭环供应链价值共创模式，拓展了闭环供应链价值共创的边界。已有研究鲜有将股权众筹引入供应链价值共创研究中，对有领投人的股权众筹问题本身也鲜有采用数理建模方法进行研究。本书第六章首先研究了考虑无领投股权众筹的闭环供应链价值共创问题，在此基础上进一步分析了引入领投人后相关结果产生的变化，发现同等条件下有领投股权众筹下的除制造商（被持股企业）外的闭环供应链其他主体价值、环保效应以及股权众筹投资主体超额收益优于无领投股权众筹的对应指标，从而解释了有领投股权众筹在实践中广泛应用的原因，并进一步分析了股权众筹、链上企业股权合作并存的情形，提出了“供应链+多元主体”的闭环供应链价值共创模式。

第二章　文献综述

根据绪论列出的研究方向，本章将通过供应链价值共创相关研究、考虑股权合作的供应链相关研究、文献述评三节的分析全面梳理、评述文献，发现现有研究的不足之处，为后续研究构建文献基础。

第一节　供应链价值共创相关研究

一　价值共创理论

传统观点认为，企业生产价值，消费者消耗价值。传统经济领域是商品主导的领域，企业生产商品后销售给消费者，对于后续的维修、保养等服务活动鲜有关注，企业与消费者互动有限。但是，当消费者开始寻求与企业互动、介入企业生产过程中时，消费者就开始了向生产价值的转变。Ramírez（1999）提出了价值共创的前身概念“共同生产”（co-production），指出企业与消费者通过互动实现共同生产进而创造价值。但这一概念反映的是将消费者作为生产要素，仍然是企业主导的价值创造逻辑。

价值共创认为，价值由客户决定（Vargo，Lusch，2008；Hoyer et al.，2010），顾客体验和感受对价值创造至关重要（Yi，Gong，2013）。基于顾客体验的价值共创理论认为，顾客主要依据在消费和使用阶段的体验创造价值，实现了从传统商品主导逻辑向服务主导逻辑的过渡。Vargo、Lusch（2004）依据服务主导逻辑将产品与服务统一在服务经济的范畴中，认为顾客通过交换关系和共同生产与企业共创价值，并提出了服务主导逻辑的 8 个命题。接着 Vargo、Lusch（2008）又将命题修订为 9 个，Vargo 等（2008）修订为 10 个，Vargo、Lusch（2016）最终确定为 11 个命题，而命题的修订也反映出价值共创从企业—顾客二元关系下的价值共创向网络关系下的价值共创的转变。武文珍、陈启杰（2012）对消费者体验和服务主导逻辑视角下的价值共创进行了比较，构建了整合生产者逻辑和消费者逻辑的价值共创过程模型。钟振东等（2014）根据服务主导逻辑刻画了企业与消费者的互动行为并给出了价值共创模型。

互联网、3D 打印等新技术、新业态的发展为价值共创的实践提供了有利条件（Halassi et al.，2019；Herrmann et al.，2015；Sokolova，Kefi，2020）。价值共创主体更为丰富，供应商、商业伙伴、合作者和消费者等主体都参与了价值共创（Pinho et al.，2014），相关研究开始广泛关注由多个参与者构成的价值共创网络，并且产生了服务科学（service science）、服务生态系统（service ecosystem）等基于服务主导逻辑的更宏观的研究视角（Spohrer，Maglio，2008；Akter et al.，2019；Hollebeek et al.，2019）。郭朝阳等（2012）指出，应将构建服务生态系统作为企业转型的核心目标。李雷等（2013）认为，Vargo 等（2008）提出的服务主导逻辑的基本命题可分为操作性资源与竞争优势、市场交易机制、价值共创模式和服务生态系统四类，而服务主导逻辑的最终目标就是建立服务生态系统。近年来也有学者开始关注绿色价值共创问题（Chang，2019）。许晖等（2015）运用案例研究方法对卡博特（天津）的绿色价值链重构活动进行了分析，指出企业应当从利益相关者绿色价值主张出发，明确其价值诉求，运用价值链系统思维将价值诉求与绿色价值共创相整合，才能最终提升企业绿色竞争力。曾经莲、简兆权（2017）探究了企业、顾客、环境如何在服务生态系统中共创价值，进而构建了企业—顾客—环境价值共创型产品服务系统模型。葛万达等（2020）将企业与消费者合作互动、共创绿色价值的过程定义为“绿色价值共创”，发现消费者绿色价值共创意愿与企业环保努力正相关。

从价值共创研究的演进轨迹可以看出，消费者介入价值共创的程度逐渐加深，价值共创主体从二元转变为多元，各主体间关系从单一线性关系逐渐演化为非线性关系和网络关系，这也与供应链的特征相契合。下面将梳理正向、闭环供应链价值共创相关研究，将企业、环境、消费者以及对应的企业价值、环保效应、消费者价值纳入价值共创体系中全面分析。

二　正向供应链价值共创

互联网的发展和消费主权理念的诞生使消费者创造价值的作用逐渐凸显（李朝辉、金永生，2013）。Kähkönen、Lintukangas（2012b）提出应用消费者剩余表示消费者利益，生产者剩余表示生产者利益，两者共同构成供应链价值。孟庆春、李慧慧（2015），孟庆春等（2012）指出，在新产消合一理论下消费者在消费价值的同时也创造价值。孟庆春等（2012）认为，在供应链网络中，供应商通过改进顾客和最终消费者之间的可持续性来实现企业与消费者共创价值。所以，供应链价值的衡量不能仅考虑企业价值，因为消费者已转变为价值的创造者，将消费者价值纳入其中才能更全面准确地衡量供应链价值，与理论和实践的发展相契合。

目前，将消费者视为价值创造者、构建正向供应链价值共创体系方面的研究已经有了较大进展。Kähkönen、Lintukangas（2012a）认为，生产者、消费者剩余共同构成供应链价值。沈小平（2010）指出供应商、制造商、经销商及消费者共同创造供应链整体价值。林文进等（2009）、何哲等（2010）、王康周等（2013）认为，在供应链价值增值过程中，消费者与企业共同提供服务或生产。还有文献（Wan et al.，2019；Wan et al.，2016；万骁乐等，2017；万骁乐、孟庆春，2017）分别从系统分析、优化建模、过程解析、能力测定、因果机制等角度系统研究了共创视角下多主体互动的供应链增值机理。张正等（张正、孟庆春，2017b，2017a；张正等，2019）研究了农产品领域、消费类电子产品领域创新驱动的供应链价值共创。孟庆春等（2017）研究了基于共创考虑企业间持股的消费类电子产品价值创造。Meng 等（2018）以 Huawei Pollen Club 为例构建了基于消费者互动信息的复杂网络，依据消费者参与价值共创的程度对消费者群体进行了合理划分，并提出了有效引导不同消费者群体参与价值共创的策略。Huang 等（2020）研究发现，供应链集成有利于价值共创。

所以，正向供应链价值共创问题研究已较为成熟。目前相关研究已从正向供应链拓展至闭环供应链，从与消费者共创经济价值发展为经济价值、环境价值（环保效应）并重。下面将对闭环供应链价值共创相关研究进行综述。

三 闭环供应链价值共创

首先介绍闭环供应链价值创造的相关研究。Schenkel 等（2015）全面综述了闭环供应链价值创造的相关文献，将闭环供应链创造的价值分为环境价值、经济价值、信息价值、顾客价值四类，阐述了协同、产品设计等价值增值方式，并提出闭环供应链价值创造研究应关注上述价值的互动和多种价值的整体优化。价值创造的整体优化是闭环供应链价值创造研究的主流，同时根据研究目标的需要，不同研究对特定价值的优化各有侧重。有些研究侧重环境价值的优化，研究了闭环供应链从事绿色生产活动带来的环境影响（Sarkar et al.，2017）和环保形象的改善（Ghayebloo et al.，2015）。消费者在改善闭环供应链环境可持续性方面的作用也受到了研究人员的关注（Ashby，2018）。而环境价值创造应当与经济价值、顾客价值创造有机整合，如果单纯追求环境价值而损害经济价值、顾客价值最终会影响闭环供应链价值创造的可持续性（Pal，Gander，2018）。所以，经济价值创造研究与环境价值创造研究关系密切，主要研究如何通过定价、协调等决策实现闭环供应链成本节约、收益提升与风险防控。Savaskan 等（2004）运用 Stackelberg 博弈模型为闭环供应链构建了高效的回收再制造渠道，并设计了让分散化供应链达到集中化决策时价值创造水平的协调机制。Igarashi 等（2016）运用多目标优化研究了闭环供应链再制造流程的优化问题，发现回收率、二氧化碳减排率与成本反向变化，将三个目标整合进行多目标优化后的结果显著优于双目标规划或单目标规划。Huang、Wang（2018）研究了需求中断与废旧产品供应中断风险下闭环供应链价格与生产决策问题，给出了特许费与生产决策的稳健区域。信息价值创造研究关注如何利用信息提升经济价值、环境价值等（Ketzenberg，2009；Yang et al.，2018），顾客价值创造研究涉及顾客满意度、顾客忠诚、品牌价值等（Schenkel et al.，2015；Wang et al.，2018），两者在闭环供应链价值创造研究中所占比例较小。

以上研究虽然关注了顾客、消费者价值，但仍多聚焦于闭环供应链价值创造中的企业决策，鲜有关注消费者在闭环供应链价值创造中的作用。研究表明，在循环经济主导的闭环供应链中，消费者接受度和各方通过协同确保业务的可行性是优化闭环供应链价值创造的需要（Mishra et al.，2018）。价值共创理论进一步强调企业应当通过互动与消费者共创价值（Ramaswamy，Ozcan，2018b），这在正向供应链价值共创研究中已经多次验证。随着回收再制造的发展，供应链从正向供应链发展为闭环供应链，价值共创活动也随之延伸。Esain 等（2016）将对回收交换活动的研究从制造类闭环供应链拓展到服务类闭环供应链，解读了消费者通过回收交换活动进行价值共创的过程，并界定了心理因素在这一过程中的作用；Leising 等（2018）分析了荷兰的循环经济试点项目，发现建筑业闭环供应链的成功条件之一即为企业与客户的价值共创。由此可见，闭环供应链价值共创研究逐渐成为研究热点。然而，Esain 等（2016）主要关注回收过程中的价值共创活动。Leising 等（2018）的主要贡献是开发了供应链协同工具，价值共创只是其中的部分研究内容。

综上所述，正向供应链价值共创研究已较为深入，闭环供应链价值共创正在成为研究热点，但研究仍不充分，并且鲜有涉及股权合作。

第二节　考虑股权合作的供应链相关研究

一　股权合作

Chakraborty 等（2014）指出，供应链企业间的高效协同是与消费者共创价值的基础。李维安等（2016）进一步提出，交叉持股或多股东持股有利于提高供应链成员间的信任水平，供应链上合作方利用单向持股或交叉持股降低信息不对称实现收益。所以，供应链企业间通过股权合作实现协同有助于供应链与消费者更高效地共创价值。本小节将对股权合作促进企业间协同的相关研究展开梳理，为进一步综述考虑不同股权合作形式的供应链相关研究奠定基础。

股权合作是战略联盟的一种形式。在战略联盟的复杂协同过程中，联盟成员的收入取决于其对联盟项目的贡献，其收益占所有成员总收益的比例与其持股比例相当（Adams，1965；Jap，2001；Zhao et al.，2014）。蔡继荣（2015）系统论述了股权合作促进企业间协同的作用机理，包括激励、信息共享和谈判。股权激励包括对企业员工的激励和对伙伴企业的激励，两者有相似之处，故前者的研究结论对后者的研究起到了推动作用（Pandher，Vu，2018；任天龙等，2017；徐海峰，2014；张兴亮、程琦炜，2020；郑丽等，2017）。Ryu 等（2018）发现，核心企业利用股权结构增强了对合作企业的激励、控制与影响，减少了合作企业的机会主义行为，提高了研发效率。Sampson（2007）发现，股权合作对具有多种核心技术的企业激励效果较好，提升了相关企业的收益。刘家树、张娟（2019）发现，股权合作对企业突破式创新、渐进式创新都有显著的激励作用。王艳等（2020）指出，作为股权合作中的一种激励方式，并购溢价会提升并购企业的全要素生产率从而创造并购价值。在信息共享方面，股权合作有助于缺少合作经验的企业组成联盟并实现协调（Zollo et al.，2002），提高了合作企业的信息获取能力和联盟项目的完成质量（Filson，Morales，2006）。在谈判方面，周志强等（2020）提出了基于分享经济下求同存异、共享共赢理念的谈判与协同方式，实现了国有企业、民营企业在股权合作中对多方核心利益的平衡，有效促进了民营企业参与国有企业混合所有制改革。孙娜、王保平（2017）发现，财务导向型的集团母子公司股权合作能够有效减少企业间的博弈行为，获得理想的持股价值与产品创新成果。李明敏等（2020）进一步考虑了股权合作企业的异质性，发现非财务控制权制衡度有效促进了协同，促使异质企业相互制约且互惠共生。也有研究关注了供应链背景下股权合作对企业间协同的促进作用。沈娜利等（2021）发现，股权激励机制促使制造商与零售商间共享利益与分担风险，进而实现了知识共享。李鑫、于辉（2020）关注了供应链、银行和私募股权投资公司之间的投贷联动融资机制（股权投资+银行贷款），发现在收益共享契约下投贷联动融资机制能够协同供应链与金融机构实现帕累托改进。He、Huang（2017）指出，交叉持股促进了产品市场协同，提升了创新与盈利能力。Cheung 等（2020）发现，链外投资机构与链上企业的股权合作提升了供应商的运营与市场绩效。但是，股权合作也具有局限性。股权合作限制了企业与新企业结盟，因为原股东担心股权被稀释（Kavusan，Frankort，2019），同时与高新技术企业的股权合作谈判难度较大，门槛较高（Dunne et al.，2009）。

综上所述，关于股权合作的相关研究发现，股权合作通过激励、信息共享和谈判等机制促进了企业间协同，已有研究涉及供应链背景下股权合作对企业间协同的促进作用。下面将针对考虑不同股权合作形式的供应链相关研究展开综述。

二　考虑单向持股的供应链相关研究

供应链上单向持股主要包括下游企业持股上游企业、上游企业持股下游企业两种基本形式。首先分析考虑下游企业持股上游企业的供应链相关研究。Dyer 等（1998）指出，经销商持股是常见的下游企业持股上游企业的形式，有助于上游核心企业进一步掌握销售渠道，同时经销商可获得稳定货源及话语权。付红等（2014）研究了制造商持股供应商影响下，包含多个互补性零件供应商和单个制造商的组装供应链协调问题，发现当零件生产成本与制造商股权投资反向变化时，制造商最优订货量小于集中化情形下的最优订货量，最终可通过设计回购协调契约使各节点企业期望利润实现帕累托改进。聂佳佳、石纯来（2016）研究了零售商持股制造商对双渠道供应链利润的影响，发现制造商直销渠道利润与零售商持股比例先反向变化后同向变化。孟庆春等（2017）研究了基于共创考虑零售商持股制造商的消费类电子产品供应链价值创造模型，研究发现，价值共创最终实现了消费者价值、企业利润与企业联盟价值、供应链价值的增加；持股对供应链及其上各方价值的影响虽然较为复杂，但在特定条件下同样实现了类似的目标。付红、李良强（2020）研究了强势下游企业持股上游企业的供应链协调问题，发现供应链产量与持股比例同向变化，而价格补贴策略和收益分享策略进一步使产量达到集中化决策下的水平，实现了供应链协调。Greenlee、Raskovich（2006）研究了在包含一个上游企业和多个下游企业的供应链中，下游企业持股上游企业对供应链绩效的影响，发现当产品同质时股权合作提升了生产者剩余和总剩余，当产品异质时持股会损害消费者剩余。Höffler、Kranz（2011a，2011b）研究了下游企业持股上游企业对供应链产出和消费者剩余的影响，发现当上游企业决策目标与下游企业偏差较小时下游企业持股有助于提升供应链产出和消费者剩余，当偏差较大时持股影响不显著。Levy 等（2018）研究了在包含多个上游企业和下游企业的供应链中下游企业持股上游企业的决策问题，发现下游企业能否通过持股获利取决于上游企业的股权结构。Fu、Ma（2019）研究了组装式供应链中的持股问题，发现当下游企业通过持股为上游企业提供了所需资源时，供应链的零售价格降低、产量提高。有学者从融资角度出发研究下游企业持股上游企业的供应链决策问题。王宇、于辉（2017）首先分析了合作视角下的零售商股权融资策略，发现零售商应在股权融资中有效整合企业价值评估和供应链价值创造，融资策略选择主要受市场成长性影响，同时努力成本和价格需求也对相关策略有所制约。王宇、于辉（2018）继续分析了竞争视角下的零售商股权融资问题，发现市场竞争对高成长性、高估值或产品替代性强的零售商的股权融资活动有抑制作用。还有学者研究了供应链下游企业持股上游企业的减排融资策略。刘名武、樊文平、付红（2017）研究了两级低碳供应链股权合作问题，比较分析了制造商减排决策、零售商对制造商持股决策对供应链企业利润的影响，发现制造商、零售商利润的帕累托改进和减排的实现要求零售商持有制造商合理比例的股份，该持股比例能够消除零售商在碳减排方面的“搭便车”现象。进一步，刘名武、樊文平、许以撒（2017）引入碳交易机制，探讨了碳减排量、供应链成员利润与碳交易价格和持股比例的关系。

然后分析考虑上游企业持股下游企业的供应链相关研究。张楠、周宗放（2016）构建了随机市场需求环境下供应商持股制造商的供应链模型，发现供应商对制造商的持股能够改善双重边际效应但无法完全消除，最终通过设计基于回购与补贴策略的契约实现完美协调。张楠、周宗放（2017）继续分析了拉式契约下上游企业对下游企业的持股战略，设计了基于价格补贴策略的协调机制实现了供应链协调。王旭坪等（2022）将上游企业持股下游企业引入农场供应链中，发现农场通过持股参与公司数字化技术投资后农产品品质得到持续改善，供应链企业决策和绩效实现 Pareto 改进，同时持股行为使主导者公司获得更多的利润增量，消除了农场“搭便车”现象。Gaigné 等（2018）发现，上游制造商持股下游零售商有助于降低销售成本和双重边际效应，从而提高了该供应链相比其他供应链的竞争优势。也有学者继续关注了上游企业持股下游企业的减排投资。樊文平等（2021）分别构建了减排效益分享型合同和减排量保证型合同下企业间纵向持股的三级低碳供应链模型，并对比分析了不同减排合同下持股策略对供应链企业利润的影响。

综上所述，考虑单向持股的供应链相关研究关注了上游企业持股下游企业、下游企业持股上游企业的供应链运营、融资、减排等问题，虽有研究涉及了供应链价值共创（孟庆春等，2017），但鲜有研究将其推广至闭环供应链并关注单向持股对闭环供应链价值共创的影响。

三　考虑交叉持股的供应链相关研究

相比单向持股，交叉持股使供应链企业间结成了更密切的战略联盟，协同性更高。考虑交叉持股的供应链相关研究主要关注考虑上游企业、下游企业同时持股对方的供应链价值创造、运营、融资、减排等问题，拓展了上述考虑单向持股的研究。Flath（1989）运用 Cournot 博弈研究了上下游企业交叉持股问题，发现上游持股下游使得产量增加，而下游持股上游则使产量减少。Fanti（2016）进一步运用 Bertrand 博弈研究了上下游企业交叉持股问题，发现对产量的影响与 Cournot 博弈下的情形相反。Güth 等（2007）发现，下游企业比上游企业更易接受交叉持股，交叉持股增加了贸易成交的可能性，提升了供应链系统的产出。Chen 等（2017）研究了交叉持股对供应链绩效的影响，发现交叉持股缓解了供应链的双重边际效应并实现了上下游企业的双赢。Fu、Ma（2019）研究了随机需求下考虑交叉持股的分散式供应链优化问题，并设计了使供应链实现协调的收益共享契约。Mathisen（2016）研究了客运企业交叉持股问题，发现客运企业交叉持股有利于应对竞争性招标时的不确定性。Peng 等（2019）运用社会网络的网络中心性和结构洞指标研究了中国私营企业的交叉持股问题，发现交叉持股可显著缓解私营企业的资金约束问题。吴一帆等（2021）研究了交叉持股对航空公司产能分享策略的影响，构建了包含顾客忠诚度的价格竞争模型，依据产能是否对称以及是否实施产能共享策略形成八种不同情形，求解并分析了不同情形下的最优价格决策及对应期望利润，发现产能共享和交叉持股策略之间存在一定的相互替代作用，企业应根据不同市场状态协调使用两种策略。也有学者关注交叉持股下的供应链减排问题。夏良杰等（2021）在碳交易机制下，将交叉持股战略引入制造商减排决策中，构建了供应链企业集中决策下的决策模型和交叉持股前后制造商与零售商间的 Stackelberg 博弈模型，分析比较了不同情形下的企业最优决策和绩效，发现制造商与零售商交叉持股能够改变碳交易价格对制造商减排量的影响，使得制造商的单位产品减排量提高，市场需求提高，在一定条件下批发价和零售价降低；当交叉持股比例满足一定条件时，交叉持股能同时增加制造商与零售商的利润并使供应链达到协调。

交叉持股对企业不仅带来增强企业间协同等正向作用，还可能存在虚增资本等负面作用，从而对公司绩效、股价等产生不确定影响（冉明东，2011；马丽莎等，2014；饶育蕾等，2013；沙浩伟、曾勇，2014；宋鹏等，2019）。特别是交叉持股后的利润分配问题，理论上交叉持股企业之间的利润可以无限次分配，导致难以精确核算利润，实践中多采用一次或有限次利润分配，前述的考虑交叉持股的供应链相关研究在建模时即多采用一次分配的方案。许多学者也从财务、会计领域进行了相关研究并给出了优化解决方案（刘志远、白默，

2010；薛小荣等，2014；朱开悉，2011）。郭小林等（2002）则基于对利润进行无穷次分配后趋于精确的理念，运用圆盘定理等数学方法研究了交叉持股股份公司的利润分配问题，得到了用于将若干交叉持股公司的利润进行精确分配的公式，并具体分析了由于两次近似分配的不精确而使哪一类公司利益受损的问题，给出了两个交叉持股股份公司利润精确分配的显式表达式。张汉江等（2010）利用郭小林等（2002）的方法，分析了交叉持股对供应链定价、收益的影响，发现定价与交叉持股比例反向变化，收益与交叉持股比例同向变化，最后比较了交叉持股与纵向一体化的外部效应，提出支持交叉持股、限制过度纵向一体化的企业战略建议。何丽红等（2018）同样运用这一方法对比分析了直销渠道开通前后制造商和零售商对交叉持股利润的最优分配方案，给出了制造商开通直销渠道的前提条件，并探讨了交叉持股份额对制造商开通直销渠道的意愿及各自最优决策的影响。

综上所述，考虑交叉持股的供应链相关研究存在多种针对交叉持股建模的有效方法，但鲜有文献对比不同建模方法下的结果，也鲜有研究将其推广至闭环供应链并关注其对闭环供应链价值共创的影响。

四　考虑股权众筹的供应链相关研究

股权众筹弥补了传统融资渠道对企业资金支持的不足，所以会对供应链价值创造、融资等产生重要影响，但现有研究中却鲜有关注考虑股权众筹的供应链相关研究，故本部分主要综述股权众筹本身以及与这一主题近似的研究。股权众筹的相关研究大致有以下方向：（1）考虑投资者行为的股权众筹决策研究；（2）股权众筹成功的影响因素分析；（3）股权众筹与其他融资方式的比较研究。

在考虑投资者行为的股权众筹决策研究方面，Cholakova、Clarysse（2015）指出，财务因素是投资者参与股权众筹的主要驱动因素，非财务因素的驱动作用不显著。刘晓峰、黄沛（2009）运用博弈模型和机制设计理论研究发现厂商的动态定价、库存最优决策受到策略型消费者的消费行为影响。曾燕等（2017）构建了融资方与股权众筹投资人的三阶段博弈模型，发现股权众筹融资方与投资人的最优策略受边际收益、项目成功概率、预期回报率等因素影响。邓超、王腾（2019）

进一步分析了领投人异质性和投资行为的影响效应，发现融资目标较高和已经盈利的股权众筹项目更倾向于引入领投人；领投人有助于提升累积投资额进而提高融资完成率。马健等（2013）探讨了考虑异质信念的企业融资决策，认为企业进行股权融资的概率与过度融资程度同投资者相对于管理者的信念及投资者间信念的异质性正相关。丁川、陈璐（2016）建立了考虑不同努力类型的风险投资委托代理模型，发现付出隐性努力的企业比显性努力的企业更需要和投资者分享项目收益。周勤等（2017）以互联网股权众筹的基本约束条件为基础构建了众筹平台上融资方与股权众筹投资人的动态演化博弈模型，发现平台上融资方的控股比例存在“锚定效应”，解释了“锚定效应”的经济学机理，拓展了相关研究的边界。夏恩君等（2017）运用自我决定理论构建了投资意愿为被解释变量、内在动机为解释变量、外在动机为调节变量的股权众筹投资者动机模型，发现股权众筹投资意愿与内在动机中基于信任的助人动机、社交动机正相关，而与支持动机的关系不显著。孔昭君等（2019）运用“人人投”众筹平台上的质量信息数据研究了质量信息与投资意愿的关系，发现投资者对众筹平台提供的边缘路径信息更加敏感，其投资行为存在一定的“羊群效应”。从投资回报方式看，股权众筹与天使、私募投资等相似。Elitzur、Gavious（2003）构建了融资企业、天使投资人和风险投资三方博弈模型，发现天使投资人倾向于在初创期投资，故风险较高；而风险投资则倾向于在成长、成熟期投资，故风险较低。de Bettignies、Brander（2007）在 Elitzur、Gavious（2003）的基础上，运用两阶段决策模型分析项目价值与融资企业努力程度、风险投资额的关系，发现企业价值与风险投资额正相关但股权会被稀释，进而自身努力程度会被抑制。

在股权众筹成功的影响因素分析方面，Hu 等（2015）指出，只有融资金额达到阈值股权众筹才能成功，投资者的评价意见是企业对投资者进行价格歧视的依据。Block 等（2018）发现，股权众筹的人数、投资总额与初创企业的信息更新效率正相关。Vismara（2018）发现，股权众筹领投人对其他投资人的引领作用与领投人个人信息的公开程度正相关，而受到引领的投资人会继续吸引更多投资人参与股权众筹。Ahlers 等（2015）运用澳大利亚股权众筹平台数据进行实证分析，发现融资计划、风险和管理者水平影响股权众筹阈值的达成概率，而外部保证对此无影响。Keuschnigg、Nielsen（2004）发现，投资机构的投入、政府机构的政策和资金扶持、企业自身努力程度都会影响股权众筹成功概率，但关键因素是企业的特定努力水平。Hornuf、Schwienbacher（2018）研究了股权分配方式对股权众筹投资者行为的影响，发现在先到先得机制下股权众筹动态呈现 L 形变化趋势，而在次高价投标拍卖机制下则呈现 U 形趋势。Vismara（2019）发现，以可持续发展为导向的股权众筹项目在吸引专业投资者方面并不显著，但有利于吸引普通投资者。

在股权众筹与其他融资方式的比较研究方面，Belleflamme 等（2014）对比了预售众筹和股权众筹，发现预售众筹适合初始资金需求较低的企业，股权众筹适合初始资金需求较高的企业，企业可以设计区分不同投资者的价格机制来最大限度地满足资金需求。苗文龙、严复雷（2014）通过构建多阶段投资决策模型发现投资者通过股权众筹比单人决策型金融制度更容易发现优质投资项目，且当经济实现一定程度的发展后，多人决策的股权众筹比单人决策型金融制度更容易推动技术创新与转化。

综上，股权众筹投融资方决策研究与对供应链相关问题的研究形式与方法相近。现有的股权众筹投融资方决策研究多关注无领投人的股权众筹研究，对于实践中更常见的有领投人股权众筹问题虽有涉及但多为实证研究，鲜有建模研究。同时股权众筹研究中鲜有关注供应链相关问题。

五　考虑股权合作的闭环供应链价值共创研究现状

目前，考虑股权合作的闭环供应链价值共创研究主要有张伸、孟庆春（2020），Zhang、Meng（2021）和 Zhang 等（2022）。张伸、孟庆春（2020）针对闭环供应链价值创造问题，构建了基于共创考虑销售商持股制造商的闭环供应链价值创造模型，揭示了价值共创和持股对最优价值的影响，提出了优化闭环供应链价值创造的有效途径，并以消费类电子产品为例进行了数值分析与仿真。Zhang、Meng（2021）进一步发现价值共创不仅包括制造商对消费者价值的关注，还包括消费者对价值创造的参与；当交叉持股比例的提升有利于降低使用再制造零件的单位生产成本时，闭环供应链及各主体（制造商、零售商、再制造商和消费者）价值也得到提升，同时适当控制了零售商的单位环保成本和制造商对消费者价值的关注程度；最优交叉持股比例应实现闭环供应链及各主体价值的帕累托改进。Zhang 等（2022）则构建并求解了考虑无领投股权众筹的闭环供应链价值共创模型，解得最优股权让渡比例，以智能手机为例通过数值模拟分析了无领投股权众筹对闭环供应链价值共创的影响，发现了实现闭环供应链经济价值与环境价值双赢的条件。

这三项研究推进了考虑股权合作的闭环供应链价值共创研究进程，但仍然存在相应问题。在张伸、孟庆春（2020）的研究中，单位生产成本关于持股比例的函数为线性函数，设置较为简单，且只研究了下游企业持股上游企业一种情形。Zhang、Meng（2021）只关注了利润单次分配型交叉持股，没有考虑基于利润无限次分配的利润精确分配型交叉持股问题，故无法进一步对比。两项研究均不涉及环境价值或环保效应，与闭环供应链的属性有所脱节。Zhang 等（2022）虽然已将无领投股权众筹引入闭环供应链价值共创决策中，并且发现了实现闭环供应链经济价值与环境价值双赢的条件，但没有关注有领投股权众筹对闭环供应链价值共创的影响，出于简化研究的目的没有考虑零售商环保成本，故仍有进一步研究的空间。

第三节　文献述评

本章从供应链价值共创相关研究、考虑股权合作的供应链相关研究两个方向对现有研究进行了梳理，明确了研究现状，具体如下：

第一，供应链价值共创相关研究主要综述了价值共创理论、正向供应链价值共创和闭环供应链价值共创三类文献。具体如下：

（1）价值共创理论研究表明消费者介入价值共创的程度逐渐加深，价值共创主体从二元转变为多元，各主体间关系从单一线性关系逐渐演化为非线性关系和网络关系，与供应链的特征相契合。

（2）正向供应链价值共创问题研究已较为成熟。相关研究已从正向供应链拓展至闭环供应链，从与消费者共创经济价值发展为经济价值、环境价值（环保效应）并重。

（3）闭环供应链价值共创正在成为研究热点，但研究仍不充分，虽已有研究涉及股权合作，但仍然存在模型设置简单、研究情形单一、缺少对比等问题，需要进一步深入思考。

第二，考虑股权合作的供应链相关研究主要综述了股权合作，考虑单向持股、交叉持股、股权众筹的供应链相关研究以及考虑股权合作的闭环供应链价值共创研究现状。具体如下：

（1）关于股权合作的相关研究发现，股权合作通过激励、信息共享和谈判等机制促进了企业间协同。已有研究涉及供应链背景下股权合作对企业间协同的促进作用，并发现供应链企业间通过股权合作实现协同有助于供应链与消费者更高效地共创价值。

（2）考虑单向持股的供应链相关研究关注了下游企业持股上游企业、上游企业持股下游企业的供应链运营、融资、减排等问题，虽有研究涉及了供应链价值共创，但鲜有研究将其推广至闭环供应链并关注单向持股对闭环供应链价值共创的影响。

（3）考虑交叉持股的供应链相关研究存在多种针对交叉持股建模的有效方法，但鲜有文献涉及不同建模方法下结果的对比，也鲜有研究将其推广至闭环供应链并关注其对闭环供应链价值共创的影响。

（4）关于股权众筹的研究鲜有涉及供应链、闭环供应链价值共创问题，但股权众筹关注中小企业融资问题、吸引中小投资者投资的属性和研究方法与供应链相关问题具有良好的契合性，存在较大的研究空间。

（5）考虑股权合作的闭环供应链价值共创研究中仍存在参数设定简单、股权合作形式单一、缺少对比等问题，需要进一步研究。

以上研究为本书的后续研究提供了文献支撑。下面将进一步开展考虑股权合作的闭环供应链价值共创基础研究，然后从考虑单向持股的闭环供应链价值共创、考虑交叉持股的闭环供应链价值共创、考虑股权众筹的闭环供应链价值共创这三个方向展开分析，希冀获得有助于理论和实践发展的相关结论。

第三章　考虑股权合作的闭环供应链价值共创基础研究

本章将对考虑股权合作的闭环供应链价值共创进行基础研究，首先界定股权合作、闭环供应链价值共创、消费者价值等重要概念，明确考虑股权合作的闭环供应链价值共创内涵；然后从链上企业、消费者、链外主体的角度出发分析考虑股权合作的闭环供应链价值共创的动因；最后通过系统分析明确考虑股权合作的闭环供应链价值共创过程及实现形式，为后续章节的研究内容提供理论支撑。

第一节　考虑股权合作的闭环供应链价值共创内涵分析

一　概念界定

（1）股权合作。股权合作指两个或多个组织通过出资形成战略联盟追求收益的行为。股权合作通过激励、信息共享和谈判等机制促进了企业间协同，有助于供应链与消费者更高效地共创价值（Chakraborty et al.，2014；蔡继荣，2015）。股权合作形式多样，本书关注的股权合作可分为闭环供应链链上企业间股权合作、闭环供应链链上企业与链外主体股权合作。链上企业间股权合作形式包括企业间单向持股、交叉持股两种情形，链上企业与链外主体股权合作形式为股权众筹。

（2）闭环供应链价值共创。价值共创即企业与消费者互动共同创造价值。闭环供应链价值共创即闭环供应链同消费者互动共同创造价值，主要包括两大环节：闭环供应链核心企业关注消费者价值、消费者参与价值共创。闭环供应链关注消费者价值指闭环供应链的核心企业（如制造商）根据消费者需求设计研发新产品，为消费者提供参与价值共创的条件；消费者参与价值共创指消费者通过线上、线下渠道等多种方式，不同程度地介入产品设计、研发、生产、销售、使用、回收再制造等过程，从而使得产品得到增值。闭环供应链价值共创的产出包括经济价值（即闭环供应链价值）及环保效应。

（3）闭环供应链价值。沈小平（2010）提出供应链内企业价值之和为供应链价值，忽略了消费者价值。孟庆春等创造性地分析了消费者的价值创造活动，将供应链价值重新定义为供应链上企业价值与消费者价值之和（孟庆春等，2012；孟庆春、李慧慧，2015）。张伸、孟庆春（2020），Zhang、Meng（2021）在研究闭环供应链价值创造时采用了孟庆春等（孟庆春等，2012；孟庆春、李慧慧，2015）关于供应链价值的定义。本书继续沿用上述定义，即认为闭环供应链价值包括企业价值和消费者价值。

（4）企业与企业联盟价值。本书定义的企业价值为闭环供应链链上企业的生产销售利润按照持股比例分配后归企业本身所有的部分。企业价值有如下来源：①提高单价或销量，企业与消费者通过价值共创生产出满足消费者需求的产品，提高了产品竞争力，从而使产品销量或单价得到提高；②降低单位成本，企业间通过股权合作优化生产流程实现产品生产、回收再制造过程的成本节约；③提高整体收益，企业间通过股权合作进行固定资产投资，帮助企业进行环保改造、设备升级等，实现收益的整体提升；④提高分红，通过股权合作提高对其他企业的持股比例，获得更多分红。企业联盟价值即为各企业价值之和。

（5）消费者。Kotler、Levy（1969）将消费者分为四类：①客户，指产品的买方或潜在买方；②董事，组织的管理者，从产品中获取收益；③积极的公众，对组织有特别兴趣的群体；④普通公众。本书采用狭义概念即将消费者视为产品的购买者。Kotler、Levy（1969）的定义没有涉及消费者参与价值共创的问题。消费者既是价值的消耗者，也是创造者，与企业在售前、生产、售后、回收再制造等环节共创价值（Grönroos，Voima，2013；吴清津等，2014）。综上所述，本书将消费者定义为“购买产品并参与企业价值共创的个体”。

（6）消费者价值。孟庆春等将消费者价值定义为消费者购买产品获得的消费者剩余（孟庆春等，2012；孟庆春、李慧慧，2015），张伸、孟庆春（2020），Zhang、Meng（2021）将消费者价值定义为消费者购买新产品获得的消费者剩余和将废旧产品交付回收获得的生产者剩余之和，这一定义更符合闭环供应链的实际。故本书继续沿用这个定义。

（7）环保效应。环保效应与经济价值同为闭环供应链价值共创的结果，是闭环供应链环保属性的体现。本书采纳 Wang 等（2016）的定义，用废旧产品回收量衡量闭环供应链环保效应。

二 考虑股权合作的闭环供应链价值共创的内涵

结合上述概念，本书认为，考虑股权合作的闭环供应链价值共创是指以核心企业为主的闭环供应链密切关注消费者需求偏好，吸引消费者与供应链共同创造价值，同时通过链上企业间、链上企业与链外主体间股权合作密切联系，获取资金、技术、知识等资源，最终实现闭环供应链价值与环保效应的提升。具体要点如下：

（1）考虑股权合作的闭环供应链价值共创是以核心企业为主、与消费者共同创造价值的模式。华为、苹果等案例表明核心企业（品牌商、制造商等）在供应链价值共创起主导作用，故后续研究中将假设制造商为博弈领导者（Meng et al.，2018；Ramaswamy，Ozcan，2018a）。核心企业关注消费者需求偏好，需要付出成本、资源，其他企业则配合制造商完成相应活动，使消费者价值得到提升，而消费者受到制造商的引导参与价值共创，等价于将自身价值向制造商转移，最终会弥补制造商付出的成本、资源，实现闭环供应链价值与环保效应的提升。

（2）考虑股权合作的闭环供应链价值共创注重经济价值和环保效应的共同提升。闭环供应链价值共创的最终载体是产品和服务，消费者通过体验与消费获得价值。一方面，消费者参与价值共创活动的主要动机是现有的产品和服务无法满足其需求，因此需要通过参与价值共创来获取自身需要的产品和服务（Barki，Hartwick，1994）；另一方面，具有绿色、环保偏好的消费者也通过将产品交付回收来参与企业的回收再制造活动，实现环保效应的提升（吴清津等，2014）。闭环供应链通过与消费者共创价值，可以提升产品创新效率，准确迎合市场需求（Brockhoff，2003），同时通过从消费者处回收废旧产品完成再制造。由此可知，考虑股权合作的闭环供应链价值共创是指以同步提升经济价值和环保效应为导向的活动。

（3）闭环供应链链上企业间、链上企业与链外主体间的股权合作为闭环供应链与消费者共创价值奠定基础。闭环供应链企业间协同、资源有效配置是进行闭环供应链价值共创的基础。股权合作有助于促进闭环供应链链上企业、链外主体间的高效协同，促进资金、技术、知识等资源的合理配置，同时持股企业（主体）还可基于股权分享价值共创产生的经济价值、环保效应，监督被持股企业解决环保问题，最终形成“供应链+多元主体”的闭环供应链价值共创模式。

第二节　考虑股权合作的闭环供应链价值共创动因分析

在考虑股权合作的闭环供应链价值共创过程中，链上企业间股权合作、链上企业与链外主体股权合作、链上企业同消费者共创价值是由多种因素驱动的。闭环供应链链上企业间、链上企业与链外主体间股权合作有助于实现闭环供应链链上企业间协同，促进资源有效配置，获得链外主体在资金等资源方面的支持，并在对方监督下提升环保效应，为与消费者共创价值奠定基础，持股的链上企业和链外主体也能够分享闭环供应链价值共创的成果。链上企业与消费者共创价值能够在创新、营销、回收等多方面获得优势，消费者在价值共创过程中也同样能得到自我满足。下面就从闭环供应链链上企业、链外主体、消费者层面分析闭环供应链价值共创的动因。

一　闭环供应链链上企业间股权合作动因分析

闭环供应链链上企业间通过股权合作实现协同，进而有助于闭环供应链与消费者更高效地共创价值，这是闭环供应链链上企业间股权合作的共同动因。实现协同的机理主要包括激励、信息共享和谈判（蔡继荣，2015）。链上企业间股权合作侧重于通过股权合作影响企业运营，其次是获取相应的经济价值，属于运营导向型股权合作（孙娜、王保平，2017）。本书关注的闭环供应链链上企业间股权合作形式包括零售商（下游企业）持股制造商（上游企业）、制造商持股零售商，以及制造商与零售商交叉持股。三种股权合作形式的具体动因如下：

（1）零售商持股制造商。零售商持股制造商在实践中也称作经销商持股。经销商持股使制造商更好地掌控销售渠道，同时零售商（经销商）也可获得更稳定的货源和对制造商生产、运营等工作的话语权（Dyer et al.，1998；孟庆春等，2017）。另外，零售商也可通过股权合作帮助制造商改善生产流程特别是与回收再制造相关的生产流程，提升环保效应。

（2）制造商持股零售商。制造商持股零售商同样使制造商加强了对销售渠道的掌控，同时制造商还可通过持股帮助零售商改善销售渠道的环保工作，降低环保成本，提高环保活动的经济性。

（3）制造商与零售商交叉持股。制造商与零售商交叉持股除了具备上述动机外，还有助于持股双方形成协同性更高的战略联盟，更高效地进行资源共享、风险共担，从而增强竞争力。

二　闭环供应链链上企业与链外主体股权合作动因分析

本书关注的闭环供应链链上企业与链外主体的股权合作形式为股权众筹。股权众筹降低了企业的融资门槛，也为拥有资金的链外主体（企业、个人）提供了投资机会，而参与股权众筹的链外主体多为中小企业或个人，可能难以指导企业生产经营的技术细节。所以，闭环供应链链上企业与链外主体股权合作的动因除了实现协同外更侧重财务方面，属于财务导向型股权合作（孙娜、王保平，2017）。链上企业通过股权合作解决资金缺口，链外主体也会根据被投资企业、项目的基本信息来决策是否投资，项目成功后获取分红。另外，也有关注环保的链外主体会选择参与闭环供应链价值共创相关的项目。所以，通过股权众筹，链外主体也实现了对闭环供应链价值共创中与环保相关工作的支持与监督，形成了“供应链+多元主体”的闭环供应链价值共创模式（孟庆春等，2020）。

三　闭环供应链链上企业与消费者共创价值动因分析

市场竞争使闭环供应链链上企业面临产品开发周期压缩、满足消费者多样化需求、降低成本和持续改进服务等诸多压力。仅依靠企业自身难以克服上述压力，所以需要整合外部资源。而在外部资源中消费者的作用逐渐凸显。链上企业与消费者共创价值的主要动因有：

（1）开辟新市场。消费者的创新信息比企业自身的创新信息更有价值。实验研究表明，创新型消费者往往会提出价值更高的创新信息，而专业技术人员的创意在技术上更可行。企业需要消费者需求信息，但同时往往受制于其他因素难以获取此类信息。而需求信息多包含在消费者提供的创新信息中。企业根据相关信息开发满足消费者的产品或服务可能就会快速开辟新市场（Kristensson et al.，2004）。

（2）满足消费者多样化需求。消费者需求呈现多样化发展，企业与消费者的合作缩短了二者的距离，使企业能更准确地把握消费者需求，在满足消费者多样化需求的同时获得占据新市场的机会（Franke，Shah，2003）。

（3）降低营销成本。企业需要与参与价值共创的消费者保持良好沟通。消费者在参与价值共创的过程中会更关心技术、产品、服务等，支持开发新产品或服务。同时，参与价值共创的消费者可能会向其他消费者宣传新产品或服务，企业由此可获得新市场。所以，消费者参与价值共创既可以降低企业向原有消费者宣传的费用，也可以帮助企业开拓市场，获得更多市场资源。

（4）提高消费者忠诚度。消费者参与价值共创可以在最终产品或服务中更好地体现自身需求，从而最大化自身的满足感和成就感；同时，消费者在价值共创过程中可以自主决策，提升了对产品或服务的认同感，更易成为忠诚消费者，从而使企业在市场竞争中占据优势（McKeen et al.，1994）。

（5）与消费者共同进行回收再制造活动。制造商可以为消费者提供线上、线下渠道方便消费者将废旧产品交付回收，同时获取消费者关于回收再制造的建议，由此通过回收再制造改进产品生产流程，实现环保效应的提升。

第三节　考虑股权合作的闭环供应链价值共创过程与实现形式分析

一　考虑股权合作的闭环供应链价值共创过程

依据系统论，考虑股权合作的闭环供应链价值共创过程可被视为一个整体系统，它由闭环供应链链上企业、链外主体和消费者这三个重要参与主体元素以及闭环供应链价值、环保效应这两个产出元素构成。两类元素间相互联系、彼此影响，并通过链上企业、链外主体与消费者共创系统来实现闭环供应链价值共创。考虑股权合作的闭环供应链价值共创过程系统结构如图 3.3.1 所示。

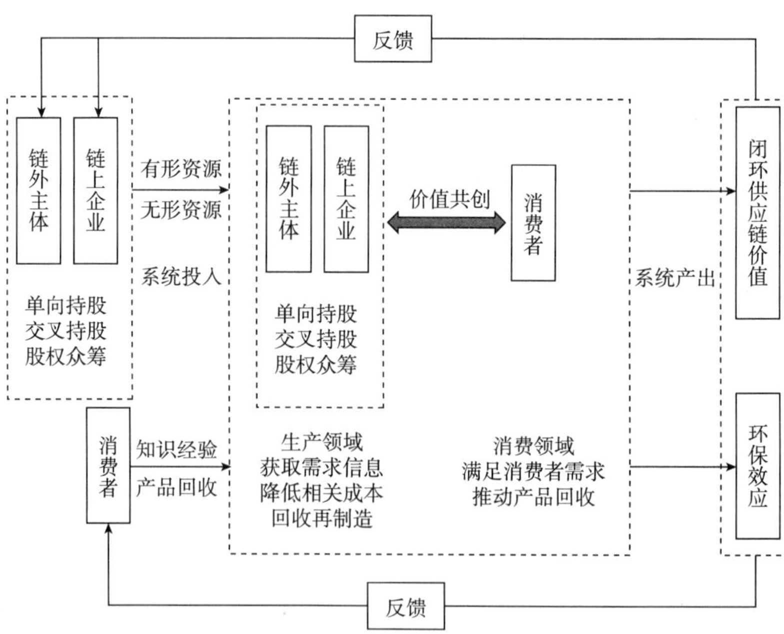

图 3.3.1　考虑股权合作的闭环供应链价值共创过程系统结构

该系统包括系统投入、系统转换、系统产出、系统反馈等环节。每个环节的具体内容如下：

（1）系统投入环节。以提升闭环供应链价值和环保效应为目标，闭环供应链链上企业、链外主体和消费者根据自身和外部条件投入相关资源。链上企业、链外主体通过股权合作加强协同和资源配置，投入资源包括有形资源如资金、人力、原材料、固定资产等，以及无形资源如文化、技术等；而消费者投入的资源主要有知识、经验和废旧产品等。

（2）系统转换环节。在系统转换（价值共创）过程中，根据投入资源，链上企业、链外主体和消费者可通过价值共创将所投入的资源转化为经济价值和环保效应。在共创系统中，链上企业间、链上企业和链外主体间通过股权合作实现协同并及时通过关注消费者价值改进生产制造，为消费者提供高品质产品实现价值提升；消费者通过消费和使用高品质产品并将废旧产品交付回收，积极参与价值共创提供相关经验和知识，获得更多效用和价值。

（3）系统产出环节。经过上述系统转换过程，链上企业、链外主体和消费者已将投入的各种资源转化为闭环供应链价值和环保效应，实现了考虑股权合作的闭环供应链价值共创目标。

（4）系统反馈环节。系统产出的闭环供应链价值、环保效应按照链上企业、链外主体和消费者的贡献分别反馈。而后链上企业、链外主体和消费者会根据系统产出、外部环境变化等条件共同决定各项资源的投入，开始下一期的闭环供应链价值共创过程。

二 考虑股权合作的闭环供应链价值共创实现形式

在考虑股权合作的闭环供应链价值共创系统中，实现形式的不同主要体现在股权合作形式的不同。股权合作形式的不同主要体现在参与主体和运营过程的不同。由此本书将考虑股权合作的闭环供应链价值共创划分为两个大类、三个小类共计6种实现形式，如图3.3.2所示。

具体内容如下：

（1）考虑零售商持股制造商的闭环供应链价值共创研究。以“经

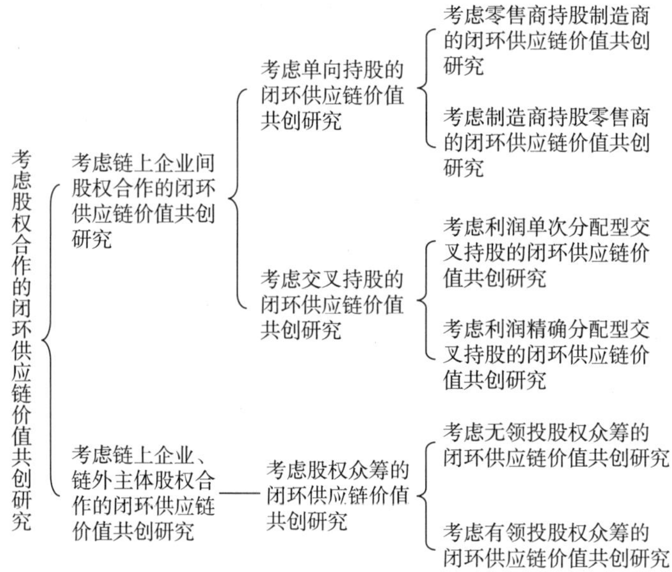

图 3.3.2 考虑股权合作的闭环供应链价值共创实现形式

销商持股”为背景，探究零售商持股制造商影响下的闭环供应链价值共创。零售商持股制造商除分配制造商价值外，还利用持股改善制造商使用新零件和回收再制造零件的生产流程，降低其生产成本，由此将对闭环供应链价值共创产生影响。

（2）考虑制造商持股零售商的闭环供应链价值共创研究。本部分探究制造商持股零售商影响下的闭环供应链价值共创。制造商持股零售商除分配零售商价值外，还利用持股改善零售商的环保活动，降低其成本，由此将对闭环供应链价值共创产生影响。

（3）考虑利润单次分配型交叉持股的闭环供应链价值共创研究。交叉持股的利润分配实务中多为单次分配。结合零售商持股制造商、制造商持股零售商的作用，探究利润单次分配型交叉持股影响下的闭环供应链价值共创研究，求解使闭环供应链各主体价值、环保效应实现帕累托改进的最优交叉持股比例。

（4）考虑利润精确分配型交叉持股的闭环供应链价值共创研究。在交叉持股下，企业利润理论上可以被无限次分配，从而实现精确分配。本部分在考虑利润单次分配型交叉持股的闭环供应链价值共创研究基础上引入利润精确分配型交叉持股公式（郭小林等，2002），分析相关结果的变化。

（5）考虑无领投股权众筹的闭环供应链价值共创研究。本部分将链上企业间股权合作拓展至链上企业、链外主体间股权合作。实践中股权众筹一般采取专业投资者领投、普通投资者跟投的形式。本部分首先从无领投人的一般形式入手，探究股权众筹影响下的闭环供应链价值共创。

（6）考虑有领投股权众筹的闭环供应链价值共创研究。在考虑无领投股权众筹的闭环供应链价值共创研究基础上，本部分引入领投人，分析相关结果的变化，并尝试简要分析股权众筹、链上企业间股权合作并存的情形对闭环供应链价值共创的影响，从而形成“供应链+多元主体”的闭环供应链价值共创模式。

第四节　本章小结

本章首先界定了股权合作、闭环供应链价值共创等重要概念，并对考虑股权合作的闭环供应链价值共创内涵作了说明；而后通过文献梳理，从闭环供应链链上企业、链外主体、消费者层面分析了考虑股权合作的闭环供应链价值共创动因，运用系统论阐明了过程；在此基础上，将考虑股权合作的闭环供应链价值共创划分为两个大类、三个小类共计 6 种实现形式，为下文具体研究做铺垫。

第四章　考虑单向持股的闭环供应链价值共创研究

第一节　引言

随着互联网、大数据等新技术、新业态的发展，消费者在供应链价值创造体系中的作用越来越受到重视，已从传统意义上的价值消耗者转变为价值创造者，比如华为的消费者通过花粉俱乐部平台为华为提供相关建议，解答其他用户使用产品时的疑惑，推动了华为产品的研发（Meng et al.，2018）。价值共创理论准确刻画了这一新变化并进一步推动了相关研究与实践的进展。在闭环供应链中，企业与消费者共创价值不仅有助于使产品设计更好地满足消费者需求，还将促进消费者参与产品回收，实现资源高效利用从而推动循环经济的发展（樊帅等，2019）。

企业间的高效协同是闭环供应链价值共创高效实施的可靠保障，其中上下游企业间的单向持股是重要的协同方式（张伸、孟庆春，2020）。经销商持股是常见的下游企业持股上游企业的形式，如2015年爱仕达集团的经销商认购集团股份，充实了集团运营资金，集团当年收入同比增长3.64%（孟庆春等，2017）；而橡胶企业杜邦公司持股通用汽车、发动机企业戴姆勒持股阿斯顿·马丁汽车则是典型的上游企业持股下游企业的案例。两种持股形式都在不同程度上起到了深化企业合作、提升各自企业乃至供应链整体利润的正向作用。而在闭环供应链中，企业间的单向持股除起到上述作用外，还帮助对方企业实现回收再制造，提高各环节的环保程度，从而实现经济价值与环保效应共赢。

虽然已有研究将单向持股纳入闭环供应链价值共创体系（张伸、孟庆春，2020），但相关研究大多只关注一种单向持股方式，缺少针对考虑不同单向持股方式的闭环供应链价值共创比较研究。同时，多数研究在刻画相关参数与持股比例关系时采用线性单调函数，与现实差距较大。有鉴于此，本章针对零售商持股制造商、制造商持股零售商影响下的闭环供应链价值共创问题运用 Stackelberg 博弈、无约束递阶规划构建相关模型，采用非线性分段函数刻画制造商、零售商单位成本与持股比例的关系，分析两种单向持股对闭环供应链价值共创的影响，并通过数值分析与仿真进行比较。本章主要关注如下问题：（1）单向持股如何影响闭环供应链价值共创？（2）不同单向持股形式影响下闭环供应链价值共创结果有何不同？

本章结构如下：第二节通过问题描述与模型构建、模型求解、模型分析、数值分析与仿真四部分研究考虑零售商持股制造商的闭环供应链价值共创问题；第三节研究考虑制造商持股零售商的闭环供应链价值共创问题并与第二节做对比；第四节总结本章主要结论并提出管理启示。

第二节　考虑零售商持股制造商的闭环供应链价值共创研究

一　问题描述与模型构建

本节考虑的闭环供应链包括制造商、零售商、回收再制造企业和消费者（晏妮娜、黄小原，2008）。制造商采用一种新零件和从回收再制造企业购进的同种再制造零件生产产品，零售商负责销售制造商生产的产品并持有制造商的部分股权，回收再制造企业从消费者处回收废旧产品并加工处理成可供制造商用于制造流程的再制造零件后卖给制造商。使用新零件与使用再制造零件生产的产品在质量方面没有区别（李欣、穆东，2018）。整个闭环供应链结构如图 4. 2. 1 所示。

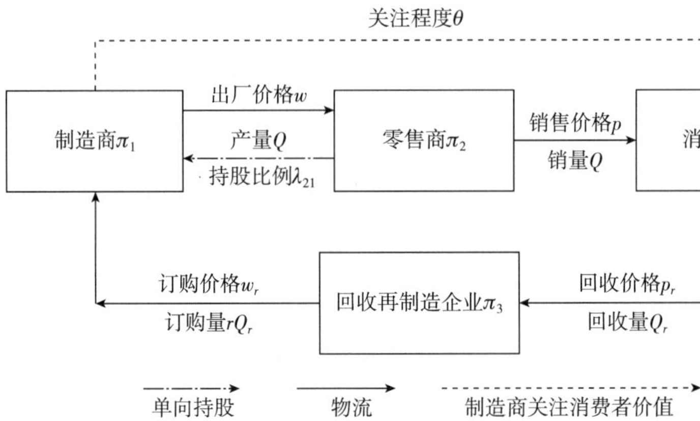

图 4. 2. 1　考虑零售商持股制造商的闭环供应链结构

假设制造商为闭环供应链的核心企业、领导者，零售商和回收再制造企业为追随者，其竞争方式为 Stackelberg 博弈。建模过程如下：

（1）回收再制造企业从消费者手中回收废旧产品用来生产再制造零件，假设该零件在每个新产品上只装配一个，可以选择装配新零件也可以选择装配同种再制造零件。每个废旧产品最多可用来生产出 1 个该零件，设回收量为 Q_r，$Q_r>0$ 且为其决策变量（王玉燕、李璟，2018）。记回收再制造企业的回收价格为 p_r，假设消费者不会将产品无偿交给回收再制造企业，故废旧产品的逆供给函数为 $p_r=b_rQ_r$，$b_r>0$ 且为常数（王玉燕、李璟，2018）。回收再制造企业对所有废旧产品进行再制造处理，单位再制造成本为 c_r，$c_r>0$ 且为常数。经处理后只有一部分废旧产品加工出了质量合格的零件，再制造零件数量占回收量的比例为再制造率，记为 r，$0<r\leqslant 1$ 且为参数，故 rQ_r 即为再制造零件数量。假设其余废旧产品最终进行了无害化处理，故采用回收量 Q_r 来衡量闭环供应链价值共创产生的环保效应（Wang et al.，2016）。

（2）制造商从回收再制造企业订购再制造零件的价格为 w_r，$w_r>0$ 且为其决策变量。制造商为提高零售商的积极性，会将部分股权转移给零售商，设转移比例为 λ_{21}，$0\leqslant\lambda_{21}<0.5$ 且为常数（表示零售商并未控股制造商，保持了制造商的相对独立性）。制造商使用新零件或再制造零件的单位生产成本函数分别为 $c_m(\lambda_{21})>0$ 和 $c_{rm}(\lambda_{21})>0$，且满足 $c'_m(\lambda_{21})<0$、$c'_{rm}(\lambda_{21})<0$ 和 $c_m(\lambda_{21})-c_{rm}(\lambda_{21})>c_r$，表示零售商持股制造商的股权投资有利于制造商改善生产工艺流程从而降低生产成本，同时两者之差大于回收再制造企业的单位再制造成本，说明产品的回收再制造对整个闭环供应链系统具有经济性（付红等，2014；Fu et al.，2018；Fu，Ma，2019；孟庆春等，2017；Zhang，Meng，2021）。记 $c_m(0)=c_m$、$c_{rm}(0)=c_{rm}$ 为常数。另外，与 Fu 等（2018），Fu、Ma（2019）假设不同，考虑到技术限制，股权投资的提升对单位生产成本的降低作用有限，本研究假设 $c_m(\lambda_{21})$ 与 $c_{rm}(\lambda_{21})$ 均为关于 λ_{21} 的分段函数，表达式分别为：

$$c_m(\lambda_{21})=\begin{cases}c_m(\lambda_{21}) & 0\leqslant\lambda_{21}<\lambda_{21m}\\ c_m(\lambda_{21m}) & \lambda_{21m}\leqslant\lambda_{21}<0.5\end{cases}$$

$$c_{rm}(\lambda_{21})=\begin{cases}c_{rm}(\lambda_{21}) & 0\leqslant\lambda_{21}<\lambda_{21r}\\ c_{rm}(\lambda_{21r}) & \lambda_{21r}\leqslant\lambda_{21}<0.5\end{cases}$$

以上二式表示股权投资的提升至多使两类单位生产成本分别降至 $c_m(\lambda_{21m})$ 与 $c_{rm}(\lambda_{21r})$，λ_{21m} 与 λ_{21r} 为对应的持股比例，假设其均为极小值点，且在该点处连续可微。故当 $0\leqslant\lambda_{21}<\lambda_{21m}$ 时 $c'_m(\lambda_{21})<0$、$c''_m(\lambda_{21m})>0$，为单调递减凸函数；当 $\lambda_{21}=\lambda_{21m}$ 时 $c_m(\lambda_{21})=c_m(\lambda_{21m})$、$c'_m(\lambda_{21})=c'_m(\lambda_{21m})=0$、$c''_m(\lambda_{21m})>0$；当 $\lambda_{21m}<\lambda_{21}<0.5$ 时 $c_m(\lambda_{21})=c_m(\lambda_{21m})$、$c'_m(\lambda_{21})=c'_m(\lambda_{21m})=0$、$c''_m(\lambda_{21m})=0$。同理 $c_{rm}(\lambda_{21})$ 亦具有类似性质。设制造商产品出厂价格为 w，$w>0$ 且为其决策变量。假设不存在缺货、滞销等问题，制造商的产量、零售商从制造商处的订购量及其销量均为 Q，Q 为零售商决策变量，$Q>0$ 且其中有 rQ_r 件产品为采用再制造零件生产的产品。

（3）记产品的市场销售价格为 p，设逆需求函数为 $p=a-bQ$，a、$b>0$ 且为常数，a 与产品市场空间相关。假设零售商在销售过程中为降低流通过程对环境的影响也采取了相应措施（使用绿色包装、新能源等），由此付出的单位环保成本为 c_e，$c_e>0$ 且为常数。不失一般性，假设 $a>c_m(\lambda_{21})>c_{rm}(\lambda_{21})>c_e>0$。零售商的持股成本为 $k_{21}(\lambda_{21})$，$k'_{21}(\lambda_{21})>0$，$k_{21}(0)=0$，表示持股成本与持股比例同向变化（张楠、周宗放，2017；何丽红等，2018；Fu et al.，2018）。

（4）记制造商、零售商、回收再制造企业价值分别为π_1、π_2、π_3，消费者价值由消费者剩余来表征，记为 CS，则可得：

$\pi_1=(1-\lambda_{21})\{[w-c_m(\lambda_{21})](Q-rQ_r)+[w-c_{rm}(\lambda_{21})-w_r]rQ_r\}$，表示制造商利润由使用新零件和再制造零件生产的产品利润组成，并按照持股比例 λ_{21} 分红给零售商，剩余部分即为制造商价值。

$\pi_2=(a-bQ-w-c_e)Q+\lambda_{21}\{[w-c_m(\lambda_{21})](Q-rQ_r)+[w-c_{rm}(\lambda_{21})-w_r]rQ_r\}-k_{21}(\lambda_{21})$，表示零售商价值由销售产品的利润和股权分红构成。

$\pi_3=(rw_r-c_r-b_rQ_r)Q_r$ 为回收再制造企业价值。

$CS=p_rQ_r-\int_0^{Q_r}p_rdQ_r+\int_0^{Q}pdQ-pQ=\dfrac{b_rQ_r^2+bQ^2}{2}$，表示消费者价值包括消费者在回收废旧产品和购买新产品过程中所获的消费者剩余。

（5）企业主动关注消费者价值是闭环供应链价值共创的重要环节。孟庆春等（孟庆春等，2012；孟庆春、李慧慧，2015；孟庆春等，2017），Zhang、Meng（2021）通过构建价值共创模型并在其中设置相关参数描述分析了这一行为。李宝库（2007）也通过实证分析发现，制造商应当使自己的偏好与消费者偏好一致，在此条件下，消费者若能积极反馈则有助于供应链营销效率的提高，从另一角度揭示了价值共创的优势。制造商主动关注消费者偏好而不是让消费者被动适应其产品已成为众多知名企业的生产经营理念。本书假设制造商对消费者价值的关注程度（以下简称“关注程度”）为 θ，$0<\theta<1$ 且为参数（Zhang、Meng，2021；孟庆春等，2012；孟庆春、李慧慧，2015；孟庆春等，2017），所以制造商的决策目标函数为：$\pi_1+\theta CS=(1-\lambda_{21})\{[w-c_m(\lambda_{21})](Q-rQ_r)+[w-c_{rm}(\lambda_{21})-w_r]rQ_r\}+\theta\left(\dfrac{b_rQ_r^2+bQ^2}{2}\right)$。

综上所述，制造商、零售商、回收再制造企业之间的博弈次序如

图 4. 2. 2 所示（Zhang，Meng，2021）。

图 4. 2. 2　制造商、零售商、回收再制造企业博弈次序

记制造商—零售商、回收再制造企业的博弈模型为 Φ，则 Φ 为：

$$\max_{w,w_r} \pi_1+\theta CS$$

$$\text{s. t.}\begin{cases}\text{其中：}\\ Q,\ Q_r\ \text{为下述规划的最优解}\\ \max\limits_{Q}(a-bQ-w-c_e)Q+\lambda_{21}\{[w-c_m(\lambda_{21})](Q-rQ_r)+\\ \quad [w-c_{rm}(\lambda_{21})-w_r]rQ_r\}-k_{21}(\lambda_{21})\\ \max\limits_{Q_r}(rw_r-c_r-b_rQ_r)Q_r\end{cases}$$

记企业联盟价值和闭环供应链价值分别为 EAV、SCV，其中 $EAV=\pi_1+\pi_2+\pi_3$，$SCV=\pi_1+\pi_2+\pi_3+CS$。由此可得考虑零售商持股制造商的闭环供应链价值共创模型为：

$$SCV(\arg\max_{w,w_r,Q,Q_r}\Phi)$$

二　考虑零售商持股制造商的闭环供应链价值共创模型求解

此类递阶规划模型通常采用逆序方法求解。令 $\frac{\partial\pi_2}{\partial Q}=a-2bQ-w-c_e+\lambda_{21}[w-c_m(\lambda_{21})]=0$，$\frac{\partial\pi_3}{\partial Q_r}=rw_r-c_r-2b_rQ_r=0$，解得 $Q=\frac{a-(1-\lambda_{21})w-\lambda c_m(\lambda_{21})-c_e}{2b}$，$Q_r=\frac{rw_r-c_r}{2b_r}$。又由 $\frac{\partial^2\pi_2}{\partial Q^2}=-2b<0$、$\frac{\partial^2\pi_3}{\partial Q_r^2}=-2b_r<0$ 可知 π_2、π_3 均为凹函数，故可将上述 Q、Q_r 的反应函数带入上层目标函数，求其关于 w、w_r 的二阶偏导数，得到 Hessian 矩阵如下：

$$H=\begin{bmatrix}\dfrac{\partial^2\pi_1}{\partial w^2} & \dfrac{\partial^2\pi_1}{\partial w\partial w_r}\\ \dfrac{\partial^2\pi_1}{\partial w_r\partial w} & \dfrac{\partial^2\pi_1}{\partial w_r^2}\end{bmatrix}=\begin{bmatrix}\dfrac{(\theta-4)(1-\lambda_{21})^2}{4b} & 0\\ 0 & \dfrac{r^2(\theta-4)(1-\lambda_{21})}{4b_r}\end{bmatrix},$$

其一阶顺序主子式 $\frac{(\theta-4)(1-\lambda_{21})^2}{4b}<0$，二阶顺序主子式 $\frac{r^2(\theta-4)^2(1-\lambda_{21})^3}{16bb_r}>0$，故上层目标函数为关于 w、w_r 的严格凹函数。令 $\frac{\partial(\pi_1+\theta CS)}{\partial w}=\frac{(2-\theta)(1-\lambda_{21})[a-(1-\lambda_{21})w-\lambda_{21}c_m(\lambda_{21})-c_e]}{4b}-\frac{(1-\lambda_{21})^2[w-c_m(\lambda_{21})]}{2b_1}=0$，$\frac{\partial(\pi_1+\theta CS)}{\partial w_r}=\frac{r\theta(rw_r-c_r)}{4b_r}+(1-\lambda_{21})\left\{\frac{r^2[c_m(\lambda_{21})-c_{rm}(\lambda_{21})-2w_r]+rc_r}{2b_r}\right\}=0$，解得 $w^*=\frac{(2-\theta)(a-c_e)+[2-(4-\theta)\lambda_{21}]c_m(\lambda_{21})}{(4-\theta)(1-\lambda_{21})}$，$w_r^*=\frac{(2-\theta-2\lambda_{21})c_r+2r(1-\lambda_{21})[c_m(\lambda_{21})-c_{rm}(\lambda_{21})]}{r(4-\theta-4\lambda_{21})}$。将 w^*、w_r^* 带回 Q、Q_r 中，解得 $Q^*=\frac{a-c_m(\lambda_{21})-c_e}{(4-\theta)b}>0$，$Q_r^*=\frac{(1-\lambda_{21})\{r[c_m(\lambda_{21})-c_{rm}(\lambda_{21})]-c_r\}}{(4-\theta-4\lambda_{21})b_r}$，若 $Q_r^*>0$ 则 $r>\frac{c_r}{c_m(\lambda_{21})-c_{rm}(\lambda_{21})}$，由此确定了再制造率的下限。将 w^*、w_r^*、Q^*、Q_r^* 带入π_1、π_2、π_3 和 CS 中，最终求得消费者、企业与企业联盟和闭环供应链的最优价值如下：

$$CS^*=\frac{A^2}{2(4-\theta)^2b}+\frac{(1-\lambda_{21})^2B^2}{2(4-\theta-4\lambda_{21})^2b_r}$$

$$\pi_1^*=\frac{(2-\theta)A^2}{(4-\theta)^2b}+\frac{(1-\lambda_{21})^2(2-\theta-2\lambda_{21})B^2}{(4-\theta-4\lambda_{21})^2b_r}$$

$$\pi_2^*=\frac{A^2}{(4-\theta)^2b}+\frac{\lambda_{21}(1-\lambda_{21})(2-\theta-2\lambda_{21})B^2}{(4-\theta-4\lambda_{21})^2b_r}-k_{21}(\lambda_{21})$$

$$\pi_3^*=\frac{(1-\lambda_{21})^2B^2}{(4-\theta-4\lambda_{21})^2b_r}$$

$$EAV^* = \frac{(3-\theta)A^2}{(4-\theta)^2 b} + \frac{(1-\lambda_{21})(3-\theta-3\lambda_{21})B^2}{(4-\theta-4\lambda_{21})^2 b_r} - k_{21}(\lambda_{21})$$

$$SCV^* = \frac{(7-2\theta)A^2}{2(4-\theta)^2 b} + \frac{(1-\lambda_{21})(7-2\theta-7\lambda_{21})B^2}{2(4-\theta-4\lambda_{21})^2 b_r} - k_{21}(\lambda_{21})$$

为简化起见，其中 $A=a-c_m(\lambda_{21})-c_e$、$B=r[c_m(\lambda_{21})-c_{rm}(\lambda_{21})]-c_r$。可以看出，各方创造的价值均为正值。除回收再制造企业价值外其余各方的价值主要由两部分组成，一部分是生产销售产品创造的基本价值（即包含 A 式的项），该部分价值相当于假设所有产品均采用新零件制造时创造的价值；另一部分是在此基础上使用再制造零件节约生产成本而创造的价值（即包含 B 式的项）。下文将分析最优价值、环保效应与制造商对消费者价值的关注程度和零售商对制造商持股比例的关系。

三　考虑零售商持股制造商的闭环供应链价值共创模型分析

下面探讨考虑零售商持股制造商的闭环供应链价值共创活动产生的最优价值、环保效应与制造商对消费者价值的关注程度和零售商对制造商持股比例的关系，找出不同变化关系成立的条件，同时刻画消费者参与价值共创产生的价值转移，与制造商关注消费者价值共同构成完整的价值共创。

（一）消费者价值分析

分别求消费者价值关于关注程度 θ 与持股比例 λ_{21} 的一阶偏导数，解得 $\frac{\partial CS^*}{\partial\theta} = \frac{A^2}{(4-\theta)^3 b} + \frac{(1-\lambda_{21})^2 B^2}{(4-\theta-4\lambda_{21})^3 b_r} > 0$，而 $\frac{\partial CS^*}{\partial\lambda_{21}} = \frac{-2Ac'_m(\lambda_{21})}{(4-\theta)^2 b} + \frac{(1-\lambda_{21})B[\theta B+(1-\lambda_{21})(4-\theta-4\lambda_{21})C]}{(4-\theta-4\lambda_{21})^3 b_r}$符号不确定。为简化起见式中 $C=\frac{\partial B}{\partial\lambda_{21}}=r[c'_m(\lambda_{21})-c'_{rm}(\lambda_{21})]$，下文中亦采用这一符号。该式中第一项大于 0，表示生产销售产品创造的基本价值与持股比例同向变化；第二项中 C 的符号不确定，其余各项均大于 0，故当 $C\geqslant0$ 时$\frac{\partial CS^*}{\partial\lambda_{21}}$恒大于 0。由 $C\geqslant0$ 可得 $c'_m(\lambda_{21})-c'_{rm}(\lambda_{21})\geqslant0$，结合假设条件 c'_m

$(\lambda_{21})<0$、$c'_{rm}(\lambda_{21})<0$ 可推知 $|c'_m(\lambda_{21})|\leqslant|c'_{rm}(\lambda_{21})|$，表示使用再制造零件的单位生产成本关于零售商对制造商持股比例的反向变化速度较快；当 $C<0$ 时，可知 $|c'_m(\lambda_{21})|>|c'_{rm}(\lambda_{21})|$，表示使用新零件的单位生产成本关于零售商对制造商持股比例的反向变化速度较快。由此得出命题 4.2.1。

命题 4.2.1 （1）消费者价值与制造商对消费者价值的关注程度同向变化。

（2）消费者价值与零售商对制造商持股比例的关系如下：

①当使用再制造零件的单位生产成本关于持股比例的反向变化速度较快时，消费者价值与持股比例同向变化；

②当使用新零件的单位生产成本关于持股比例的反向变化速度较快时，消费者价值与持股比例可能同向变化也可能反向变化，需要结合其他条件判断。

制造商关注消费者价值的价值共创行为有利于消费者价值的增长。现实中企业通过论坛、新媒体、社交平台等互联网工具观察分析消费者对产品的体验描述、评论乃至设计意见等，然后改进产品，提升了消费者的满足感，增加了消费者价值。而持股比例对消费者价值影响的不确定性同产品单位生产成本与持股比例的关系有关。分析过程表明制造商应当将股权投资主要用于改善使用再制造零件的产品生产流程，使其单位生产成本尽快下降。否则持股关系将削弱使用再制造零件节约成本的作用，降低制造商从事再制造活动的积极性，从而不利于消费者价值。

（二）企业与企业联盟价值分析

企业与企业联盟价值同关注程度 θ 的变化关系如下：

$$\frac{\partial \pi_1^*}{\partial\theta}=-\frac{\theta A^2}{(4-\theta)^3 b}-\frac{\theta(1-\lambda_{21})^2B^2}{(4-\theta-4\lambda_{21})^3 b_r}<0$$

$$\frac{\partial \pi_2^*}{\partial\theta}=\frac{2A^2}{(4-\theta)^3 b}-\frac{\theta\lambda_{21}(1-\lambda_{21})B^2}{(4-\theta-4\lambda_{21})^3 b_r}>0$$

$$\frac{\partial \pi_3^*}{\partial\theta}=\frac{2(1-\lambda_{21})^2B^2}{(4-\theta-4\lambda_{21})^3 b_r}>0$$

$$\frac{\partial EAV^*}{\partial\theta}=\frac{(2-\theta)A^2}{(4-\theta)^3b}+\frac{(1-\lambda_{21})(2-\theta-2\lambda_{21})B^2}{(4-\theta-4\lambda_{21})^3b_r}>0$$

企业与企业联盟价值同持股比例的变化关系如下：

$$\frac{\partial\pi_1^*}{\partial\lambda_{21}}=\frac{2(1-\lambda_{21})B}{(4-\theta-4\lambda_{21})^3b_r}\{[-\theta^2+3\theta(1-\lambda_{21})-4(1-\lambda_{21})^2]B+(1-\lambda_{21})(4-\theta-4\lambda_{21})(2-\theta-2\lambda_{21})C\}-\frac{2(2-\theta)Ac'_m(\lambda_{21})}{(4-\theta)^2b}$$

$$\frac{\partial\pi_2^*}{\partial\lambda_{21}}=\frac{B}{(4-\theta-4\lambda_{21})^3b_r}\{[\theta^2(1-2\lambda_{21})-6\theta(1-\lambda_{21})^2+8(1-\lambda_{21})^3]B+2\lambda_{21}(1-\lambda_{21})(4-\theta-4\lambda_{21})(2-\theta-2\lambda_{21})C\}-\frac{2Ac'_m(\lambda_{21})}{(4-\theta)^2b}-k'_{21}(\lambda_{21})$$

$$\frac{\partial\pi_3^*}{\partial\lambda_{21}}=\frac{2(1-\lambda_{21})B[\theta B+(1-\lambda_{21})(4-\theta-4\lambda_{21})C]}{(4-\theta-4\lambda_{21})^3b_r}$$

$$\frac{\partial EAV^*}{\partial\lambda_{21}}=\frac{B[\theta(2-\theta-2\lambda_{21})B+2(1-\lambda_{21})(3-\theta-3\lambda_{21})(4-\theta-4\lambda_{21})C]}{(4-\theta-4\lambda_{21})^3b_r}-\frac{2(3-\theta)Ac'_m(\lambda_{21})}{(4-\theta)^2b}-k'_{21}(\lambda_{21})$$

因为 $0\leqslant\lambda_{21}<0.5$、$0<\theta<1$、$a>c_m(\lambda_{21})>c_{rm}(\lambda_{21})>c_e>0$、$c_m(\lambda_{21})-c_{rm}(\lambda_{21})>c_r$、$c'_m(\lambda_{21})\leqslant 0$、$c'_{rm}(\lambda_{21})\leqslant 0$，所以在 $\frac{\partial\pi_1^*}{\partial\lambda_{21}}$ 式中 $\frac{-2(2-\theta)Ac'_m(\lambda_{21})}{b(4-\theta)^2}>0$、$\frac{2(1-\lambda_{21})B}{b_r(4-\theta-4\lambda_{21})^3}>0$。又因为 $[-\theta^2+3(1-\lambda_{21})\theta-4(1-\lambda_{21})^2]$ 恒小于 0，所以当 $C>\frac{B[\theta^2-3(1-\lambda_{21})\theta+4(1-\lambda_{21})^2]}{(1-\lambda_{21})(2-\theta-2\lambda_{21})(4-\theta-4\lambda_{21})}>0$ 时，$B[-\theta^2+3(1-\lambda_{21})\theta-4(1-\lambda_{21})^2]+(1-\lambda_{21})(2-\theta-2\lambda_{21})(4-\theta-4\lambda_{21})C>0$、$\frac{\partial\pi_1^*}{\partial\lambda_{21}}>0$。在 $\frac{\partial\pi_2^*}{\partial\lambda_{21}}$ 式中，边际持股收益为 $\frac{-2Ac'_m(\lambda_{21})}{b(4-\theta)^2}+\frac{B}{b_r(4-\theta-4\lambda_{21})^3}\{[(1-2\lambda_{21})(2-\theta-2\lambda_{21})(4-\theta-4\lambda_{21})+2\lambda_{21}(1-\lambda_{21})(4-$

$3\theta-4\lambda_{21})]B+2\lambda_{21}(1-\lambda_{21})(2-\theta-2\lambda_{21})(4-\theta-4\lambda_{21})C\}$，式中除 $4-3\theta-4\lambda_{21}$ 外其余各式均大于 0，故当 $4-3\theta-4\lambda_{21}>0$ 时，边际持股收益均大于 0，解得 $0<\theta<\frac{4-4\lambda_{21}}{3}$。因为 $\frac{4-4\lambda_{21}}{3}>\frac{2}{3}$，所以当 $0<\theta<\frac{2}{3}$ 时，边际持股收益大于 0，进一步地当边际持股收益大于边际持股成本 $k'_{21}(\lambda_{21})$ 时，$\frac{\partial \pi_2^*}{\partial\lambda_{21}}>0$。当 $C>0$ 时，$\frac{\partial \pi_3^*}{\partial\lambda_{21}}>0$。当 $\frac{\partial \pi_1^*}{\partial\lambda_{21}}>0$、$\frac{\partial \pi_2^*}{\partial\lambda_{21}}>0$、$\frac{\partial \pi_3^*}{\partial\lambda_{21}}>0$ 均成立时，$\frac{\partial EAV^*}{\partial\lambda_{21}}=\frac{\partial \pi_1^*}{\partial\lambda_{21}}+\frac{\partial \pi_2^*}{\partial\lambda_{21}}+\frac{\partial \pi_3^*}{\partial\lambda_{21}}>0$。又因为当 $\max(\lambda_{21m},\lambda_{21r})<\lambda_{21}<0.5$ 时，$c'_m(\lambda_{21})=c'_{rm}(\lambda_{21})=0$，此时 $\frac{\partial \pi_1^*}{\partial\lambda_{21}}=\frac{2(1-\lambda_{21})[-\theta^2+3(1-\lambda_{21})\theta-4(1-\lambda_{21})^2]B^2}{b_r(4-\theta-4\lambda_{21})^3}<0$，故必存在 λ_{21}^{m*} 使得 $\frac{\partial \pi_1^*}{\partial\lambda_{21}}=0$，该点即为制造商价值关于零售商对制造商持股比例的极大值点。由此得出命题 4.2.2。

命题 4.2.2 （1）制造商价值与其对消费者价值的关注程度反向变化，零售商价值、回收再制造企业价值、企业联盟价值与制造商对消费者价值的关注程度同向变化。

（2）当 $0<\theta<\frac{2}{3}$、$0\leq\lambda_{21}<0.5$、$C>\frac{B[\theta^2-3(1-\lambda_{21})\theta+4(1-\lambda_{21})^2]}{(1-\lambda_{21})(2-\theta-2\lambda_{21})(4-\theta-4\lambda_{21})}>0$ 且零售商的边际持股收益大于边际持股成本时，企业与企业联盟价值与零售商对制造商的持股比例同向变化。

（3）制造商价值关于零售商对制造商持股比例的极大值点为 λ_{21}^{m*}。

制造商对消费者价值的关注偏离了利润最大化的决策目标，故其价值与关注程度反向变化。但是，这种价值共创活动改进了产品，提升了消费者价值，所以，零售商利润、回收再制造企业利润和企业联盟价值也与关注程度同向变化。而企业与企业联盟价值同持股比例的关系较为复杂，受到持股比例、单位生产成本、持股成本等因素的制约，所以命题中给出了一组较为严格的同向变化条件。该组条件表明，相比命题 4. 2. 1 而言，制造商应当利用股权投资进一步降低使用再制造零件的单位生产成本$\left(\text{即满足 } C>\frac{B[\theta^2-3(1-\lambda_{21})\theta+4(1-\lambda_{21})^2]}{(1-\lambda_{21})(2-\theta-2\lambda_{21})(4-\theta-4\lambda_{21})}>0\right)$，同时将对消费者价值的关注程度控制在一定范围$\left(0<\theta<\frac{2}{3}\right)$内，否则会影响零售商的边际持股收益，故零售商持股制造商对闭环供应链价值共创的影响表现在有助于确定制造商对消费者价值关注程度的上限；当边际持股收益大于边际持股成本时，零售商应当提高持股比例促进企业与企业联盟价值进一步增长；当关注程度确定时可以进一步确定使制造商价值最大化的持股比例，但该持股比例不一定同时使零售商价值达到最大化。双方需要通过谈判确定持股比例。

（三）闭环供应链价值分析

解得 $\frac{\partial SCV^*}{\partial\theta}=\frac{(3-\theta)A^2}{b(4-\theta)^3}+\frac{(1-\lambda_{21})(3-\theta-3\lambda_{21})B^2}{b_r(4-\theta-4\lambda_{21})^3}>0$、$\frac{\partial SCV^*}{\partial\lambda_{21}}=-\frac{(7-2\theta)Ac'_m(\lambda_{21})}{(4-\theta)^2b}+\frac{B[\theta(3-\theta-3\lambda_{21})B+(1-\lambda_{21})(7-2\theta-7\lambda_{21})(4-\theta-4\lambda_{21})C]}{(4-\theta-4\lambda_{21})^3b_r}-k'_{21}(\lambda_{21})$，故当 $C>0$ 时，$\frac{\partial SCV^*}{\partial\lambda_{21}}>0$，由此得出命题 4. 2. 3。

命题 4. 2. 3　（1）闭环供应链价值与制造商对消费者价值的关注程度同向变化。

（2）当使用再制造零件的单位生产成本关于零售商对制造商持股比例的反向变化速度较快且闭环供应链的边际持股收益大于边际持股成本时，闭环供应链价值与零售商对制造商的持股比例同向变化。

制造商对消费者价值的关注有利于闭环供应链整体价值的增长，因此应当促进价值共创。当股权投资的提升更有利于降低使用再制造零件的单位生产成本且边际持股收益大于边际持股成本时，闭环供应链整体价值也将得到最大的改善。这一条件较命题 4. 2. 2 给出的条件更为宽松，因为当企业与企业联盟价值、消费者价值均与持股比例同向变化时，闭环供应链价值自然与持股比例同向变化。所以，从闭环供应链整体的角度出发也应当鼓励企业之间进行股权投资。

（四）环保效应分析

闭环供应链价值共创产生的环保效应与关注程度 θ、持股比例 λ_{21} 的变化关系为 $\frac{\partial Q_r^*}{\partial\theta}=\frac{(1-\lambda_{21})B}{(4-\theta-4\lambda_{21})^2b_r}>0$ 和 $\frac{\partial Q_r^*}{\partial\lambda_{21}}=\frac{\theta B+(1-\lambda_{21})(4-\theta-4\lambda_{21})C}{(4-\theta-4\lambda_{21})^2b_r}$。由此得出命题 4. 2. 4。

命题 4. 2. 4 （1）闭环供应链价值共创产生的环保效应与制造商对消费者价值的关注程度同向变化。

（2）当使用再制造零件的单位生产成本关于零售商对制造商持股比例的反向变化速度较快且闭环供应链的边际持股收益大于边际持股成本时，环保效应与零售商对制造商的持股比例同向变化。

环保效应与关注程度 θ、持股比例 λ_{21} 的变化关系同回收再制造企业价值与关注程度 θ、持股比例 λ_{21} 的变化关系相似。闭环供应链价值共创活动有助于促进废旧产品回收，提高环保效应。同时当股权投资的提升进一步降低使用再制造零件的单位生产成本时环保效应也会得到进一步的提升。

（五）消费者参与价值共创分析

下面分析消费者参与价值共创活动产生的价值转移。价值共创是企业与消费者共同创造价值的活动，企业关注消费者价值，改进生产活动，促进消费者价值的提升，消费者也应当通过多种方式主动参与到价值共创活动中，促进企业价值增值，形成良性互动的局面。比如，消费者在小米、华为开办的小米论坛、花粉俱乐部等网络平台上发帖讨论产品性能，解答疑问，对产品提出建议和设计思路等。设计思路经企业采纳后应用到新款产品中，同时提升了企业价值与消费者价值。另外，在回收再制造领域，企业与消费者共创价值的活动方兴未艾，一批“互联网+回收”企业如爱回收、回收宝等成立并在线上线下开展业务，小米、华为等企业的平台上也有许多用户讨论回收再制造问题，并对企业提出建议，如采用就近设立回收点、发放回收券等多种方式激励消费者参与回收等。前文命题研究发现，制造商对消费者价值的关注有利于消费者价值、其他企业及企业联盟价值和闭环供应链价值的提升，但损失了自身价值，不利于制造商持续关注消费者价值。而消费者若能通过参与价值共创活动使制造商价值增加则有助于解决这一问题。与孟庆春等（2017）的研究不同，在闭环供应链下，消费者参与价值共创活动应以同时提升使用新零件和使用再制造零件创造的价值为目标，这样能够最大限度地提升制造商价值，改善制造与回收再制造活动和保护环境。令 $\theta=0$ 代表制造商不关注消费者价值，此时制造商价值为$\pi_1^{**}=\frac{A^2}{8b}+\frac{(1-\lambda_{21})B^2}{8b_r}$，消费者价值为 $CS^{**}=\frac{A^2}{32b}+\frac{B^2}{32b_r}$，共创与非共创时消费者价值之差为 $\Delta CS=CS^*-CS^{**}=\frac{(8-\theta)\theta A^2}{32(4-\theta)^2b}+\frac{(8-\theta-8\lambda_{21})\theta B^2}{32(4-\theta-4\lambda_{21})^2b_r}$。消费者参与价值共创活动相当于将自身价值转移给制造商，假设该部分价值占 ΔCS 的比例为 η。消费者转移的价值应当使制造商使用新零件和再制造零件创造的价值均高于非共创时的价值，同时消费者价值减少后也应高于非共创时的价值，这样消费者才有动机参与价值共创活动，同时实现制造商价值的全面提升。故 η 应满足如下条件：

$$\begin{cases}\frac{(2-\theta)A^2}{(4-\theta)^2b}+\eta\frac{(8-\theta)\theta A^2}{32(4-\theta)^2b}>\frac{A^2}{8b}\\ \frac{(1-\lambda_{21})^2(2-\theta-2\lambda_{21})B^2}{(4-\theta-4\lambda_{21})^2b_r}+\eta\frac{(8-\theta-8\lambda_{21})\theta B^2}{32(4-\theta-4\lambda_{21})^2b_r}>\frac{(1-\lambda_{21})B^2}{8b_r}\\ CS^*-\eta\Delta CS>CS^{**}\end{cases}$$

解得$\frac{4\theta}{8-\theta}<\eta<1$。由此得出命题 4.2.5。

命题 4.2.5　当消费者通过参与价值共创活动将自身价值较不共创时增值的 η 部分$\left(\frac{4\theta}{8-\theta}<\eta<1\right)$转移给制造商时，制造商弥补了关注消费者价值造成的价值损失，闭环供应链上各方价值均得到提升。

该命题表明，企业和消费者互动共创价值且使得各方价值提升才是可持续的价值共创。企业在关注消费者价值的同时应当积极采用多种形式与方法吸引消费者加入价值共创活动中，同时准确有效地度量这些活动中创造、转移的价值，并在此基础上持续改进相关机制。

四 数值分析与仿真

本部分将通过数值分析与仿真验证前文命题，数据来源于 Zhang、Meng（2021），万骁乐等（2017）和张伸、孟庆春（2020）。某品牌 X7 型智能手机售价 2498 元，每月销售 200 万台；当价格为 2298 元时销量为 210 万台。故该手机逆需求函数为 $p=a-bQ=6498-20Q$（Zhang、Meng，2021；万骁乐等，2017；张伸、孟庆春，2020）。假设使用新零件与再制造零件的单位生产成本函数 $c_m(\lambda_{21})$、$c_{rm}(\lambda_{21})$ 均为关于 λ_{21} 的二次分段凸函数（Zhang，Meng，2021）。已有研究多假设单位生产成本是关于持股比例的线性函数（Fu et al.，2018），而现实中其他因素也会影响成本，起初提高持股比例会使成本下降较快，当持股比例进一步提升时其他因素可能不再匹配从而导致成本下降趋缓。因此，相比线性函数，二次分段凸函数可能会更好地反映单位生产成本与持股比例的变化关系（Zhang，Meng，2021）。假设零售商不持股制造商时使用新零件的单位生产成本为 $c_m(0)=1200$（Zhang，Meng，2021；万骁乐等，2017；张伸、孟庆春，2020）。$c_m(\lambda_{21})$ 与 λ_{21} 反向变化。当 λ_{21} 达到极小值点 $\lambda_{21m}=0.1$ 时，成本降低至 $c_m(0.1)=1140$。此后由于其他因素的限制，即使持股比例继续提升，成本也保持不变。故制造商使用新零件的单位生产成本函数为：

$$c_m(\lambda_{21})=\begin{cases}6000\lambda_{21}^2-1200\lambda_{21}+1200 & 0\leqslant\lambda_{21}<0.1\\ 1140 & 0.1\leqslant\lambda_{21}<0.5\end{cases}\quad \text{（Zhang，Meng，2021）}$$

$c_{rm}(\lambda_{21})$ 也具有类似的经济意义。假设零售商不持股制造商时使用再制造零件的单位生产成本为 $c_{rm}(0)=1000$（Zhang，Meng，2021；万骁乐等，2017；张伸、孟庆春，2020），低于 $c_m(\lambda_{21})$，故满足了前文第二节第一小节中的条件 $a>c_m(\lambda_{21})>c_{rm}(\lambda_{21})>c_e>0$。当 λ_{21} 达到极小值点 $\lambda_{21r}=0.2$ 时，成本降低至 $c_{rm}(0.2)=850$。$\lambda_{21r}>\lambda_{21m}$ 表示需要更多的股权投资才能优化使用再制造零件的生产流程。故制造

商使用再制造零件的单位生产成本函数为：

$$c_{rm}(\lambda_{21})=\begin{cases}3750\lambda_{21}^2-1500\lambda_{21}+1000 & 0\leqslant\lambda_{21}<0.2\\850 & 0.2\leqslant\lambda_{21}<0.5\end{cases}\quad \text{(Zhang, Meng, 2021)}$$

所以，当 $0\leqslant\lambda_{21}\leqslant0.2$ 时，$c'_m(\lambda_{21})\geqslant c'_{rm}(\lambda_{21})$ 即 $|c'_m(\lambda_{21})|\leqslant|c'_{rm}(\lambda_{21})|$。零售商的单位环保成本为 $c_e=200$，故满足了前文第二节第一小节中的条件 $a>c_m(\lambda_{21})>c_{rm}(\lambda_{21})>c_e>0$。零售商持股制造商的持股成本函数为 $k_{21}(\lambda_{21})=10000\lambda_{21}$，为线性函数（Fu et al.，2018；Zhang，Meng，2021）。废旧产品的逆供给函数为 $p_r=b_rQ_r=10Q_r$，单位再制造成本 $c_r=100$，再制造率 $r=0.8$（Zhang，Meng，2021；张伸、孟庆春，2020）。第四章第二节第二小节求得的闭环供应链各主体价值及环保效应在完成赋值后可运用 Mathematica11 软件进行仿真分析，得出以下结果：

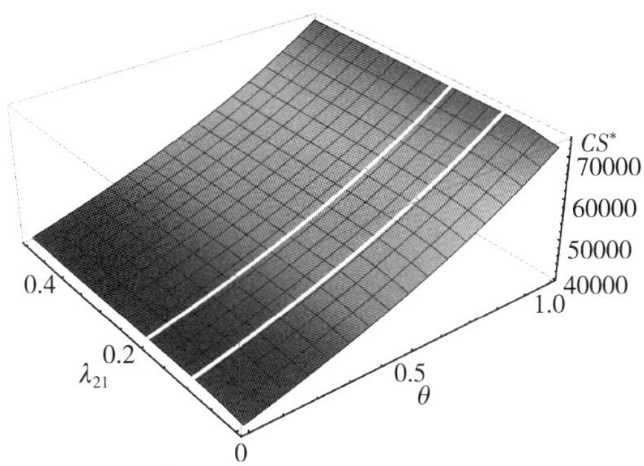

图 4.2.3　消费者价值变化趋势

图 4.2.3 表明，消费者价值与关注程度同向变化。又因为：

$$C=r[c'_m(\lambda_{21})-c'_{rm}(\lambda_{21})]=\begin{cases}3600\lambda_{21}+240 & 0\leqslant\lambda_{21}<0.1\\1200-6000\lambda_{21} & 0.1\leqslant\lambda_{21}<0.2\\0 & 0.2\leqslant\lambda_{21}<0.5\end{cases}$$

故可知 $C\geqslant0$，命题 4.2.1 得到验证。

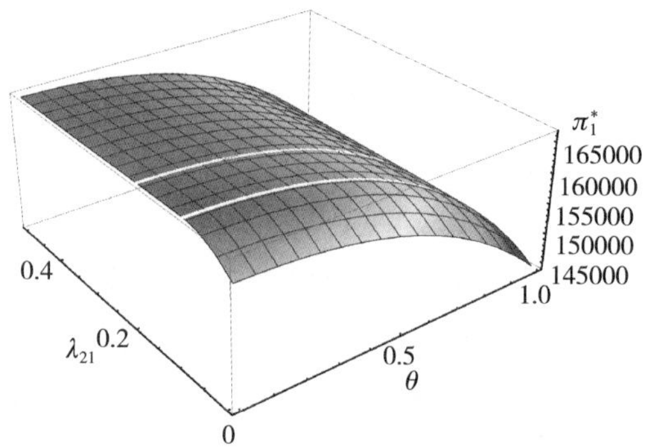

图 4.2.4　制造商价值变化趋势

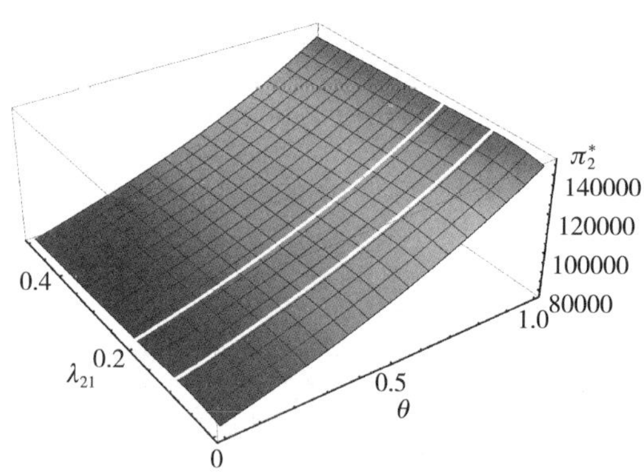

图 4.2.5　零售商价值变化趋势

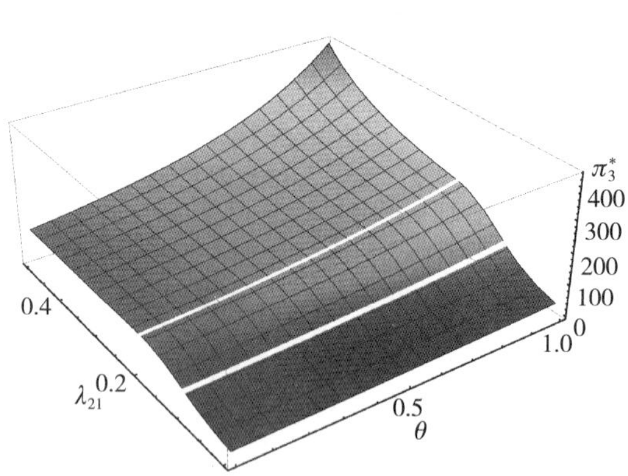

图 4.2.6　回收再制造企业价值变化趋势

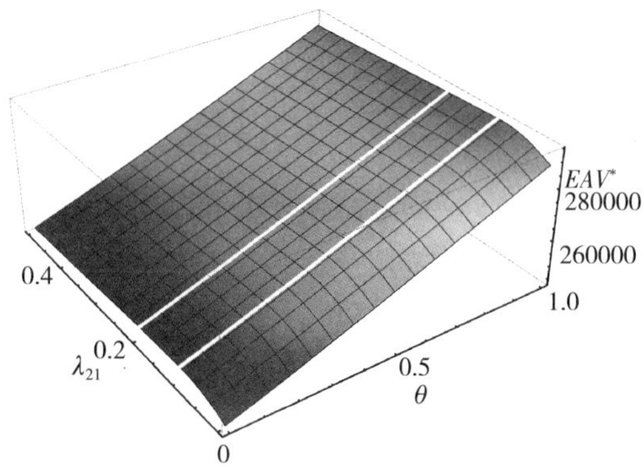

图 4.2.7　企业联盟价值变化趋势

图 4.2.4—图 4.2.7 表明，制造商价值同关注程度反向变化，零售商、企业联盟价值同关注程度同向变化，三者均同持股比例先同向变化后反向变化，故三者均存在最优持股比例。回收再制造企业价值与关注程度同向变化，与持股比例虽同向变化但变化趋势可大致分为三段，如下所示。

$$\frac{\partial \pi_3^*}{\partial \lambda_{21}}=\begin{cases}\dfrac{2(1-\lambda_{21})(1800\lambda_{21}^2+240\lambda_{21}+60)}{b_r(4-\theta-4\lambda_{21})^3} \\ \quad [\theta(1800\lambda_{21}^2+240\lambda_{21}+60)+(1-\lambda_{21}) \\ \quad (4-\theta-4\lambda_{21})(3600\lambda_{21}+240)] & 0\leqslant\lambda_{21}<0.1 \\ \dfrac{2(1-\lambda_{21})(-3000\lambda_{21}^2+1200\lambda_{21}+12)}{b_r(4-\theta-4\lambda_{21})^3} \\ \quad [\theta(-3000\lambda_{21}^2+1200\lambda_{21}+12)+(1-\lambda_{21}) \\ \quad (4-\theta-4\lambda_{21})(1200-6000\lambda_{21})] & 0.1\leqslant\lambda_{21}<0.2 \\ \dfrac{34848(1-\lambda_{21})\theta}{b_r(4-\theta-4\lambda_{21})^3} & 0.2\leqslant\lambda_{21}<0.5\end{cases}$$

$\lambda_{21}\in[0, 0.1)$、$\lambda_{21}\in[0.1, 0.2)$ 和 $\lambda_{21}\in[0.2, 0.5)$ 即为区间 1、2 和 3。在区间 1 中，提高持股比例可以同时降低 $c_m(\lambda_{21})$ 和 $c_{rm}(\lambda_{21})$，故 π_3^* 增长最快。在区间 2 中，提高持股比例只能降低 c_{rm}

(λ_{21})，故π_3^*增长趋缓。在区间 3 中提高持股比例已无法降低 $c_m(\lambda_{21})$和 $c_{rm}(\lambda_{21})$，故π_3^*增长最慢。这种现象再次说明回收再制造企业价值不仅与零售商对制造商的持股比例有关，还与其他因素(例如制造商的再制造能力，市场需求等)有关。起初，持股比例的提升可以实现再制造企业价值的快速增长。但是，制造商对再制造零件的需求受到上述其他因素的限制。如果仅提高持股比例而不改善其他因素，尤其是制造商的再制造能力，制造商对再制造零件的需求将下降从而导致再制造企业价值增长趋缓。命题 4.2.2 得到验证。

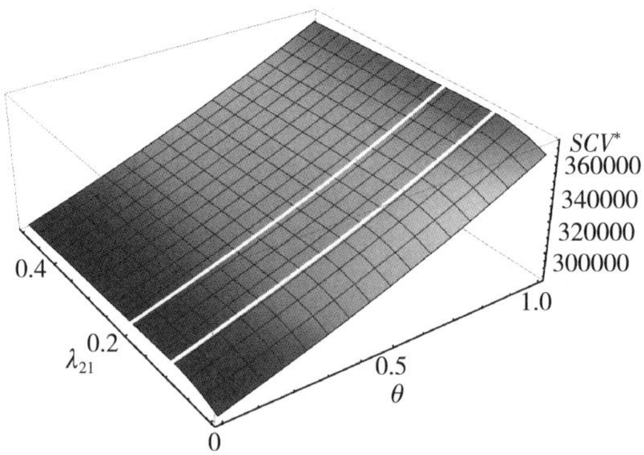

图 4.2.8　闭环供应链价值变化趋势

图 4.2.8 表明，闭环供应链价值与关注程度同向变化，与持股比例先同向变化后反向变化。命题 4.2.3 得到验证。

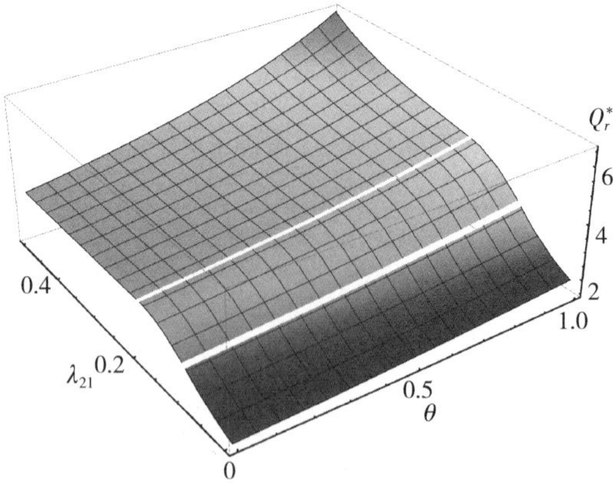

图 4.2.9　环保效应变化趋势

图 4.2.9 表明，环保效应与关注程度同向变化，与持股比例同向变化且变化趋势可分为三段，与回收再制造企业价值变化趋势类似。命题 4.2.4 得到验证。

令 $\theta=0.5$、$\lambda_{21}=0.05$，解得π_1^*、π_1^{**}、CS^*、CS^{**}的最终结果，如表 4.2.1 所示：

表 4.2.1　制造商关注消费者价值前后制造商、消费者价值

π_1^*	π_1^{**}	CS^*	CS^{**}
162009.42	165384.80	54004.76	41347.11

所以，$\Delta CS=CS^*-CS^{**}=12657.65$，$\eta$ 的取值范围为 $0.27<\eta<1$。令 $\eta=0.30$，则消费者在参与价值共创过程中将 $\eta\Delta CS$ 的价值转移给制造商后，$\pi_1^*=165806.715>\pi_1^{**}$，$CS^*=50207.465>41347.11$。命题 4.2.5 得到验证。最终，价值共创后的闭环供应链各主体价值及环保效应如表 4.2.2 所示。

表 4.2.2　价值共创后的闭环供应链各主体价值及环保效应

CS^*	π_1^*	π_2^*	π_3^*	EAV^*	SCV^*	Q_r^*
50207.47	165806.72	107464.59	48.50	273319.81	323527.28	2.20

第三节　考虑制造商持股零售商的闭环供应链价值共创研究

一　问题描述与模型构建

本章第二节研究了考虑零售商持股制造商的闭环供应链价值共创问题。本节将单向持股的另一情形——制造商持股零售商纳入闭环供应链价值共创问题中，分析其对闭环供应链价值共创的影响，并与本章第二节的研究结果做对比，为第五章进一步研究考虑交叉持股的闭环供应链价值共创问题奠定基础。考虑制造商持股零售商的闭环供应链如图 4. 3. 1 所示。

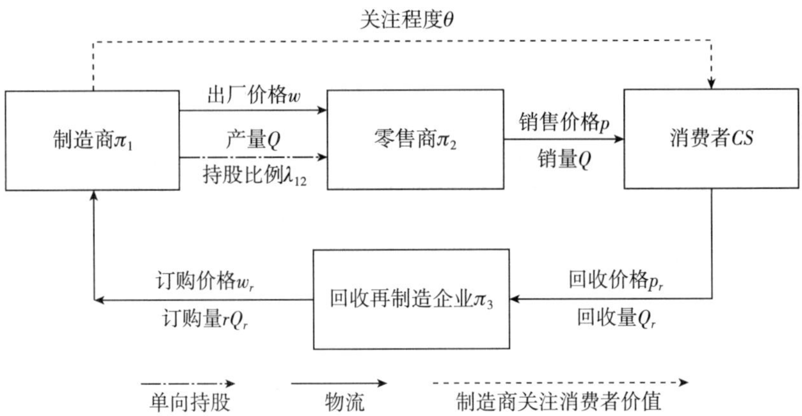

图 4. 3. 1　考虑制造商持股零售商的闭环供应链结构

该闭环供应链包含制造商、零售商、回收再制造企业和消费者。制造商生产产品，为闭环供应链上的领导者，零售商、回收再制造企业为追随者，竞争方式为 Stackelberg 博弈。产品的逆需求函数为 $p=a-bQ$，a，$b>0$ 且均为常数。制造商为了深化与零售商的合作，更好地控制销售渠道，同时提升零售商的环保水平，决定持有零售商的股份，持股比例为 λ_{12}，$0\leqslant\lambda_{12}<0.5$ 且为参数，表示制造商未控股零售商，保持了零售商的相对独立性。制造商使用新零件与再制造零件生产产品的单位生产成本分别为 c_m 与 c_{rm}，回收再制造企业的单位再制造成本为 c_r，c_m，c_{rm}，$c_r>0$ 且均为常数。假设 $c_m-c_{rm}>c_r$，表示使用再制造零件后节省的制造商单位生产成本大于回收再制造企业的单位再制造成本，故回收加工使用再制造零件对制造商以及整个闭环供应链具有经济性（Fu，Ma，2019；Fu et al.，2018；Zhang，Meng，2021；张伸、孟庆春，2020）。假设零售商在销售过程中为降低流通过程对环境的影响采取了使用绿色包装、新能源等措施，由此付出的单位环保成本函数为 $c_e(\lambda_{12})$ 且满足 $c'_e(\lambda_{12})\leqslant0$，表示制造商对零售商的股权投资用于分担零售商的环保压力，降低了零售商的单位环保成本。假设该函数为分段函数，存在连续可微极小值点 λ_{12e} 使得 $c'_e(\lambda_{12e})=0$、$c''_e(\lambda_{12e})>0$，故函数表达式为：

$$c_e(\lambda_{12})=\begin{cases}c_e(\lambda_{12}) & 0\leqslant\lambda_{12}<\lambda_{12e}\\ c_e(\lambda_{12e}) & \lambda_{12e}\leqslant\lambda_{12}<0.5\end{cases}$$

因为 a 与产品市场空间相关，故假设 $a>c_m>c_{rm}>c_e(\lambda_{12})>0$ 以满足利润的非负性。制造商的持股成本函数为 $k_{12}(\lambda_{12})$，$k'_{12}(\lambda_{12})>0$ 表示持股成本与持股比例同向变化（Fu，Ma，2019；Fu et al.，2018；Zhang，Meng，2021；张伸、孟庆春，2020）。其他参数及各主体间博弈次序设定与本章第二节相同。记制造商、零售商、回收再制造企业及消费者价值分别为 π_1、π_2、π_3、CS，则有 $\pi_1=[(w-c_m)(Q-rQ_r)+(w-c_{rm}-w_r)rQ_r]+\lambda_{12}[a-bQ-w-c_e(\lambda_{12})]Q-k_{12}(\lambda_{12})$，表示制造商价值由生产利润和持股分红两部分组成，生产利润由使用新零件和再制造零件生产的产品利润两部分组成，持股分红则为制造商按照自身对零售商的持股比例 λ_{12} 获得零售商销售利润的分红，并付出了持股成本 $k_{12}(\lambda_{12})$；零售商价值为 $\pi_2=(1-\lambda_{12})[a-bQ-w-c_e(\lambda_{12})]Q$，表示零售商价值为自身销售利润分红后的剩余部分；回收再制造企业价值为其回收再制造的利润即 $\pi_3=(rw_r-c_r-b_rQ_r)Q_r$；消费者价值为 $CS=\int_0^Q pdQ-pQ+p_rQ_r-\int_0^{Q_r}p_rdQ_r=\dfrac{b_rQ_r^2+bQ^2}{2}$，包括购买新产品及回收废旧产品时获得的两部分消费者剩余。制造商关注消费者价值是价值共创的体现，设制造商对消费者价值的关注程度为 θ，$0<\theta<1$ 且为参数（Fu，Ma，2019；Fu et al.，2018；Zhang，Meng，2021；孟庆春等，2012；孟庆春、李慧慧，2015；孟庆春等，2017；张伸、孟庆春，2020）。则制造商的决策目标函数为 $\pi_1+\theta CS=[(w-c_m)(Q-rQ_r)+(w-c_{rm}-w_r)rQ_r]+\lambda_{12}[a-bQ-w-c_e(\lambda_{12})]Q+\theta\left(\dfrac{b_rQ_r^2+bQ^2}{2}\right)-k_{12}(\lambda_{12})$。记制造商、零售商、回收再制造企业的博弈模型为 Φ，则 Φ 为：

$$\max_{w,w_r} \pi_1+\theta CS$$

$$\text{s. t.} \begin{cases} \text{其中：} \\ Q,\ Q_r \text{ 为下述规划的最优解} \\ \max\limits_{Q}(1-\lambda_{12})[a-bQ-w-c_e(\lambda_{12})]Q \\ \max\limits_{Q_r}(rw_r-c_r-b_rQ_r)Q_r \end{cases}$$

记企业联盟价值 $EAV=\pi_1+\pi_2+\pi_3$，闭环供应链价值 $SCV=\pi_1+\pi_2+\pi_3+CS$。所以，考虑制造商持股零售商的闭环供应链价值共创模型为：

$$SCV(\arg\max_{w,w_r,Q,Q_r}\Phi)$$

二　考虑制造商持股零售商的闭环供应链价值共创模型求解

采用逆序求解方法求解模型 Φ。令：

$$\begin{cases} \dfrac{\partial \pi_2}{\partial Q}=(1-\lambda_{12})[a-2bQ-w-c_e(\lambda_{12})]=0 \\ \dfrac{\partial \pi_3}{\partial Q_r}=rw_r-c_r-2b_rQ_r=0 \end{cases}$$

解得：

$$\begin{cases} Q=\dfrac{a-w-c_e(\lambda_{12})}{2b} \\ Q_r=\dfrac{rw_r-c_r}{2b_r} \end{cases}$$

又由 $\dfrac{\partial^2 \pi_2}{\partial Q^2}=-2(1-\lambda_{12})b<0$、$\dfrac{\partial^2 \pi_3}{\partial Q_r^2}=-2b_r<0$ 可知 π_2、π_3 均为凹函数，故可将上述 Q、Q_r 的反应函数代入上层目标函数，解得其关于 w、w_r 的 Hessian 矩阵如下：

$$H=\begin{bmatrix} \dfrac{\partial^2(\pi_1+\theta CS)}{\partial w^2} & \dfrac{\partial^2(\pi_1+\theta CS)}{\partial w\partial w_r} \\ \dfrac{\partial^2(\pi_1+\theta CS)}{\partial w_r\partial w} & \dfrac{\partial^2(\pi_1+\theta CS)}{\partial w_r^2} \end{bmatrix}=\begin{bmatrix} -\dfrac{(4-\theta-2\lambda_{12})}{4b} & 0 \\ 0 & -\dfrac{r^2(4-\theta)}{4b_r} \end{bmatrix},$$

其一阶顺序主子式 $-\dfrac{(4-\theta-2\lambda_{12})}{4b}<0$，二阶顺序主子式 $\dfrac{r^2(4-\theta-2\lambda_{12})(4-\theta)}{16bb_r}>$

0，故 Hessian 矩阵负定，此时上层目标函数为关于 w、w_r 的严格凹函数。由此解得：

$$\begin{cases} w^* = \dfrac{(2-\theta-2\lambda_{12})[a-c_e(\lambda_{12})]+2c_m}{4-\theta-2\lambda_{12}} \\ w_r^* = \dfrac{2r(c_m-c_{rm})+(2-\theta)c_r}{r(4-\theta)} \end{cases}$$

将 w^*、w_r^* 代入 Q、Q_r 的反应函数，解得 $Q^* = \dfrac{a-c_m-c_e(\lambda_{12})}{b(4-\theta-2\lambda_{12})}>0$，$Q_r^* = \dfrac{[r(c_m-c_{rm})-c_r]}{b_r(4-\theta)}$，故 $r>\dfrac{c_r}{c_m-c_{rm}}$是最优废旧产品回收量 Q_r^* 非负的条件。将 w^*、w_r^*、Q^*、Q_r^* 代入π_1、π_2、π_3、CS 后解得消费者、企业与企业联盟和闭环供应链最优价值如下：

$$CS^* = \frac{A^2}{2b(4-\theta-2\lambda_{12})^2}+\frac{B^2}{2b_r(4-\theta)^2}$$

$$\pi_1^* = \frac{(2-\theta-\lambda_{12})A^2}{b(4-\theta-2\lambda_{12})^2}+\frac{(2-\theta)B^2}{b_r(4-\theta)^2}-k_{12}(\lambda_{12})$$

$$\pi_2^* = \frac{(1-\lambda_{12})A^2}{b(4-\theta-2\lambda_{12})^2}$$

$$\pi_3^* = \frac{B^2}{b_r(4-\theta)^2}$$

$$EAV^* = \frac{(3-\theta-2\lambda_{12})A^2}{b(4-\theta-2\lambda_{12})^2}+\frac{(3-\theta)B^2}{b_r(4-\theta)^2}-k_{12}(\lambda_{12})$$

$$SCV^* = \frac{(7-2\theta-4\lambda_{12})A^2}{2b(4-\theta-2\lambda_{12})^2}+\frac{(7-2\theta)B^2}{2b_r(4-\theta)^2}-k_{12}(\lambda_{12})$$

其中 $A=a-c_m-c_e(\lambda_{12})$，$B=r(c_m-c_{rm})-c_r$。各主体价值均大于0，且各式中 A 式所在项表示生产销售产品创造的基本价值，该部分价值相当于假设所有产品均采用新零件制造时创造的价值，B 式所在项表示回收再制造活动本身以及在产品生产中节约成本所创造的价值。

三　考虑制造商持股零售商的闭环供应链价值共创模型分析

下面将分析最优价值、环保效应与关注程度 θ 和制造商对零售商

持股比例 λ_{12} 的变化关系，找出不同变化关系成立的条件，同时刻画消费者参与价值共创产生的价值转移，与制造商关注消费者价值共同构成完整的价值共创，从而揭示制造商持股零售商对闭环供应链价值共创的影响并比较两种持股形式产生影响的异同。

（一）消费者价值分析

本部分分析消费者价值与关注程度 θ 和持股比例 λ_{12} 的变化关系。分别求消费者价值关于 θ、λ_{12} 的一阶偏导数可得 $\frac{\partial CS^*}{\partial\theta}=\frac{A^2}{b(4-\theta-2\lambda_{12})^3}+\frac{B^2}{b_r(4-\theta)^3}>0$、$\frac{\partial CS^*}{\partial\lambda_{12}}=\frac{A[2A-(4-\theta-2\lambda_{12})c'_e(\lambda_{12})]}{b(4-\theta-2\lambda_{12})^3}>0$。由此得出命题 4.3.1。

命题 4.3.1 消费者价值与制造商对消费者价值的关注程度、制造商对零售商的持股比例同向变化。

制造商对消费者价值加强关注有利于改进消费者价值，这与命题 4.2.1 的分析结果类似，说明制造商持股零售商并未在根本上改变制造商关注消费者价值产生的影响，只影响了变化量。制造商通过股权投资降低零售商单位环保成本有利于消费者价值。零售商提高流通过程中的环保程度需要付出相应的环保成本，但如果环保成本过高则可能会转嫁给消费者，削弱环保措施的实施效果，影响消费者的接受程度。而制造商若对零售商股权投资则可以按照制造商的要求优化流通过程中的环保工作进而降低零售商环保成本，提高产品的接受度。比如苹果公司通过投资与森林保护基金合作，改进包装工艺，目前苹果手机的包装盒纤维均来自苹果负责管理的森林、竹林以及回收利用的废弃甘蔗和再生纸，同时减小了体积（Zhang，Meng，2021）。

（二）企业与企业联盟价值分析

企业与企业联盟价值同关注程度 θ 的变化关系如下：

$$\frac{\partial \pi_1^*}{\partial\theta}=\frac{-\theta A^2}{b(4-\theta-2\lambda_{12})^3}-\frac{\theta B^2}{b_r(4-\theta)^3}<0\quad \frac{\partial \pi_2^*}{\partial\theta}=\frac{2(1-\lambda_{12})A^2}{b(4-\theta-2\lambda_{12})^3}>0$$

$$\frac{\partial \pi_3^*}{\partial\theta}=\frac{2B^2}{b_r(4-\theta)^3}>0\quad \frac{\partial EAV^*}{\partial\theta}=\frac{(2-\theta-2\lambda_{12})A^2}{b(4-\theta-2\lambda_{12})^3}+\frac{(2-\theta)B^2}{b_r(4-\theta)^3}>0$$

由此得出命题 4.3.2。

命题 4.3.2 制造商价值与制造商对消费者价值的关注程度反向变化，零售商、回收再制造企业、企业联盟价值与关注程度同向变化。

制造商对消费者价值的关注偏离了自身价值最大化的决策目标。现实中制造商通过线上、线下渠道关注消费者价值需要付出相应资源，所以，制造商关注消费者价值使得自身价值降低。但同时制造商关注消费者价值使得产品能够更好地满足消费者偏好，增加了消费者的购买意愿，提升了销量，同时使得消费者能够更方便地将废旧产品送交回收，由此零售商价值、回收再制造企业价值均得到提升，弥补了制造商关注消费者价值造成的损失，进而提升了企业联盟价值。该命题与命题 4.2.2 的分析结果类似。

接着分析企业与企业联盟价值同制造商对零售商持股比例的关系。解得：

$$\frac{\partial \pi_1^*}{\partial\lambda_{12}}=\frac{A[(4-3\theta-2\lambda_{12})A-2(2-\theta-\lambda_{12})(4-\theta-2\lambda_{12})c'_e(\lambda_{12})]}{b(4-\theta-2\lambda_{12})^3}-k'_{12}(\lambda_{12})$$

$$\frac{\partial \pi_2^*}{\partial\lambda_{12}}=\frac{A[(\theta-2\lambda_{12})A-2(1-\lambda_{12})(4-\theta-2\lambda_{12})c'_e(\lambda_{12})]}{b(4-\theta-2\lambda_{12})^3}$$

$$\frac{\partial \pi_3^*}{\partial\lambda_{12}}=0$$

$$\frac{\partial EAV^*}{\partial\lambda_{12}}=\frac{A[(4-4\theta-4\lambda_{12})A-2(3-\theta-2\lambda_{12})(4-\theta-2\lambda_{12})c'_e(\lambda_{12})]}{b(4-\theta-2\lambda_{12})^3}-k'_{12}(\lambda_{12})$$

因为 $0\leqslant\lambda_{12}<0.5$、$0<\theta<1$、$a>c_m>c_{rm}>c_e(\lambda_{12})>0$、$c_m-c_{rm}>c_r$、$c'_e(\lambda_{12})\leqslant 0$，所以 $\frac{\partial \pi_1^*}{\partial\lambda_{12}}$ 式中的边际持股收益 $\frac{A[(4-3\theta-2\lambda_{12})A-2(2-\theta-\lambda_{12})(4-\theta-2\lambda_{12})c'_e(\lambda_{12})]}{b(4-\theta-2\lambda_{12})^3}>0$。当边际持股收益

大于边际持股成本即$\frac{A[(4-3\theta-2\lambda_{12})A-2(2-\theta-\lambda_{12})(4-\theta-2\lambda_{12})c'_e(\lambda_{12})]}{b(4-\theta-2\lambda_{12})^3}>k'_{12}(\lambda_{12})$时，$\frac{\partial\pi_1^*}{\partial\lambda_{12}}>0$；在$\frac{\partial\pi_2^*}{\partial\lambda_{12}}$式中，因为除$(\theta-2\lambda_{12})$外其余因式均大于零，故当$\theta>2\lambda_{12}$时，$\frac{\partial\pi_2^*}{\partial\lambda_{12}}>0$；当$\frac{\partial\pi_1^*}{\partial\lambda_{12}}>0$、$\frac{\partial\pi_2^*}{\partial\lambda_{12}}>0$均成立时，可推出$\frac{\partial EAV^*}{\partial\lambda_{12}}=\frac{\partial\pi_1^*}{\partial\lambda_{12}}+\frac{\partial\pi_2^*}{\partial\lambda_{12}}+\frac{\partial\pi_3^*}{\partial\lambda_{12}}>0$成立。因为$\lambda_{12e}$为$c_e(\lambda_{12})$的极小值点，故有$c'_e(\lambda_{12})=0$、$2(1-\lambda_{12})(4-\theta-2\lambda_{12})c'_e(\lambda_{12})=0$成立。当$\lambda_{12}=\lambda_{12e}=\frac{\theta}{2}$时，$(\theta-2\lambda_{12})A=0$、$\frac{\partial\pi_2^*}{\partial\lambda_{12}}=0$。又因为当$\lambda_{12}<\lambda_{12e}=\frac{\theta}{2}$时，$\frac{\partial\pi_2^*}{\partial\lambda_{12}}>0$，当$\lambda_{12}>\lambda_{12e}=\frac{\theta}{2}$时，$\frac{\partial\pi_2^*}{\partial\lambda_{12}}<0$，所以$\lambda_{12}=\lambda_{12e}=\frac{\theta}{2}$为零售商价值关于制造商对零售商持股比例的极大值点。由此得出命题4.3.3。

命题4.3.3 （1）制造商、零售商、企业联盟价值与制造商对零售商持股比例的关系不确定。当$\theta>2\lambda_{12}$且制造商的边际持股收益大于边际持股成本时，制造商、零售商、企业联盟价值与制造商对零售商持股比例同向变化。

（2）当$\lambda_{12}=\lambda_{12e}=\frac{\theta}{2}$时，$\lambda_{12e}$为零售商价值关于制造商对零售商持股比例的极大值点。

（3）回收再制造企业价值与制造商对零售商持股比例无关。

该命题表明，相比于通过持股降低零售商环保成本并获取分红收益，制造商应当更加重视关注消费者价值，设计生产符合消费者需求的产品，而如果持续增加对零售商的持股比例会分走零售商过多的利润，从而可能会使制造商、零售商、企业联盟价值关于制造商对零售商的持股比例反向变化，影响制造商与零售商的进一步合作。同时，如果制造商对零售商的股权投资使其单位环保成本降至最低，并且制造商对消费者价值付出相当于该持股比例两倍的关注程度时，零售商价值关于制造商对零售商持股比例达到最优。所以，制造商持股零售商对闭环供应链价值共创的影响表现在有助于确定制造商对消费者价值关注程度的下限，与命题 4. 2. 2 中零售商持股制造商对闭环供应链价值共创的影响相反。但是，λ_{12e} 可能无法同时成为制造商价值关于 λ_{12} 的极大值点，此时制造商与零售商应当通过协商确定持股比例。回收再制造企业价值与 λ_{12} 无关表明制造商对零售商持股只降低零售商的单位环保成本，虽然能够提升产品的销量，但没有改变制造商使用新零件和再制造零件的单位生产成本以及回收再制造企业的单位再制造成本，而制造商使用再制造零件的数量由这三类成本的大小关系决定，所以，废旧产品的回收数量$\left(易证\frac{\partial Q_r^*}{\partial \lambda_{12}}=0\right)$以及回收再制造企业价值不变。这说明在实践中仅仅针对产品销售环节优化环保流程、降低环保成本并不能推进回收再制造活动，再制造活动本身能够为制造商、回收再制造企业带来经济效益才是两者进行再制造活动的重要动力。

（三）闭环供应链价值分析

分别求闭环供应链价值关于 θ、λ_{12} 的一阶偏导数可得$\frac{\partial SCV^*}{\partial \theta}=\frac{(3-\theta-2\lambda_{12})A^2}{b(4-\theta-2\lambda_{12})^3}+\frac{(3-\theta)B^2}{b_r(4-\theta)^3}>0$、$\frac{\partial SCV^*}{\partial \lambda_{12}}=\frac{A}{b(4-\theta-2\lambda_{12})^3}[(6-2\theta-4\lambda_{12})A-(7-2\theta-4\lambda_{12})(4-\theta-2\lambda_{12})c'_e(\lambda_{12})]-k'_{12}(\lambda_{12})>0$。由此得出命题 4. 3. 4。

命题 4. 3. 4　闭环供应链价值与制造商对消费者价值的关注程度同向变化，与制造商对零售商的持股比例同向变化。

该命题是消费者价值、企业联盟价值均与制造商对消费者价值的关注程度同向变化的必然结果。同时也表明，当制造商通过股权投资降低零售商环保成本时，提高持股比例有利于提升闭环供应链价值。

（四）环保效应分析

分别求环保效应关于 θ、λ_{12} 的一阶偏导数可得$\frac{\partial Q_r^*}{\partial \theta}=\frac{r(c_m-c_{rm})-c_r}{b_r(4-\theta)^2}>0$，$\frac{\partial Q_r^*}{\partial \lambda_{12}}=0$。由此得出命题 4. 3. 5。

命题 4.3.5 环保效应与制造商对消费者价值的关注程度同向变化，与制造商对零售商的持股比例无关。

该命题与命题 4.3.2、命题 4.3.3 中关于回收再制造企业的内容类似。这表明制造商关注消费者价值促进了消费者将废旧产品送交企业回收，最终提升了回收再制造企业价值。而制造商持股零售商只降低了产品正向销售环节的环保成本，相对产品回收环节较为独立，也未改变制造商的单位生产成本，故环保效应与其无关。

（五）消费者参与价值共创分析

价值共创的基本特征在于企业与消费者互动共同创造价值。前述研究表明制造商关注消费者价值有利于提升其他主体以及闭环供应链价值，但因投入相关资源导致自身价值受损，所以仅有制造商关注消费者价值并不是完整的价值共创。而消费者积极参与价值共创将弥补制造商的价值损失，使制造商价值获得提升。令 $\theta=0$ 代表制造商不关注消费者价值、不进行价值共创的情形，此时制造商价值为$\pi_1^{**}=\frac{A^2}{4b(2-\lambda_{12})}+\frac{B^2}{8b_r}-k_{12}(\lambda_{12})$，消费者价值为 $CS^{**}=\frac{A^2}{8b(2-\lambda_{12})^2}+\frac{B^2}{32b_r}$。消费者参与价值共创应当同时改进制造商使用新零件和使用再制造零件生产的流程，使制造商生产销售产品创造的基本价值与使用再制造零件节约成本创造的价值均获得提升，在实现价值共创的同时推动回收再制造活动。消费者参与价值共创转移价值后只要自身价值不低于不共创时的价值，消费者就有参与价值共创的动机。经计算制造商关注消费者价值使得消费者价值增值 ΔCS，$\Delta CS=CS^*-CS^{**}=\frac{\theta(8-\theta-4\lambda_{12})A^2}{8b(2-\lambda_{12})^2(4-\theta-2\lambda_{12})^2}+\frac{\theta(8-\theta)B^2}{32b_r(4-\theta)^2}$，设转移价值占 ΔCS 的比例为 η，则有以下不等式组成立：

$$\begin{cases}\dfrac{(2-\theta-\lambda_{12})A^2}{b(4-\theta-2\lambda_{12})^2}+\eta\,\dfrac{\theta(8-\theta-4\lambda_{12})A^2}{8b(2-\lambda_{12})^2(4-\theta-2\lambda_{12})^2}>\dfrac{A^2}{4b(2-\lambda_{12})}\\ \dfrac{(2-\theta)B^2}{b_r(4-\theta)^2}+\eta\,\dfrac{\theta(8-\theta)B^2}{32b_r(4-\theta)^2}>\dfrac{B^2}{8b_r}\\ CS^*-\eta\Delta CS>CS^{**}\end{cases}$$

解得$\frac{2\theta(2-\lambda_{12})}{8-\theta-4\lambda_{12}}<\eta<1$。令 $L=\frac{2\theta(2-\lambda_{12})}{8-\theta-4\lambda_{12}}$，则有$\frac{\partial L}{\partial\lambda_{12}}=\frac{2\theta^2}{(8-\theta-4\lambda_{12})^2}>0$。由此得出命题 4. 3. 6。

命题 4. 3. 6 如果消费者通过参与价值共创将自身价值相比不共创时增值的一部分转移给制造商，制造商将弥补因关注消费者价值造成的损失并实现价值提升，此时闭环供应链上各方价值均因价值共创而获得提升。消费者转移价值的比例 η 应满足$\frac{2\theta(2-\lambda_{12})}{8-\theta-4\lambda_{12}}<\eta<1$，提高制造商对零售商的持股比例将促进消费者参与价值共创。

命题 4. 3. 6 表明，价值共创能够实现闭环供应链上各方价值的提升以及经济价值与环保效应的双赢。η 取值范围的下限与 λ_{12} 同向变化，说明提高制造商对零售商的持股比例促进了消费者价值的提升进而调动了消费者参与价值共创的积极性，同时要求制造商进一步为消费者提供参与价值共创的条件，科学度量消费者在价值共创中的作用，推动价值共创持续发展。

四 数值分析与仿真

本部分将通过数值分析与仿真更加直观地验证展示前述命题。数据来源于文献 Zhang、Meng（2021），万骁乐等（2017），张伸、孟庆春（2020）。数据背景及其余参数数据与本章第二节第四小节相同。制造商使用新零件的单位生产成本为 $c_m=1200$，使用再制造零件的单位生产成本为 $c_{rm}=1000$。零售商的单位环保成本函数为关于制造商对零售商持股比例的分段函数，与本章第二节中制造商的单位生产成本函数的性质相似。制造商不持股零售商时的单位环保成本为 $c_e(0)=200$，当 λ_{12} 达到极小值点 $\lambda_{12e}=0.25$ 时单位环保成本降至极小值 $c_e(0.25)=160$，此后即使 λ_{12} 继续提升 $c_e(\lambda_{12})$ 也保持不变。故 $c_e(\lambda_{12})$ 的函数表达式如下：

$$c_e(\lambda_{12})=\begin{cases}640\lambda_{12}^2-320\lambda_{12}+200 & 0\leqslant\lambda_{12}<0.25\\ 160 & 0.25\leqslant\lambda_{12}<0.5\end{cases}\quad\text{(Zhang, Meng, 2021)}$$

制造商持股零售商的持股成本函数为 $k_{12}(\lambda_{12})=8000\lambda_{12}$，为线

性函数（Fu et al.，2018；Zhang，Meng，2021）。数据背景及其余参数数据与本章第二节第四小节相同。第四章第三节第二小节求得的闭环供应链各主体价值及环保效应在完成赋值后可运用 Mathematica 11 软件进行仿真分析，得出以下结果：

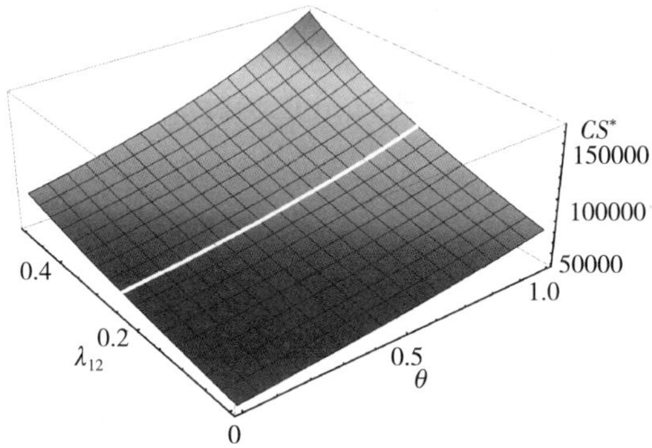

图 4.3.2　消费者价值变化趋势

图 4.3.2 表明，消费者价值与关注程度、制造商对零售商的持股比例同向变化，命题 4.3.1 得到验证。

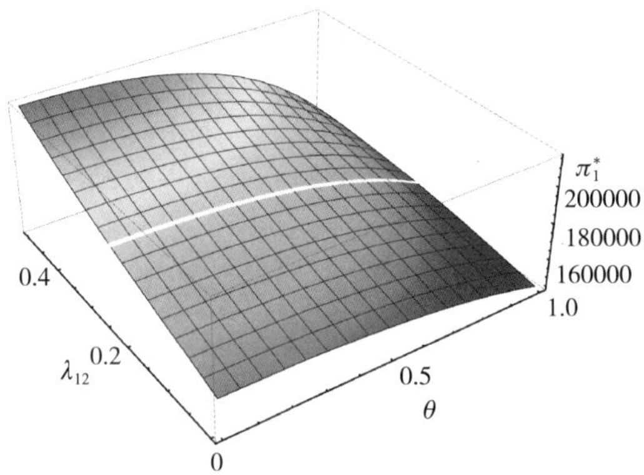

图 4.3.3　制造商价值变化趋势

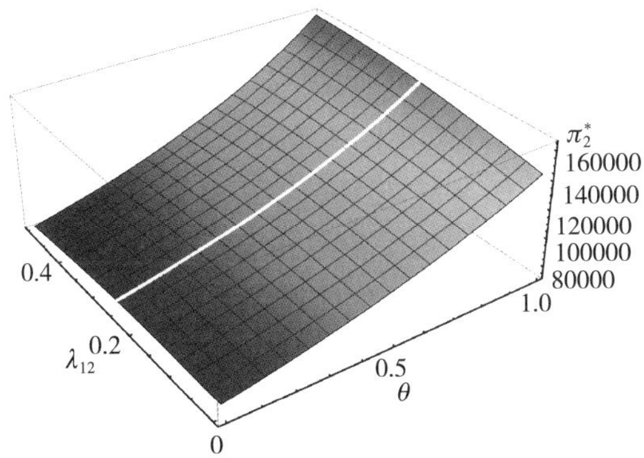

图 4.3.4　零售商价值变化趋势

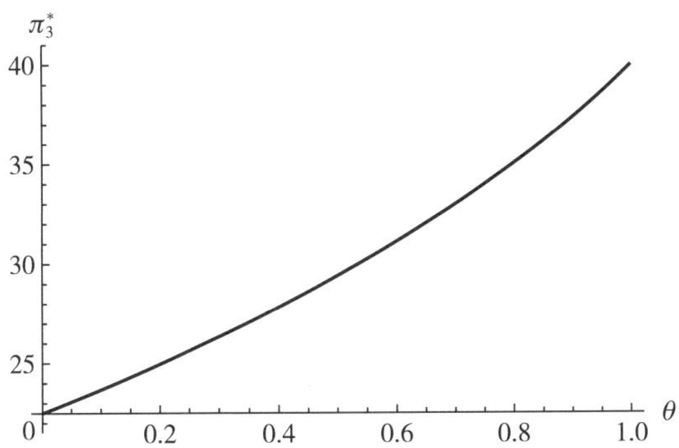

图 4.3.5　回收再制造企业价值变化趋势

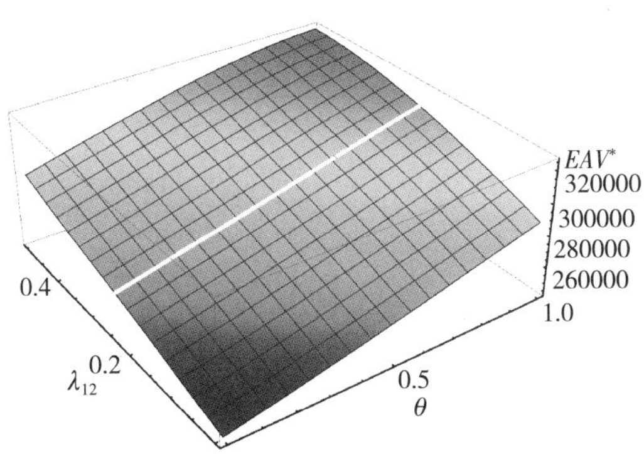

图 4.3.6　企业联盟价值变化趋势

图 4. 3. 3—图 4. 3. 6 表明，制造商价值与关注程度反向变化，与制造商对零售商持股比例同向变化。零售商价值与关注程度同向变化，与制造商对零售商持股比例先同向变化后反向变化。当 $\theta=0.5$ 时，$\lambda_{12}=\lambda_{12e}=0.25$ 为零售商关于制造商对零售商持股比例的极大值点，同时可发现当 $\theta<2\lambda_{12e}=0.5$ 时，极大值点小于 0. 25，当 $\theta>2\lambda_{12e}=0.5$ 时，极大值点大于 0. 25。回收再制造企业价值与关注程度同向变化，与制造商对零售商持股比例无关。企业联盟价值与关注程度同向变化，与制造商对零售商持股比例同向变化。命题 4. 3. 2、命题 4. 3. 3 得到验证。

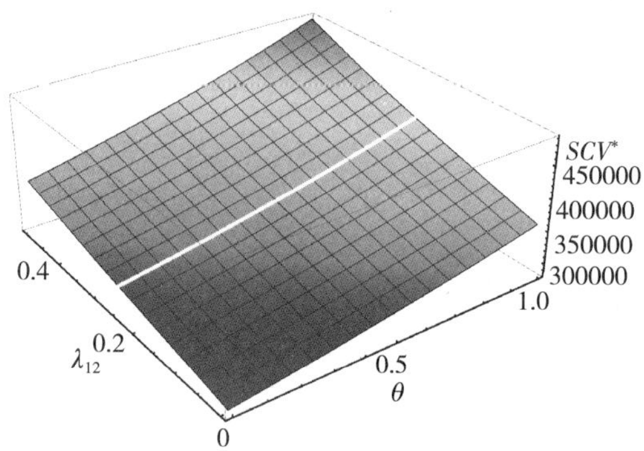

图 4. 3. 7　闭环供应链价值变化趋势

图 4. 3. 7 表明，闭环供应链价值与关注程度同向变化，与持股比例同向变化。命题 4. 3. 4 得到验证。

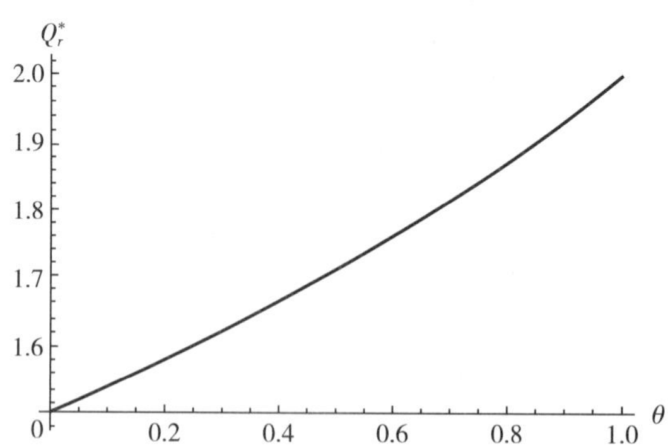

图 4. 3. 8　环保效应变化趋势

图 4. 3. 8 表明，环保效应与关注程度同向变化，与持股比例无关。另外，相比零售商持股制造商，制造商持股零售商条件下环保效应整体偏低。命题 4. 3. 5 得到验证。

令 $\theta=0.5$、$\lambda_{12}=0.05$，解得π_1^*、π_1^{**}、CS^*、CS^{**}的最终结果，如表 4. 3. 1 所示：

表 4. 3. 1　　制造商关注消费者价值前后制造商、消费者价值

π_1^*	π_1^{**}	CS^*	CS^{**}
163563. 28	167187. 52	56538. 56	42970. 87

所以，$\Delta CS=CS^*-CS^{**}=13567.69$，$\eta$ 的取值范围为 $0.27<\eta<1$。令 $\eta=0.30$，则消费者在参与价值共创过程中将 $\eta\Delta CS$ 的价值转移给制造商后，$\pi_1^*=167633.587>\pi_1^{**}$，$CS^*=52468.253>CS^{**}$。命题 4. 3. 6 得到验证。最终，价值共创后的闭环供应链各主体价值及环保效应如表 4. 3. 2 所示。

表 4. 3. 2　　价值共创后的闭环供应链各主体价值及环保效应

CS^*	π_1^*	π_2^*	π_3^*	EAV^*	SCV^*	Q_r^*
52468. 25	167633. 59	107395. 34	29. 39	275058. 32	327526. 57	1. 71

结合表 4. 2. 2、表 4. 3. 2 可知，与零售商持股制造商相比，在制造商持股零售商影响下，制造商、消费者、企业联盟、闭环供应链价值增加，零售商、回收再制造企业价值以及环保效应降低。这表明制造商持股零售商降低了零售商单位环保成本，提高了产品销量，从而提升了制造商、消费者、闭环供应链价值，但是由于分配了零售商价值，且回收再制造企业价值、环保效应与制造商对零售商的持股比例无关，故零售商、回收再制造企业价值以及环保效应降低。

第四节 本章小结

本章构建了考虑制造商与零售商之间单向持股的闭环供应链价值共创模型，得到了最优消费者价值、企业与企业联盟价值、闭环供应链价值以及环保效应，分析了两种单向持股形式对闭环供应链价值共创的影响，并以某品牌手机为例进行了数值分析与仿真。主要结论与启示如下：

（1）在两种单向持股情形下，制造商关注消费者价值虽然损失了自身价值，但是，提升了消费者、零售商、回收再制造企业、企业联盟、闭环供应链价值以及环保效应。

制造商关注消费者价值是价值共创的重要环节，虽然过度关注会损失制造商自身价值和影响零售商股权投资收益，但是，实现了闭环供应链和其他各主体价值以及环保效应的增长。在实践中，制造商应当充分利用线上线下渠道挖掘消费者偏好，改进现有产品并设计新产品，同时通过为消费者提供优质的售前、售后服务向消费者让利，从而实现消费者价值及闭环供应链整体价值的提升。制造商还应当在回收再制造环节关注消费者价值，了解消费者对回收再制造活动的建议，与回收再制造企业合作设计回收流程，充分利用互联网、大数据手段改进线上回收 App、优化回收设施布局与回收线路等，使消费者能够更便捷地将废旧产品交付回收再制造企业并获取回收收益。不同的持股情形并未从本质上改变制造商关注消费者价值的方式以及结果变化的趋势。

（2）在两种单向持股情形下，制造商应创造条件吸引消费者积极参与价值共创，与制造商对消费者价值的关注良性互动。

消费者参与价值共创弥补了价值损失并进一步提升了制造商价值。制造商应构建官网平台或举办消费者交流活动，为消费者提供参与个性化定制、App 开发等价值共创活动的渠道。制造商同时应当推进与回收再制造相关的价值共创活动，可以同回收再制造企业合作优化废旧产品回收网点设置与流程，引导消费者主动进行废旧产品的分类回收、协助企业构建“互联网+回收”等新型回收形式、提出关于回收再制造的改进措施等，最终形成协同高效的价值共创。

（3）当使用再制造零件的单位生产成本关于零售商对制造商持股比例的反向变化速度较快且制造商将其对消费者价值的关注程度控制在一定范围内时，零售商对制造商持股比例的提升将使消费者、企业与企业联盟、闭环供应链价值以及环保效应得到提升。零售商持股制造商有助于确定制造商对消费者价值关注程度的上限。

制造商应利用零售商的股权投资重点降低与再制造相关的生产成本。零售商应通过股权投资积极向制造商提出贴近市场和消费者的建议，促使制造商合理利用股权投资，正确推进生产改造。制造商应当将对消费者价值的关注程度控制在一定范围内，过度关注消费者价值不仅影响制造商自身价值，也会影响零售商关于股权投资的收益，故零售商持股制造商后使得制造商对消费者价值关注程度的上限进一步明确。最优持股比例的取得也与关注程度等因素有关，从不同主体的角度出发可能会得出不同的最优持股比例，所以，需要制造商与零售商在长期的合作与协商中才能确定，并随时根据市场环境的变化作出积极调整。

（4）当制造商对零售商持股比例的提升使零售商单位环保成本降低时，闭环供应链价值和除回收再制造企业外的其他各主体价值得到提升，只优化销售渠道的环保措施并不能提升环保效应。制造商持股零售商有助于确定制造商对消费者价值关注程度的下限。制造商对零售商的持股比例的提升还将促进消费者参与价值共创。

零售商在产品销售过程中会采取相应措施来减少对环境的影响。采取环保措施需要付出相应成本，所以，制造商可通过对零售商的股权投资与零售商合作，有针对性地改进相关措施，降低单位环保成本。制造商对消费者价值的关注程度应当不低于制造商对零售商持股比例的两倍，故制造商持股零售商有助于确定制造商对消费者价值关注程度的下限。但是，仅改善销售领域的环保措施并没有改变与回收再制造活动相关的各类成本的大小关系，无法推进回收再制造活动，进而提升环保效应。这也在实践中得到验证，如近年来多家手机企业宣布出于环保目的不再为消费者随新机附赠充电器等配件，虽然减少了相关环保成本，提升了制造商利润，也确实提升了许多不需要新充电器等配件的消费者的消费者价值，但对驱动消费者未来将废旧手机及配件送交回收的作用却有限。制造商对零售商持股比例的提升促进了消费者参与价值共创，同时要求制造商进一步为消费者提供参与价值共创的条件。

第五章　考虑交叉持股的闭环供应链价值共创研究

第一节　引言

在第四章研究基础上，本章将零售商持股制造商、制造商持股零售商两种单向持股情形加以整合，研究考虑交叉持股的闭环供应链价值共创问题。

交叉持股较单向持股更有利于企业间维持稳定的交易关系，进而通过资源共享、风险共担等合作机制增强各企业及供应链整体的竞争力（Peng et al.，2019）。但是，交叉持股也存在自身缺陷，如不能完全消除持股双方利益冲突、虚增资本的风险等（Ferguson，Hitzig，1993；Khanna，Palepu，1999）。所以，交叉持股对闭环供应链价值共创会产生何种影响是一个亟待研究的问题。虽然已有研究将交叉持股引入供应链决策中，但多是在普通供应链背景下，未涉及闭环供应链价值共创（Chen et al.，2017；Fu，Ma，2019；何丽红等，2018；张汉江等，2010）；也有研究关注了考虑交叉持股的闭环供应链价值共创问题，但研究仍不充分，主要表现在利润分配方式的设置较为单一（Zhang，Meng，2021）。交叉持股利润分配较单向持股利润分配更为复杂，在第一次利润分配后，双方理论上还应当再次分配以至无限次分配才能使双方利润分配趋向精确。考虑到可操作性、成本等限制，实践中交叉持股双方利润分配多为单次且这一分配方式也被相关研究采纳并反映在模型设定中（Chen et al.，2017；Fu，Ma，2019；

Zhang, Meng, 2021)。郭小林等（2002）则运用圆盘定理推导了 n 个企业相互交叉持股后利润无限次分配即精确分配问题的解法，并给出了两个企业交叉持股后利润精确分配问题的公式。这一公式也在相关研究中得到采纳（何丽红等，2018；张汉江等，2010），但此类研究均为普通供应链决策问题，尚未有研究将这一利润精确分配方式纳入闭环供应链价值共创问题中。

综上所述，本章将在第四章研究基础上，针对利润单次分配型交叉持股影响下的闭环供应链价值共创问题构建相关模型，揭示交叉持股对闭环供应链价值共创的影响，提出实现价值提升的途径，并进行数值分析与仿真。与第四章不同，第四章通过模型分析与数值分析证明了特定关注程度下最优单向持股比例的存在性，但没有求解；本章则试图求解使闭环供应链各主体价值实现帕累托改进的最优交叉持股比例。在考虑利润单次分配型交叉持股的闭环供应链价值共创问题的研究基础上，本章将把利润分配方式从单次分配延伸至精确分配，进一步探究在此分配方式下相关结果的变化。本章主要关注如下问题：（1）交叉持股如何影响闭环供应链价值共创？（2）是否存在使闭环供应链及各主体价值实现帕累托改进的最优交叉持股比例？（3）利润精确分配如何改变利润单次分配下的闭环供应链价值共创结果？

本章结构如下：第一节为引言；第二节通过问题描述与模型构建、模型求解、模型分析、数值分析与仿真四部分研究考虑利润单次分配型交叉持股的闭环供应链价值共创问题；第三节在第二节基础上进一步研究考虑利润精确分配型交叉持股的闭环供应链价值共创问题并与第二节做对比；第四节总结本章主要结论并提出管理启示。

第二节　考虑利润单次分配型交叉持股的闭环供应链价值共创研究

一　问题描述与模型构建

本书研究的考虑利润单次分配型交叉持股的闭环供应链如

图 5.2.1 所示。

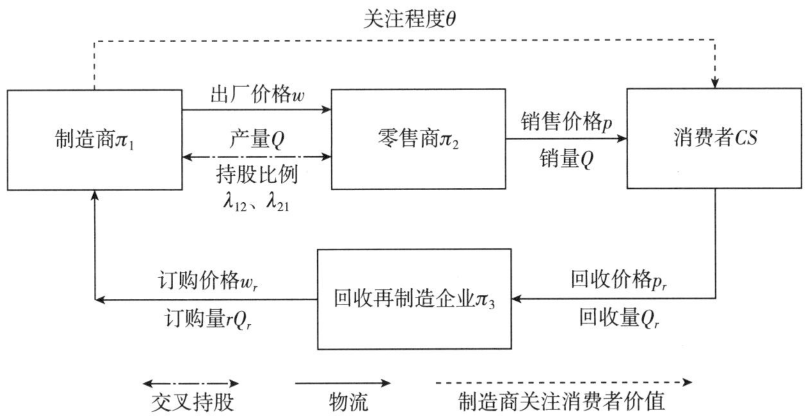

图 5.2.1　考虑交叉持股的闭环供应链结构

该闭环供应链包含制造商、零售商、回收再制造企业和消费者，制造商生产产品，为闭环供应链上的领导者，零售商、回收再制造企业为追随者，竞争方式为 Stackelberg 博弈。制造商首先决策某种再制造零件的收购价格 w_r，$w_r>0$ 且为制造商的决策变量。回收再制造企业根据制造商的收购价格决策从消费者手中有偿回收废旧产品的回收量为 Q_r，$Q_r>0$ 且为回收再制造企业的决策变量。废旧产品的逆供给函数为 $p_r=b_rQ_r$，回收价格为 p_r，b_r 为回收价格关于回收量的敏感系数，$b_r>0$ 且为常数。回收再制造企业利用废旧产品再制造出供制造商使用的零件，单位再制造成本为 c_r，$c_r>0$ 且为常数。每个废旧产品至多可供再制造出一个零件，而由于技术限制回收再制造企业的再制造率为 r，即总共可生产出的再制造零件数为 rQ_r，$r>0$ 且为参数。假设其余废旧产品最终进行了无害化处理，故采用回收量 Q_r 来衡量闭环供应链价值共创产生的环保效应（Wang et al.，2016）。制造商可以使用再制造零件或同种的新零件生产产品，每个产品上只装配一个此种零件；制造商制定产品的出厂价格为 w，$w>0$ 且为制造商的决策变量，零售商根据制造商的出厂价格确定采购量（也是制造商的生产量）

Q，$Q>0$ 且为零售商的决策变量，产品的逆需求函数为 $p=a-bQ$，a，$b>0$ 且均为常数，故在该批产品中使用再制造零件生产的产品数量为 rQ_r。为了深化制造商与零售商的合作，双方交叉持股，零售商持有制造商股份的持股比例为 λ_{21}，制造商持有零售商股份的持股比例为 λ_{12}，$0\leqslant\lambda_{21}<0.5$，$0\leqslant\lambda_{12}<0.5$，均为参数，表示一方均未控股另一方，保持了相对独立性。制造商使用新零件与再制造零件生产产品的单位生产成本函数分别为 $c_m(\lambda_{21})$ 与 $c_{rm}(\lambda_{21})$，记 $c_m(0)=c_m$、$c_{rm}(0)=c_{rm}$。假设 $c_m(\lambda_{21})-c_{rm}(\lambda_{21})>c_r$，表示使用再制造零件后节省的制造商单位生产成本大于回收再制造企业的单位再制造成本，故回收加工使用再制造零件对制造商以及整个闭环供应链具有经济性（Fu，Ma，2019；Fu et al.，2018；Zhang，Meng，2021）。与第四章设定类似，本章仍然假设 c_m（λ_{21}）与 c_{rm}（λ_{21}）均为关于 λ_{21} 的分段函数，表达式分别为：

$$c_m(\lambda_{21})=\begin{cases}c_m(\lambda_{21}) & 0\leqslant\lambda_{21}<\lambda_{21m}\\ c_m(\lambda_{21m}) & \lambda_{21m}\leqslant\lambda_{21}<0.5\end{cases}$$

$$c_{rm}(\lambda_{21})=\begin{cases}c_{rm}(\lambda_{21}) & 0\leqslant\lambda_{21}<\lambda_{21r}\\ c_{rm}(\lambda_{21r}) & \lambda_{21r}\leqslant\lambda_{21}<0.5\end{cases}$$

以上二式表示股权投资的提升至多使两类单位生产成本分别降至 $c_m(\lambda_{21m})$ 与 $c_{rm}(\lambda_{21r})$，λ_{21m} 与 λ_{21r} 为对应的持股比例，假设其均为连续可微极小值点，故当 $0\leqslant\lambda_{21}<\lambda_{21m}$ 时 $c'_m(\lambda_{21})<0$、$c''_m(\lambda_{21m})>0$，为单调递减凸函数；当 $\lambda_{21}=\lambda_{21m}$ 时 $c_m(\lambda_{21})=c_m(\lambda_{21m})$、$c'_m(\lambda_{21})=c'_m(\lambda_{21m})=0$、$c''_m(\lambda_{21m})>0$；当 $\lambda_{21m}<\lambda_{21}<0.5$ 时 $c_m(\lambda_{21})=c_m(\lambda_{21m})$、$c'_m(\lambda_{21})=c'_m(\lambda_{21m})=0$、$c''_m(\lambda_{21m})=0$。同理，$c_{rm}(\lambda_{21})$ 亦具有类似性质。假设零售商在销售过程中为降低流通过程对环境的影响也采取了相应措施（使用绿色包装、新能源等），由此付出的单位环保成本函数为 $c_e(\lambda_{12})$ 且满足 $c'_e(\lambda_{12})\leqslant0$，表示制造商对零售商的股权投资用于分担零售商的环保压力，降低了零售商的单位环保成本。同样假设该函数为分段函数，存在连续可微极小值点 λ_{12e} 使得 $c'_e(\lambda_{12e})=0$、$c''_e(\lambda_{12e})>0$，故函数表达式为：

$$c_e(\lambda_{12})=\begin{cases}c_e(\lambda_{12}) & 0\leqslant\lambda_{12}<\lambda_{12e}\\ c_e(\lambda_{12e}) & \lambda_{12e}\leqslant\lambda_{12}<0.5\end{cases}$$

因为 a 与产品市场空间相关，故假设 $a>c_m(\lambda_{21})>c_{rm}(\lambda_{21})>c_e(\lambda_{12})>0$ 以满足利润的非负性。零售商、制造商的持股成本函数分别为 $k_{21}(\lambda_{21})$ 与 $k_{12}(\lambda_{12})$，$k'_{21}(\lambda_{21})$，$k'_{12}(\lambda_{12})>0$，表示持股成本均与持股比例同向变化（Fu，Ma，2019；Fu et al.，2018；Zhang，Meng，2021）。记制造商、零售商、回收再制造企业及消费者价值分别为 π_1、π_2、π_3、CS，则可得到 $\pi_1=(1-\lambda_{21})\{[w-c_m(\lambda_{21})](Q-rQ_r)+[w-c_{rm}(\lambda_{21})-w_r]rQ_r\}+\lambda_{12}[a-bQ-w-c_e(\lambda_{12})]Q-k_{12}(\lambda_{12})$，表示制造商价值由生产利润和持股分红两部分组成，生产利润由使用新零件和再制造零件生产的产品利润两部分组成，生产利润按照零售商对制造商的持股比例 λ_{21} 分红给零售商，制造商也按照自身对零售商的持股比例 λ_{12} 获得零售商销售利润的分红，并付出了持股成本 $k_{12}(\lambda_{12})$；零售商价值为 $\pi_2=(1-\lambda_{12})[a-bQ-w-c_e(\lambda_{12})]Q+\lambda_{21}\{[w-c_m(\lambda_{21})](Q-rQ_r)+[w-c_{rm}(\lambda_{21})-w_r]rQ_r\}-k_{21}(\lambda_{21})$，表示零售商价值主要包括销售利润分红后剩余部分和对制造商生产利润的分红，并付出了持股成本 $k_{21}(\lambda_{21})$；回收再制造企业价值为其回收再制造的利润即 $\pi_3=(rw_r-c_r-b_rQ_r)Q_r$；消费者价值为 $CS=\int_0^Q pdQ-pQ+p_rQ_r-\int_0^{Q_r}p_rdQ_r=\frac{b_rQ_r^2+bQ^2}{2}$，包括购买新产品及回收废旧产品时获得的两部分消费者剩余。制造商关注消费者价值是价值共创的重要体现，设制造商对消费者价值的关注程度为 θ，$0<\theta<1$ 且为参数（Zhang，Meng，2021；孟庆春等，2012；孟庆春、李慧慧，2015；孟庆春等，2017；张伸、孟庆春，2020）。则制造商的决策目标函数为 $\pi_1+\theta CS=(1-\lambda_{21})\{[w-c_m(\lambda_{21})](Q-rQ_r)+[w-c_{rm}(\lambda_{21})-w_r]rQ_r\}+\lambda_{12}[a-bQ-w-c_e(\lambda_{12})]Q+\theta\left(\frac{b_rQ_r^2+bQ^2}{2}\right)-k_{12}(\lambda_{12})$。综上所述，制造商、零售商、回收再制造企业之间的博弈次序如图 5.2.2 所示。

记制造商、零售商、回收再制造企业的博弈模型为 Φ，则 Φ 为：

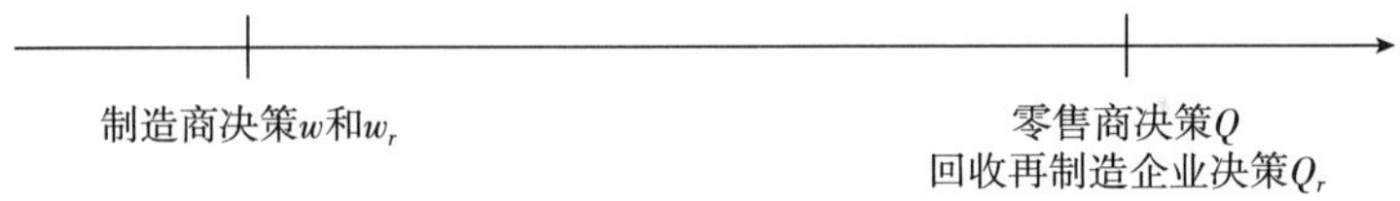

图 5.2.2 制造商、零售商、回收再制造企业博弈次序

$$\max_{w,w_r} \pi_1+\theta CS$$

$$\text{s. t.}\begin{cases}\text{其中：}\\ Q，Q_r\text{ 为下述规划的最优解}\\ \max\limits_{Q}(1-\lambda_{12})[a-bQ-w-c_e(\lambda_{12})]Q+\lambda_{21}\{[w-c_m(\lambda_{21})](Q-rQ_r)+\\ \quad [w-c_{rm}(\lambda_{21})-w_r]rQ_r\}-k_{21}(\lambda_{21})\\ \max\limits_{Q_r}(rw_r-c_r-b_rQ_r)Q_r\end{cases}$$

另外，记企业联盟价值 $EAV=\pi_1+\pi_2+\pi_3$，闭环供应链价值 $SCV=\pi_1+\pi_2+\pi_3+CS$。所以，考虑利润单次分配型交叉持股的闭环供应链价值共创模型为：

$$SCV(\arg\max_{w,w_r,Q,Q_r}\Phi)$$

二 考虑利润单次分配型交叉持股的闭环供应链价值共创模型求解

采用逆序求解方法求解模型 Φ。令：

$$\begin{cases}\dfrac{\partial \pi_2}{\partial Q}=(1-\lambda_{12})[a-2bQ-w-c_e(\lambda_{12})]+\lambda_{21}[w-c_m(\lambda_{21})]=0\\ \dfrac{\partial \pi_3}{\partial Q_r}=rw_r-c_r-2b_rQ_r=0\end{cases}$$

解得：

$$\begin{cases}Q=\dfrac{a(1-\lambda_{12})-w(1-\lambda_{12}-\lambda_{21})-\lambda_{21}c_m(\lambda_{21})-(1-\lambda_{12})c_e(\lambda_{12})}{2b(1-\lambda_{12})}\\ Q_r=\dfrac{rw_r-c_r}{2b_r}\end{cases}$$

又由$\dfrac{\partial^2 \pi_2}{\partial Q^2}=-2(1-\lambda_{12})b<0$、$\dfrac{\partial^2 \pi_3}{\partial Q_r^2}=-2b_r<0$ 可知π_2、π_3 均为凹函

数，故可将上述 Q、Q_r 的反应函数代入上层目标函数，解得其关于 w、w_r 的 Hessian 矩阵如下：

$$H=\begin{bmatrix}\dfrac{\partial^2(\pi_1+\theta CS)}{\partial w^2} & \dfrac{\partial^2(\pi_1+\theta CS)}{\partial w\partial w_r}\\ \dfrac{\partial^2(\pi_1+\theta CS)}{\partial w_r\partial w} & \dfrac{\partial^2(\pi_1+\theta CS)}{\partial w_r^2}\end{bmatrix}$$

$$=\begin{bmatrix}\dfrac{(-4+\theta+2\lambda_{12})(1-\lambda_{12}-\lambda_{21})^2}{4b(1-\lambda_{12})^2} & 0\\ 0 & \dfrac{r^2(-4+\theta+4\lambda_{21})}{4b_r}\end{bmatrix},$$

其一阶顺序主子式 $\dfrac{(-4+\theta+2\lambda_{12})(1-\lambda_{12}-\lambda_{21})^2}{4b(1-\lambda_{12})^2}<0$，二阶顺序主子式 $\dfrac{r^2(4-\theta-4\lambda_{21})(4-\theta-2\lambda_{12})(1-\lambda_{12}-\lambda_{21})^2}{16bb_r(1-\lambda_{12})^2}>0$，故 Hessian 矩阵负定，此时上层目标函数为关于 w、w_r 的严格凹函数。故解得：

$$\begin{cases}w^*=\dfrac{(1-\lambda_{12})(2-\theta-2\lambda_{12})[a-c_e(\lambda_{12})]+[2-2\lambda_{12}(1-\lambda_{21})-(4-\theta)\lambda_{21}]c_m(\lambda_{21})}{(4-\theta-2\lambda_{12})(1-\lambda_{12}-\lambda_{21})}\\ w_r^*=\dfrac{c_r(2-\theta-2\lambda_{21})+2r(1-\lambda_{21})[c_m(\lambda_{21})-c_{rm}(\lambda_{21})]}{r(4-\theta-4\lambda_{21})}\end{cases}$$

将 w^*、w_r^* 代入 Q、Q_r 的反应函数，解得 $Q^*=\dfrac{a-c_m(\lambda_{21})-c_e(\lambda_{12})}{b(4-\theta-2\lambda_{12})}>0$，$Q_r^*=\dfrac{(1-\lambda_{21})\{r[c_m(\lambda_{21})-c_{rm}(\lambda_{21})]-c_r\}}{b_r(4-\theta-4\lambda_{21})}$，故 $r>\dfrac{c_r}{c_m(\lambda_{21})-c_{rm}(\lambda_{21})}$ 是最优废旧产品回收量 Q_r^* 非负的条件。将 w^*、w_r^*、Q^*、Q_r^* 代入 π_1、π_2、π_3、CS 后解得消费者、企业与企业联盟和闭环供应链的最优价值如下：

$$CS^*=\frac{A^2}{2b(4-\theta-2\lambda_{12})^2}+\frac{(1-\lambda_{21})^2B^2}{2b_r(4-\theta-4\lambda_{21})^2}$$

$$\pi_1^*=\frac{(2-\theta-\lambda_{12})A^2}{b(4-\theta-2\lambda_{12})^2}+\frac{(1-\lambda_{21})^2(2-\theta-2\lambda_{21})B^2}{b_r(4-\theta-4\lambda_{21})^2}-k_{12}(\lambda_{12})$$

$$\pi_2^* = \frac{(1-\lambda_{12})A^2}{b(4-\theta-2\lambda_{12})^2} + \frac{\lambda_{21}(1-\lambda_{21})(2-\theta-2\lambda_{21})B^2}{b_r(4-\theta-4\lambda_{21})^2} - k_{21}(\lambda_{21})$$

$$\pi_3^* = \frac{(1-\lambda_{21})^2 B^2}{b_r(4-\theta-4\lambda_{21})^2}$$

$$EAV^* = \frac{(3-\theta-2\lambda_{12})A^2}{b(4-\theta-2\lambda_{12})^2} + \frac{(1-\lambda_{21})(3-\theta-3\lambda_{21})B^2}{b_r(4-\theta-4\lambda_{21})^2} - k_{12}(\lambda_{12}) - k_{21}(\lambda_{21})$$

$$SCV^* = \frac{(7-2\theta-4\lambda_{12})A^2}{2b(4-\theta-2\lambda_{12})^2} + \frac{(1-\lambda_{21})(7-2\theta-7\lambda_{21})B^2}{2b_r(4-\theta-4\lambda_{21})^2} - k_{12}(\lambda_{12}) - k_{21}(\lambda_{21})$$

其中，$A=a-c_m(\lambda_{21})-c_e(\lambda_{12})$，$B=r[c_m(\lambda_{21})-c_{rm}(\lambda_{21})]-c_r$。各主体价值均大于0，且各式中 A 式所在项表示生产销售产品创造的基本价值，该部分价值相当于假设所有产品均采用新零件制造时创造的价值，B 式所在项表示回收再制造活动本身以及在产品生产中节约成本所创造的价值。

三　考虑利润单次分配型交叉持股的闭环供应链价值共创模型分析

在得到消费者、企业与企业联盟和闭环供应链最优价值的基础上，下面将分析最优价值、环保效应与关注程度 θ 和交叉持股比例 λ_{21}、λ_{12} 的变化关系，找出不同变化关系成立的条件，证明最优交叉持股比例的存在性，同时刻画消费者参与价值共创产生的价值转移，与制造商关注消费者价值共同构成完整的价值共创，从而揭示交叉持股对价值共创的影响。

（一）消费者价值分析

首先分析消费者价值与制造商对消费者价值关注程度的关系，求消费者价值关于 θ 的一阶偏导数可得 $\frac{\partial CS^*}{\partial\theta} = \frac{A^2}{b(4-\theta-2\lambda_{12})^3} + \frac{(1-\lambda_{21})^2 B^2}{b_r(4-\theta-4\lambda_{21})^3} > 0$，由此得出命题 5.2.1。

命题 5.2.1　消费者价值与制造商对消费者价值的关注程度同向变化。

制造商对消费者价值加强关注有利于改进消费者价值。在价值共创理念与信息技术的发展下，制造商对消费者价值的关注呈现出线上线下融合、贯穿产品全生命周期的特点，反映了制造业智能化、服务化的发展目标。制造商可以通过线上线下渠道收集消费者使用数据与意见反馈从而改善产品，在产品售前可以提供个性化定制，售后可提供产品升级、专业回收、以旧换新等服务。这些举措既改善了消费体验，也使消费者能够更方便地将产品交付回收获取回收收益，从正向和逆向两个角度提升了消费者价值。

然后分析消费者价值与交叉持股比例的关系。因为 $\frac{\partial CS^*}{\partial\lambda_{21}}=\frac{-2Ac'_m(\lambda_{21})}{2b(4-\theta-2\lambda_{12})^2}+\frac{(1-\lambda_{21})B}{b_r(4-\theta-4\lambda_{21})^3}[\theta B+(1-\lambda_{21})(4-\theta-4\lambda_{21})C]$、$\frac{\partial CS^*}{\partial\lambda_{12}}=\frac{A[2A-(4-\theta-2\lambda_{12})c'_e(\lambda_{12})]}{b(4-\theta-2\lambda_{12})^3}>0$，其中 $C=r[c'_m(\lambda_{21})-c'_{rm}(\lambda_{21})]$，下同。由 $C\geqslant0$ 可得 $c'_m(\lambda_{21})-c'_{rm}(\lambda_{21})\geqslant0$，结合假设条件 $c'_m(\lambda_{21})\leqslant0$、$c'_{rm}(\lambda_{21})\leqslant0$ 可推知 $|c'_m(\lambda_{21})|\leqslant|c'_{rm}(\lambda_{21})|$，表示使用再制造零件的单位生产成本关于零售商对制造商持股比例的反向变化速度较快；当 $C<0$ 时可知 $|c'_m(\lambda_{21})|>|c'_{rm}(\lambda_{21})|$，表示使用新零件的单位生产成本关于零售商对制造商持股比例的反向变化速度较快。由此得出命题 5.2.2。

命题 5.2.2 （1）当使用再制造零件的单位生产成本关于零售商对制造商持股比例的反向变化速度较快时，消费者价值与零售商对制造商的持股比例同向变化。

（2）当使用新零件的单位生产成本关于零售商对制造商持股比例的反向变化速度较快时，消费者价值与零售商对制造商的持股比例可能同向变化，也可能反向变化，需结合其他条件判断。

（3）消费者价值与制造商对零售商的持股比例同向变化。

消费者价值与零售商对制造商的持股比例关系表明制造商应当将股权投资主要用于改善使用再制造零件生产的生产流程，否则将削弱持股比例提升对消费者价值的促进作用。制造商通过股权投资降低零售商单位环保成本有利于消费者价值。零售商提高流通过程中的环保程度需要付出相应的环保成本，但如果环保成本过高则可能会转嫁给消费者，削弱环保措施的实施效果，影响消费者的接受程度。而制造商对零售商则可以通过持股要求零售商优化流通过程中的环保工作进而降低单位环保成本，提高产品的接受度。另外，模型分析表明不存在使最优消费者价值达到极大值的（λ_{21}^{C*}，λ_{12}^{C*}），故只要制造商将股权投资主要用于降低使用再制造零件的单位生产成本，零售商对制造商持股比例的提升就能够使最优消费者价值获得持续改进。

（二）企业与企业联盟价值分析

解得$\frac{\partial \pi_1^*}{\partial\theta}=\frac{-\theta A^2}{b(4-\theta-2\lambda_{12})^3}-\frac{\theta(1-\lambda_{21})^2B^2}{b_r(4-\theta-4\lambda_{21})^3}<0$，$\frac{\partial \pi_2^*}{\partial\theta}=\frac{2(1-\lambda_{12})A^2}{b(4-\theta-2\lambda_{12})^3}-\frac{\theta\lambda_{21}(1-\lambda_{21})B^2}{b_r(4-\theta-4\lambda_{21})^3}>0$，$\frac{\partial \pi_3^*}{\partial\theta}=\frac{2(1-\lambda_{21})^2B^2}{b_r(4-\theta-4\lambda_{21})^3}>0$，$\frac{\partial EAV^*}{\partial\theta}=\frac{(2-\theta-2\lambda_{12})A^2}{b(4-\theta-2\lambda_{12})^3}+\frac{(2-\theta-2\lambda_{21})B^2}{b_r(4-\theta-4\lambda_{21})^3}>0$。由此得出命题 5.2.3。

命题 5.2.3 制造商价值与制造商对消费者价值的关注程度反向变化，零售商、回收再制造企业、企业联盟价值与关注程度同向变化。

首先，制造商对消费者价值的关注偏离了自身价值最大化的决策目标。现实中制造商通过线上、线下渠道关注消费者价值需要付出相应资源，所以，制造商关注消费者价值使得自身价值降低。但如命题 5.2.1 所述，制造商关注消费者价值使得产品能够更好地满足消费者偏好，增加了消费者的购买意愿，提升了销量，也使得消费者能够更方便地将废旧产品送交回收，由此零售商价值、回收再制造企业价值均得到提升，弥补了制造商关注消费者价值造成的损失，进而提升了企业联盟价值。所以，从闭环供应链上其他企业、企业联盟以及消费者的角度出发制造商应当关注消费者价值，进行价值共创。制造商关注消费者价值仅仅是价值共创的一个环节，制造商还应当创造条件吸引消费者参与价值共创。

其次，分析企业与企业联盟价值同零售商对制造商持股比例的关系。解得：

$$\frac{\partial \pi_1^*}{\partial\lambda_{21}}=\frac{-2(2-\theta-\lambda_{12})Ac'_m(\lambda_{21})}{b(4-\theta-2\lambda_{12})^2}+\frac{2(1-\lambda_{21})B}{b_r(4-\theta-4\lambda_{21})^3}\{B[-\theta^2+3(1-\lambda_{21})$$

$\theta-4(1-\lambda_{21})^2]+(1-\lambda_{21})(2-\theta-2\lambda_{21})(4-\theta-4\lambda_{21})C\}$

$$\frac{\partial\pi_2^*}{\partial\lambda_{21}}=\frac{-2(1-\lambda_{12})Ac'_m(\lambda_{21})}{b(4-\theta-2\lambda_{12})^2}+\frac{B}{b_r(4-\theta-4\lambda_{21})^3}\{[(1-2\lambda_{21})(2-\theta-2\lambda_{21})(4-\theta-4\lambda_{21})+2\lambda_{21}(1-\lambda_{21})(4-3\theta-4\lambda_{21})]B+2\lambda_{21}(1-\lambda_{21})(2-\theta-2\lambda_{21})(4-\theta-4\lambda_{21})C\}-k'_{21}(\lambda_{21})$$

$$\frac{\partial\pi_3^*}{\partial\lambda_{21}}=\frac{2(1-\lambda_{21})B}{b_r(4-\theta-4\lambda_{21})^3}[\theta B+(1-\lambda_{21})(4-\theta-4\lambda_{21})C]$$

$$\frac{\partial EAV^*}{\partial\lambda_{21}}=\frac{-2(3-\theta-2\lambda_{12})Ac'_m(\lambda_{21})}{b(4-\theta-2\lambda_{12})^2}+\frac{B}{b_r(4-\theta-4\lambda_{21})^3}[\theta(2-\theta-2\lambda_{21})B+2(1-\lambda_{21})(3-\theta-3\lambda_{21})(4-\theta-4\lambda_{21})C]-k'_{21}(\lambda_{21})$$

因为 $0\leqslant\lambda_{21}<0.5$、$0<\theta<1$、$a>c_m(\lambda_{21})>c_{rm}(\lambda_{21})>c_e(\lambda_{12})>0$、$c_m(\lambda_{21})-c_{rm}(\lambda_{21})>c_r$、$c'_m(\lambda_{21})\leqslant0$、$c'_{rm}(\lambda_{21})\leqslant0$，所以，在 $\frac{\partial\pi_1^*}{\partial\lambda_{21}}$ 式中，$\frac{-2(2-\theta-\lambda_{12})Ac'_m(\lambda_{21})}{b(4-\theta-2\lambda_{12})^2}>0$、$\frac{2(1-\lambda_{21})B}{b_r(4-\theta-4\lambda_{21})^3}>0$。又因为 $[-\theta^2+3(1-\lambda_{21})\theta-4(1-\lambda_{21})^2]$ 恒小于 0，所以，当 $C>\frac{B[\theta^2-3(1-\lambda_{21})\theta+4(1-\lambda_{21})^2]}{(1-\lambda_{21})(2-\theta-2\lambda_{21})(4-\theta-4\lambda_{21})}>0$ 时，$B[-\theta^2+3(1-\lambda_{21})\theta-4(1-\lambda_{21})^2]+(1-\lambda_{21})(2-\theta-2\lambda_{21})(4-\theta-4\lambda_{21})C>0$、$\frac{\partial\pi_1^*}{\partial\lambda_{21}}>0$。在 $\frac{\partial\pi_2^*}{\partial\lambda_{21}}$ 式中，边际持股收益为 $\frac{-2(1-\lambda_{12})Ac'_m(\lambda_{21})}{b(4-\theta-2\lambda_{12})^2}+\frac{B}{b_r(4-\theta-4\lambda_{21})^3}\{[(1-2\lambda_{21})(2-\theta-2\lambda_{21})(4-\theta-4\lambda_{21})+2\lambda_{21}(1-\lambda_{21})(4-3\theta-4\lambda_{21})]B+2\lambda_{21}(1-\lambda_{21})(2-\theta-2\lambda_{21})(4-\theta-4\lambda_{21})C\}$，式中除 $4-3\theta-4\lambda_{21}$ 外其余各式均大于 0，故当 $4-3\theta-4\lambda_{21}>0$ 时，边际持股收益均大于 0，解得 $0<\theta<\frac{4-4\lambda_{21}}{3}$。因为 $\frac{4-4\lambda_{21}}{3}>\frac{2}{3}$，所以，$0<\theta<\frac{2}{3}$ 时，边际持股收益大于 0，进一步地，当边际持股收益大于边际持股成本 $k'_{21}(\lambda_{21})$ 时，$\frac{\partial\pi_2^*}{\partial\lambda_{21}}>0$。当 $C>\frac{B[\theta^2-3(1-\lambda_{21})\theta+4(1-\lambda_{21})^2]}{(1-\lambda_{21})(2-\theta-2\lambda_{21})(4-\theta-4\lambda_{21})}>0$ 时，$\frac{\partial\pi_3^*}{\partial\lambda_{21}}>0$。当 $\frac{\partial\pi_1^*}{\partial\lambda_{21}}>0$、$\frac{\partial\pi_2^*}{\partial\lambda_{21}}>0$、$\frac{\partial\pi_3^*}{\partial\lambda_{21}}>0$ 均成立时，$\frac{\partial EAV^*}{\partial\lambda_{21}}=\frac{\partial\pi_1^*}{\partial\lambda_{21}}+\frac{\partial\pi_2^*}{\partial\lambda_{21}}+\frac{\partial\pi_3^*}{\partial\lambda_{21}}>0$。

又因为当 $0 \leqslant \lambda_{21} < 0.5$ 时 $\frac{\partial \pi_1^*}{\partial \lambda_{21}}$ 连续，当 λ_{21} 的取值范围令 $C > \frac{B[\theta^2-3(1-\lambda_{21})\theta+4(1-\lambda_{21})^2]}{(1-\lambda_{21})(2-\theta-2\lambda_{21})(4-\theta-4\lambda_{21})} > 0$ 成立时，$\frac{\partial \pi_1^*}{\partial \lambda_{21}} > 0$，当 $\max(\lambda_{21m}, \lambda_{21r}) < \lambda_{21} < 0.5$ 时，$c'_m(\lambda_{21}) = c'_{rm}(\lambda_{21}) = 0$，故此时，$\frac{\partial \pi_1^*}{\partial \lambda_{21}} = \frac{2(1-\lambda_{21})[-\theta^2+3(1-\lambda_{21})\theta-4(1-\lambda_{21})^2]B^2}{b_r(4-\theta-4\lambda_{21})^3} < 0$。所以，必存在 λ_{21}^{m*} 使得 $\frac{\partial \pi_1^*}{\partial \lambda_{21}} = 0$，该点即为制造商价值关于零售商对制造商持股比例的极大值点。

由此得出命题 5.2.4。

命题 5.2.4 （1）当 $C > \frac{B[\theta^2-3(1-\lambda_{21})\theta+4(1-\lambda_{21})^2]}{(1-\lambda_{21})(2-\theta-2\lambda_{21})(4-\theta-4\lambda_{21})} > 0$、$0 < \theta < \frac{2}{3}$ 且零售商边际持股收益大于边际持股成本时，企业与企业联盟价值同零售商对制造商持股比例同向变化；（2）制造商价值关于零售商对制造商持股比例的极大值点为 λ_{21}^{m*}。

企业与企业联盟价值中制造商与零售商生产、销售产品创造的基本价值（A 式所在项）同零售商对制造商持股比例均同向变化，但是，回收再制造企业价值以及制造商、零售商价值中使用再制造零件节约成本创造的价值（B 式所在项）与持股比例关系不确定，所以，企业与企业联盟价值与零售商对制造商持股比例的关系难以确定。（1）提出了企业与企业联盟价值与 λ_{21} 同向变化的条件，该组条件表明制造商应利用股权投资进一步降低使用再制造零件的单位生产成本 $\left(\text{即满足 } C > \frac{B[\theta^2-3(1-\lambda_{21})\theta+4(1-\lambda_{21})^2]}{(1-\lambda_{21})(2-\theta-2\lambda_{21})(4-\theta-4\lambda_{21})} > 0\right)$，同时，将对消费者价值的关注程度控制在一定范围内 $\left(0 < \theta < \frac{2}{3}\right)$，此处拓展了命题 5.2.3，说明制造商过度关注消费者价值不仅损害自身利益，还会影响零售商股权投

资收益的增长，故零售商持股制造商使得制造商对消费者价值关注程度的上限得以明确。(2)提出了关注程度确定时制造商取得关于零售商对制造商持股比例极大值的条件。但该持股比例不一定同时使零售商价值达到最大化。双方需要通过谈判确定持股比例。

最后，分析企业与企业联盟价值同制造商对零售商持股比例的关系。解得：

$$\frac{\partial \pi_1^*}{\partial\lambda_{12}}=\frac{A[(4-3\theta-2\lambda_{12})A-2(2-\theta-\lambda_{12})(4-\theta-2\lambda_{12})c'_e(\lambda_{12})]}{b(4-\theta-2\lambda_{12})^3}-k'_{12}(\lambda_{12})$$

$$\frac{\partial \pi_2^*}{\partial\lambda_{12}}=\frac{A[(\theta-2\lambda_{12})A-2(1-\lambda_{12})(4-\theta-2\lambda_{12})c'_e(\lambda_{12})]}{b(4-\theta-2\lambda_{12})^3}$$

$$\frac{\partial \pi_3^*}{\partial\lambda_{12}}=0$$

$$\frac{\partial EAV^*}{\partial\lambda_{12}}=\frac{A[(4-4\theta-4\lambda_{12})A-2(3-\theta-2\lambda_{12})(4-\theta-2\lambda_{12})c'_e(\lambda_{12})]}{b(4-\theta-2\lambda_{12})^3}-k'_{12}(\lambda_{12})$$

因为 $0\leqslant\lambda_{12}<0.5$、$0<\theta<1$、$a>c_m(\lambda_{21})>c_{rm}(\lambda_{21})>c_e(\lambda_{12})>0$、$c_m(\lambda_{21})-c_{rm}(\lambda_{21})>c_r$、$c'_e(\lambda_{12})\leqslant0$，所以，$\frac{\partial \pi_1^*}{\partial\lambda_{12}}$式中，边际持股收益 $\frac{A[(4-3\theta-2\lambda_{12})A-2(2-\theta-\lambda_{12})(4-\theta-2\lambda_{12})c'_e(\lambda_{12})]}{b(4-\theta-2\lambda_{12})^3}>0$。当边际持股收益大于边际持股成本即 $\frac{A[(4-3\theta-2\lambda_{12})A-2(2-\theta-\lambda_{12})(4-\theta-2\lambda_{12})c'_e(\lambda_{12})]}{b(4-\theta-2\lambda_{12})^3}>k'_{12}(\lambda_{12})$ 时，$\frac{\partial \pi_1^*}{\partial\lambda_{12}}>0$；在 $\frac{\partial \pi_2^*}{\partial\lambda_{12}}$ 式中，因为除 $(\theta-2\lambda_{12})$ 外其他各因式均大于零，故当 $\theta>2\lambda_{12}$ 时，$\frac{\partial \pi_2^*}{\partial\lambda_{12}}>0$；当 $\frac{\partial \pi_1^*}{\partial\lambda_{12}}>0$、$\frac{\partial \pi_2^*}{\partial\lambda_{12}}>0$ 均成立时，可推出 $\frac{\partial EAV^*}{\partial\lambda_{12}}=\frac{\partial \pi_1^*}{\partial\lambda_{12}}+\frac{\partial \pi_2^*}{\partial\lambda_{12}}+\frac{\partial \pi_3^*}{\partial\lambda_{12}}>0$ 成立。因为 λ_{12e} 为 $c_e(\lambda_{12})$ 的极小值点，故有 $c'_e(\lambda_{12})=0$、$2(1-\lambda_{12})(4-\theta-2\lambda_{12})c'_e(\lambda_{12})=0$ 成立。当 $\lambda_{12}=\lambda_{12e}=\frac{\theta}{2}$ 时，$(\theta-2\lambda_{12})A=0$、$\frac{\partial \pi_2^*}{\partial\lambda_{12}}=0$。又因为当 $\lambda_{12}<\lambda_{12e}=\frac{\theta}{2}$ 时，

$\frac{\partial \pi_2^*}{\partial \lambda_{12}}>0$，当 $\lambda_{12}>\lambda_{12e}=\frac{\theta}{2}$时，$\frac{\partial \pi_2^*}{\partial \lambda_{12}}<0$，所以，$\lambda_{12}=\lambda_{12e}=\frac{\theta}{2}$为零售商价值关于制造商对零售商持股比例的极大值点。由此得出命题 5.2.5。

命题 5.2.5 （1）制造商、零售商、企业联盟价值与制造商对零售商持股比例的关系不确定。当 $\theta>2\lambda_{12}$ 且制造商的边际持股收益大于边际持股成本时，制造商、零售商、企业联盟价值与制造商对零售商持股比例同向变化。（2）当 $\lambda_{12}=\lambda_{12e}=\frac{\theta}{2}$时，$\lambda_{12e}$ 为零售商价值关于制造商对零售商持股比例的极大值点，此时若存在零售商价值关于零售商对制造商持股比例的极大值点 $\lambda_{21}^{rt*}\in(0, 0.5)$，则$(\lambda_{21}^{rt*}, \lambda_{12e})$为零售商价值关于交叉持股比例的极大值点。（3）回收再制造企业价值与制造商对零售商的持股比例无关。

制造商对零售商的持股比例与持股成本和关注程度有关。相比于通过持股降低零售商单位环保成本并获取分红收益，制造商应当更加重视消费者价值，设计生产符合消费者需求的产品，而如果持续增加对零售商的持股比例则可能会使制造商、零售商、企业联盟价值关于制造商对零售商的持股比例反向变化，影响制造商与零售商的进一步合作。同时，如果制造商对零售商的股权投资使其单位环保成本降至最低，并且制造商对消费者价值付出相当于该持股比例两倍的关注程度时，零售商价值关于制造商对零售商持股比例达到最优。所以，制造商持股零售商使得制造商对消费者价值关注程度的下限得以明确，从而与命题 5.2.4 共同确定了关注程度的范围。

但是，λ_{12e} 可能无法同时成为制造商价值关于 λ_{12} 的极大值点，同样结合命题 5.2.4 还可能存在 $\lambda_{21}^{rt*}\neq\lambda_{21}^{m*}$ 的情形，此时制造商与零售商应当协商确定最优交叉持股比例。如果增加交叉持股比例使得一部分主体价值获得提升而损害了另一部分主体的利益，那么闭环供应链上各主体之间的合作将受到影响。所以，最优交叉持股比例应当实现闭环供应链及各主体最优价值的帕累托改进，后文将通过数值分析与仿真进一步讨论。

回收再制造企业价值与 λ_{12} 无关表明，制造商对零售商持股只降低零售商的单位环保成本，虽然能够提升产品销量，但是，没有改变制造商使用新零件和再制造零件的单位生产成本以及回收再制造企业的单位再制造成本，而制造商使用再制造零件的数量由这三类成本的大小关系决定，所以，废旧产品的回收数量$\left(\text{易证}\frac{\partial Q_r^*}{\partial \lambda_{12}}=0\right)$以及回收再制造企业价值不变。这说明在现实中仅仅针对产品销售环节优化环保流程、降低环保成本并不能推进回收再制造活动，再制造活动本身能够为制造商、回收再制造企业带来经济效益才是两者进行再制造活动的重要动力。

（三）闭环供应链价值分析

首先，分析闭环供应链价值与制造商对消费者价值关注程度的关系。计算结果如下：

$$\frac{\partial SCV^*}{\partial \theta}=\frac{(3-\theta-2\lambda_{12})A^2}{b(4-\theta-2\lambda_{12})^3}+\frac{(1-\lambda_{21})(3-\theta-3\lambda_{21})B^2}{b_r(4-\theta-4\lambda_{21})^3}>0$$

由此得出命题 5. 2. 6。

命题 5. 2. 6　闭环供应链价值与制造商对消费者价值的关注程度同向变化。

该命题拓展了命题 5. 2. 1 与命题 5. 2. 3，是消费者价值、企业联盟价值均与制造商对消费者价值的关注程度同向变化的必然结果，说明从消费者、企业联盟乃至闭环供应链整体角度出发，制造商都应当关注消费者价值，但关注程度需要控制，否则会损害制造商价值和交叉持股收益。

最后，分析闭环供应链价值与交叉持股比例的关系。计算结果如下：

$$\frac{\partial SCV^*}{\partial \lambda_{21}}=\frac{-(7-2\theta-4\lambda_{12})Ac'_m(\lambda_{21})}{b(4-\theta-2\lambda_{12})^2}+\frac{B}{b_r(4-\theta-4\lambda_{21})^3}[\theta(3-\theta-3\lambda_{21})B+(1-\lambda_{21})(7-2\theta-7\lambda_{21})(4-\theta-4\lambda_{21})C]-k'_{21}(\lambda_{21})$$

$$\frac{\partial SCV^*}{\partial \lambda_{12}}=\frac{A}{b(4-\theta-2\lambda_{12})^3}[(6-2\theta-4\lambda_{12})A-(7-2\theta-4\lambda_{12})(4-\theta-2\lambda_{12})c'_e(\lambda_{12})]-k'_{12}(\lambda_{12})>0$$

由此得出命题 5. 2. 7。

命题 5.2.7 （1）当闭环供应链的边际持股收益大于零售商对制造商的边际持股成本且 $C>\frac{B[\theta^2-3(1-\lambda_{21})\theta+4(1-\lambda_{21})^2]}{(1-\lambda_{21})(2-\theta-2\lambda_{21})(4-\theta-4\lambda_{21})}$时，闭环供应链价值与零售商对制造商的持股比例同向变化；（2）闭环供应链价值与制造商对零售商的持股比例同向变化。

该命题拓展了命题 5.2.2、命题 5.2.4、命题 5.2.5，说明当制造商通过股权投资降低零售商环保成本、零售商通过股权投资降低制造商单位生产成本特别是使用再制造零件的单位生产成本时，提高交叉持股比例有利于提升闭环供应链价值。所以，闭环供应链上下游企业应当通过交叉持股进行合作，利用资金优化生产流通过程，降低相关成本，实现闭环供应链经济价值与环保效应的双赢。

（四）环保效应分析

闭环供应链价值共创产生的环保效应与关注程度 θ、交叉持股比例 λ_{21} 和 λ_{12} 的变化关系为 $\frac{\partial Q_r^*}{\partial\theta}=\frac{(1-\lambda_{21})B}{(4-\theta-4\lambda_{21})^2b_r}>0$，$\frac{\partial Q_r^*}{\partial\lambda_{21}}=\frac{\theta B+(1-\lambda_{21})(4-\theta-4\lambda_{21})C}{(4-\theta-4\lambda_{21})^2b_r}$和$\frac{\partial Q_r^*}{\partial\lambda_{12}}=0$。由此得出命题 5.2.8。

命题 5.2.8 （1）闭环供应链价值共创产生的环保效应与制造商对消费者价值的关注程度同向变化；（2）当使用再制造零件的单位生产成本关于零售商对制造商持股比例的反向变化速度较快时，环保效应与零售商对制造商的持股比例同向变化。（3）环保效应与制造商对零售商的持股比例无关。

环保效应与关注程度 θ、持股比例 λ_{21} 的变化关系同回收再制造企业价值与关注程度 θ、持股比例 λ_{21} 的变化关系相似，原因相近，在此不再赘述。

（五）消费者参与价值共创分析

价值共创的基本特征在于企业与消费者互动共同创造价值。前述研究表明制造商关注消费者价值有利于提升其他主体以及闭环供应链价值，但因投入相关资源导致自身价值受损。所以，仅有制造商关注消费者价值并不是完整的价值共创。而消费者积极参与价值共创与制造商互动将弥补制造商的价值损失，使制造商价值获得提升。近年来消费者参与价值共创的形式多样，如 App 开发、个性化定制方案设计、通过论坛发布对产品的改进意见等。在环保方面，消费者也实现了与企业的价值共创，包括设计产品环保包装、分类废旧产品、对回收活动的优化建议、线上线下与回收人员互动等。消费者参与价值共创同样投入了资源，相当于将自身价值转移给制造商。而制造商在与消费者互动共创价值后相比不共创时实现价值提升。令 $\theta=0$ 代表制造商不关注消费者价值、不进行价值共创的情形，此时制造商价值为 $\pi_1^{**}=\frac{A^2}{4b(2-\lambda_{12})}+\frac{(1-\lambda_{21})B^2}{8b_r}-k_{12}(\lambda_{12})$，消费者价值为 $CS^{**}=\frac{A^2}{8b(2-\lambda_{12})^2}+\frac{B^2}{32b_r}$。消费者参与价值共创应当同时改进制造商使用新零件、再制造零件的生产流程，使制造商生产销售产品创造的基本价值与使用再制造零件节约成本创造的价值均获得提升，在实现价值共创的同时推动回收再制造活动。消费者参与价值共创转移价值后只要自身价值不低于不共创时的价值，消费者就有参与价值共创的动机。经计算制造商关注消费者价值使得消费者价值增值 $\Delta CS=CS^*-CS^{**}=\frac{\theta(8-\theta-4\lambda_{12})A^2}{8b(2-\lambda_{12})^2(4-\theta-2\lambda_{12})^2}+\frac{\theta(8-\theta-8\lambda_{21})B^2}{32b_r(1-\lambda_{21})^2(4-\theta-4\lambda_{21})^2}$，设转移价值占 ΔCS 的比例为 η，则有以下不等式组成立：

$$\begin{cases}\dfrac{(2-\theta-\lambda_{12})A^2}{b(4-\theta-2\lambda_{12})^2}+\eta\dfrac{\theta(8-\theta-4\lambda_{12})A^2}{8b(2-\lambda_{12})^2(4-\theta-2\lambda_{12})^2}>\dfrac{A^2}{4b(2-\lambda_{12})}\\ \dfrac{(1-\lambda_{21})^2(2-\theta-2\lambda_{21})B^2}{b_r(4-\theta-4\lambda_{21})^2}+\eta\dfrac{\theta(8-\theta-8\lambda_{21})B^2}{32b_r(1-\lambda_{21})^2(4-\theta-4\lambda_{21})^2}>\dfrac{(1-\lambda_{21})B^2}{8b_r}\\ CS^*-\eta\Delta CS>CS^{**}\end{cases}$$

解得：$\frac{2\theta(2-\lambda_{12})}{8-\theta-4\lambda_{12}}<\eta<1$。令 $L=\frac{2\theta(2-\lambda_{12})}{8-\theta-4\lambda_{12}}$，则有：

$$\frac{\partial L}{\partial\lambda_{12}}=\frac{2\theta^2}{(8-\theta-4\lambda_{12})^2}>0$$

由此得出命题 5. 2. 9。

命题 5. 2. 9 如果消费者通过参与价值共创将自身价值相比不共创时增值的一部分转移给制造商，制造商将弥补因关注消费者价值造成的损失并实现价值提升，此时闭环供应链上各方价值均因价值共创而获得提升。消费者转移价值的比例 η 应满足$\frac{2\theta(2-\lambda_{12})}{8-\theta-4\lambda_{12}}<\eta<1$。制造商对零售商持股比例的提升将促进消费者参与价值共创。

命题 5. 2. 9 表明，价值共创能够实现闭环供应链上各方价值的提升以及经济价值与环保效应的双赢。η 取值范围的下限与 λ_{12} 同向变化，说明提高制造商对零售商的持股比例促进了消费者价值的提升，进而调动了消费者参与价值共创的积极性，同时要求制造商进一步为消费者提供参与价值共创的条件，科学度量消费者在价值共创中的作用，推动价值共创持续发展。

四 数值分析与仿真

本部分将通过数值分析与仿真更加直观地验证展示前述命题，数据来源于 Zhang、Meng（2021），万骁乐等（2017）和张伸、孟庆春（2020）。某品牌 X7 型智能手机售价 2498 元，每月销售 200 万台；当价格为 2298 元时销量为 210 万台。故该手机逆需求函数为 $p=a-bQ=6498-20Q$。假设 $c_m(\lambda_{21})$、$c_{rm}(\lambda_{21})$ 和 $c_e(\lambda_{12})$ 分别为 λ_{21}、λ_{12} 的二次分段函数，函数设置原理、经济意义与第四章一致，表达式如下：

$$c_m(\lambda_{21})=\begin{cases}6000\lambda_{21}^2-1200\lambda_{21}+1200 & 0\leqslant\lambda_{21}<0.1\\1140 & 0.1\leqslant\lambda_{21}<0.5\end{cases}$$

$$c_{rm}(\lambda_{21})=\begin{cases}3750\lambda_{21}^2-1500\lambda_{21}+1000 & 0\leqslant\lambda_{21}<0.2\\850 & 0.2\leqslant\lambda_{21}<0.5\end{cases}$$

$$c_e(\lambda_{12})=\begin{cases}640\lambda_{12}^2-320\lambda_{12}+200 & 0\leqslant\lambda_{12}<0.25\\160 & 0.25\leqslant\lambda_{12}<0.5\end{cases}$$

假设制造商、零售商的持股成本函数均为各自持股比例的线性函数，分别为 $k_{12}(\lambda_{12})=8000\lambda_{12}$ 与 $k_{21}(\lambda_{21})=10000\lambda_{21}$。废旧产品的逆供给函数为 $p_r=b_rQ_r=10Q_r$，单位再制造成本 $c_r=100$，再制造率

$r=0.8$。首先令 $\lambda_{12}=\lambda_{21}=0.05$、可在取值范围内变动，此时可运用 Mathematica 11 分析消费者价值、企业与企业联盟价值、闭环供应链价值同制造商对消费者价值关注程度的关系，得出以下结果：

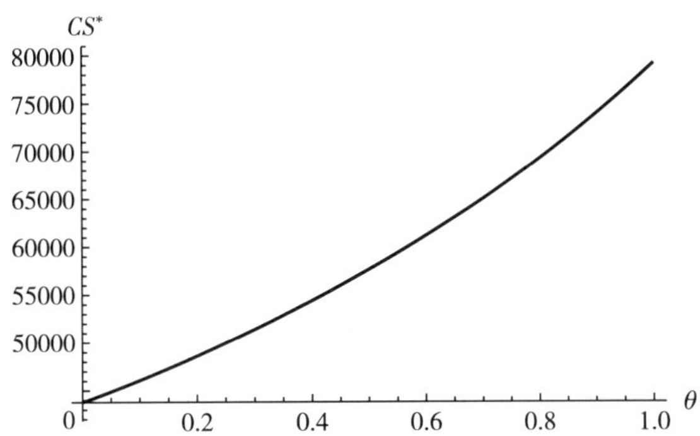

图 5.2.3　消费者价值与关注程度变化关系

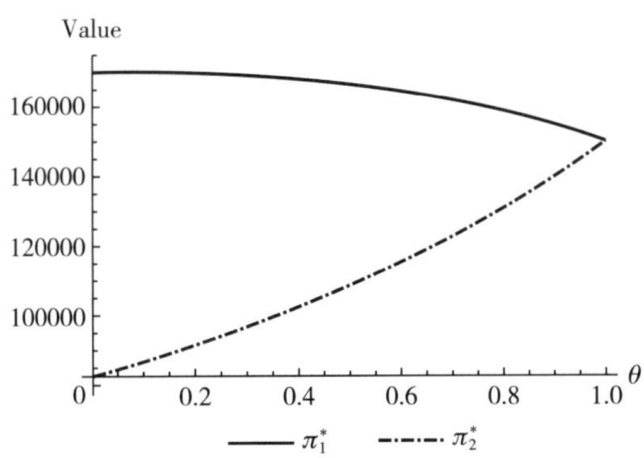

图 5.2.4　制造商、零售商价值与关注程度变化关系

如图 5.2.3—图 5.2.6 所示，制造商因关注消费者价值需要投入相应资源，所以制造商价值与关注程度反向变化，消费者价值、零售商价值、回收再制造企业价值、企业联盟价值和闭环供应链价值均与关注程度同向变化。制造商关注消费者价值有利于消费者、企业联盟和闭环供应链价值的增长，所以制造商应当关注消费者价值，进行价值共创活动。命题 5.2.1、命题 5.2.3、命题 5.2.6 得到验证。

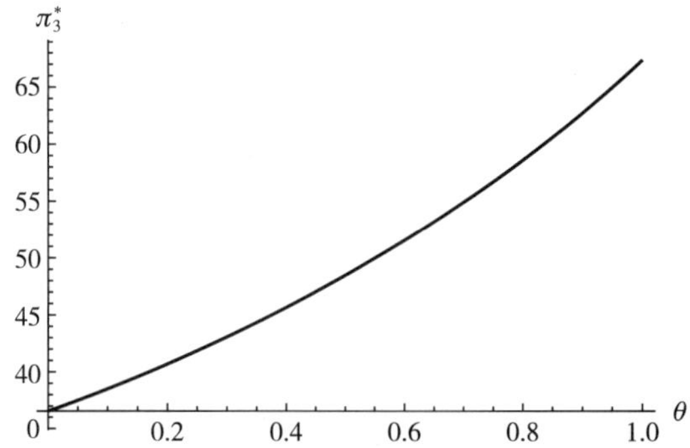

图 5.2.5　回收再制造企业价值与关注程度变化关系

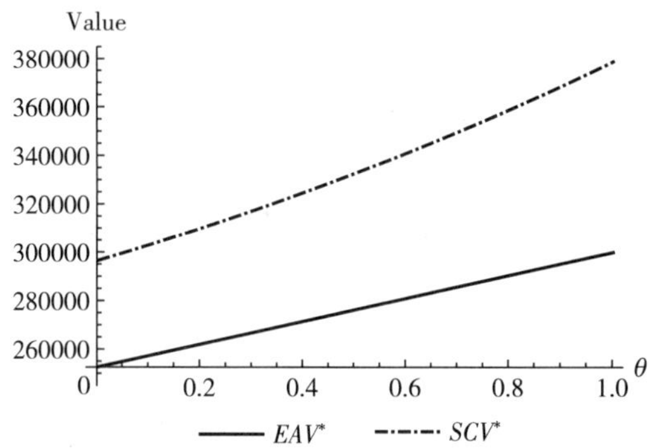

图 5.2.6　闭环供应链、企业联盟价值与关注程度变化关系

令 $\theta=0.5$，λ_{21}、λ_{12} 在取值范围内变动，此时可运用 Mathematica11 分析消费者价值、企业与企业联盟价值、闭环供应链价值与交叉持股比例 λ_{21}、λ_{12} 的关系，得出以下结果：

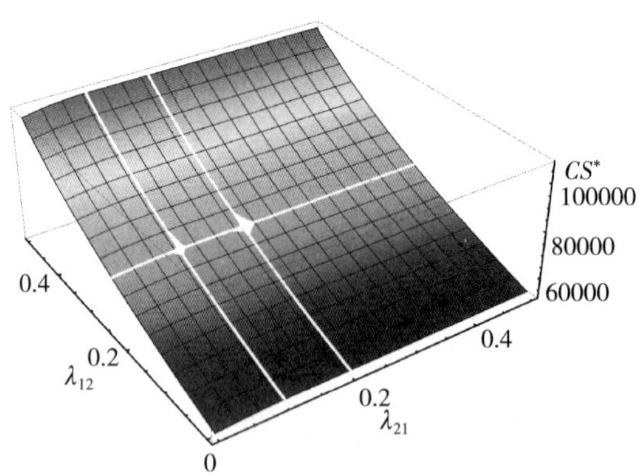

图 5.2.7　消费者价值与交叉持股比例变化关系

如图 5. 2. 7 所示，因为：

$$C=r[c'_m(\lambda_{21})-c'_{rm}(\lambda_{21})]=\begin{cases}3600\lambda_{21}+240 & 0\leqslant\lambda_{21}<0.1\\1200-6000\lambda_{21} & 0.1\leqslant\lambda_{21}<0.2\\0 & 0.2\leqslant\lambda_{21}<0.5\end{cases}$$

故可知 $C\geqslant0$。所以，消费者价值与交叉持股比例均同向变化，没有关于交叉持股比例的极大值点。命题 5. 2. 2 得到验证。

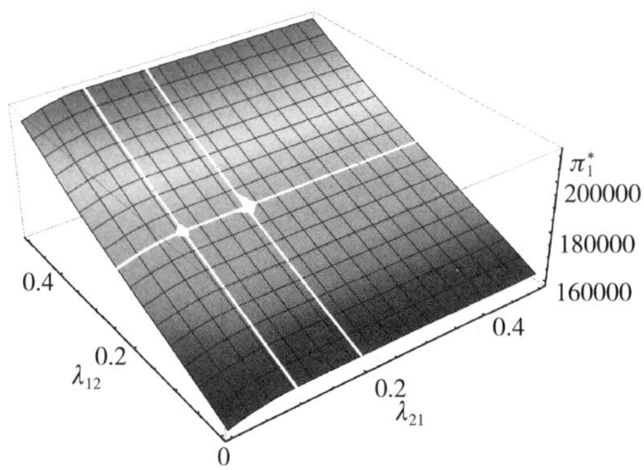

图 5. 2. 8　制造商价值与交叉持股比例变化关系

如图 5. 2. 8 所示，制造商价值与零售商对制造商持股比例先同向变化后反向变化，与制造商对零售商持股比例同向变化。命题中的条件 $0<\theta<\frac{2}{3}$ 成立，代入数据后解得当 $0\leqslant\lambda_{21}<0.19$ 时另一条件 $C>\frac{B[\theta^2-3(1-\lambda_{21})\theta+4(1-\lambda_{21})^2]}{(1-\lambda_{21})(2-\theta-2\lambda_{21})(4-\theta-4\lambda_{21})}$ 成立，且 $\lambda_{21}=0.19$ 为本组数据下制造商价值关于零售商对制造商持股比例的极大值点，但因为制造商价值与制造商对零售商持股比例同向变化，故不存在关于交叉持股比例的极大值点。命题 5. 2. 4、命题 5. 2. 5（1）得到验证。

如图 5. 2. 9 所示，零售商价值与交叉持股比例均先同向变化后反向变化，解得 $\lambda_{12e}=0.25$ 为零售商价值关于制造商对零售商持股比例的极大值点，且满足命题 5. 2. 5（2）中 $\lambda_{12e}=\frac{\theta}{2}$ 的条件，进一步解得，当 $\theta=0.5$ 时，零售商关于交叉持股比例的极大值点（$\lambda_{21}^{\pi *}$，λ_{12e}）为（0.081，0.250），表示当零售商持有制造商近 8.1%、制造商持有零售商 25%的股份时，零售商价值达到最大。虽然零售商对制造商持股比例或制造商对零售商持股比例的提升均会使制造商价值提升进而实现企业联盟及闭环供应链价值的提升，但会减少零售商价值，不符合帕累托改进。所以，最终确定 $\lambda_{21}^{\pi *}=0.081$ 和 $\lambda_{12e}=0.250$ 为最优交叉持股比例。命题 5.2.5 中的（1）、（2）得到验证。

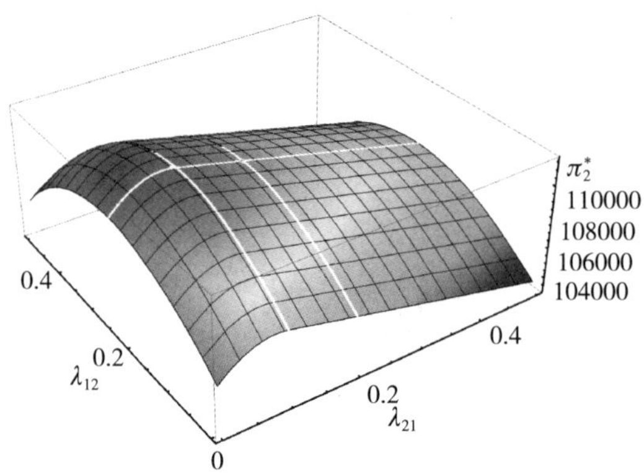

图 5.2.9 零售商价值与交叉持股比例变化关系

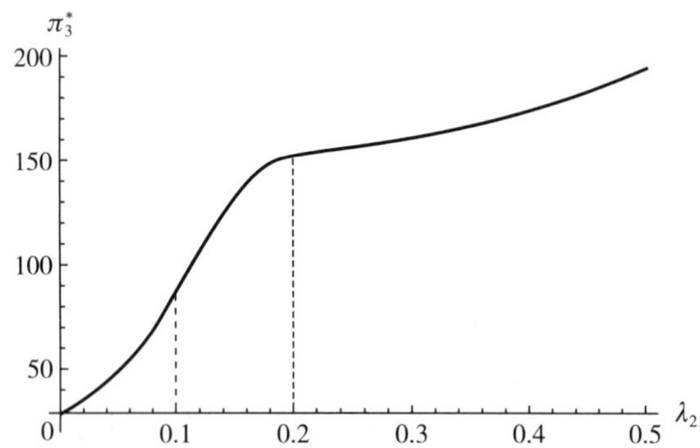

图 5.2.10 回收再制造企业价值与交叉持股比例变化关系

如图 5.2.10 所示，回收再制造企业价值与零售商对制造商持股比例同向变化且可分为三段，如下所示：

$$\frac{\partial \pi_3^*}{\partial \lambda_{21}}=\begin{cases}\dfrac{2(1-\lambda_{21})(1800\lambda_{21}^2+240\lambda_{21}+60)}{b_r(4-\theta-4\lambda_{21})^3} \\ \quad [\theta(1800\lambda_{21}^2+240\lambda_{21}+60)+(1-\lambda_{21}) \\ \quad (4-\theta-4\lambda_{21})(3600\lambda_{21}+240)] & 0\leqslant\lambda_{21}<0.1 \\ \dfrac{2(1-\lambda_{21})(-3000\lambda_{21}^2+1200\lambda_{21}+12)}{b_r(4-\theta-4\lambda_{21})^3} \\ \quad [\theta(-3000\lambda_{21}^2+1200\lambda_{21}+12)+ \\ \quad (1-\lambda_{21})(4-\theta-4\lambda_{21})(1200-6000\lambda_{21})] & 0.1\leqslant\lambda_{21}<0.2 \\ \dfrac{34848(1-\lambda_{21})\theta}{b_r(4-\theta-4\lambda_{21})^3} & 0.2\leqslant\lambda_{21}<0.5\end{cases}$$

$\lambda_{21}\in[0,\ 0.1)$、$\lambda_{21}\in[0.1,\ 0.2)$和$\lambda_{21}\in[0.2,\ 0.5)$即为区间1、区间2和区间3。在区间1，提高持股比例可以同时降低$c_m(\lambda_{21})$和$c_{rm}(\lambda_{21})$，故π_3^*增长最快。在区间2，提高持股比例只能降低$c_{rm}(\lambda_{21})$，故π_3^*增长趋缓。在区间3，提高持股比例已无法降低$c_m(\lambda_{21})$和$c_{rm}(\lambda_{21})$，故π_3^*增长最慢。这种现象再次说明回收再制造企业价值不仅与持股比例有关，还与其他因素(例如制造商的再制造能力，市场需求等)有关。起初，提高持股比例可以实现再制造企业价值的快速增长。但是，制造商对再制造零件的需求受到上述其他因素的限制。如果仅提高持股比例而不改善其他因素特别是制造商的再制造能力，制造商对再制造零件的需求将下降从而导致再制造企业价值增长趋缓。回收再制造企业价值与制造商对零售商的持股比例无关。命题5.2.4、命题5.2.5(3)得到验证。

如图5.2.11、图5.2.12所示，企业联盟价值、闭环供应链价值均与零售商对制造商的持股比例先同向变化后反向变化，与制造商对零售商持股比例同向变化，说明当满足命题5.2.5、命题5.2.7的相关条件时交叉持股有利于企业联盟、闭环供应链价值的增长，同时从图中和前述命题的验证中可以发现当$\theta=0.5$时不存在使企业联盟价值、闭环供应链价值达到最优的交叉持股比例。所以，根据前述分析

$\lambda_{21}^{rt*}=0.081$ 和 $\lambda_{12e}=0.250$ 为最优交叉持股比例。命题 5.2.5、命题 5.2.7 得到验证。

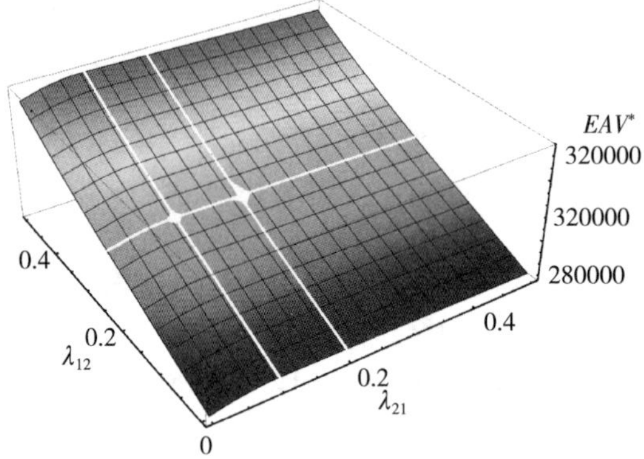

图 5.2.11 企业联盟价值与交叉持股比例变化关系

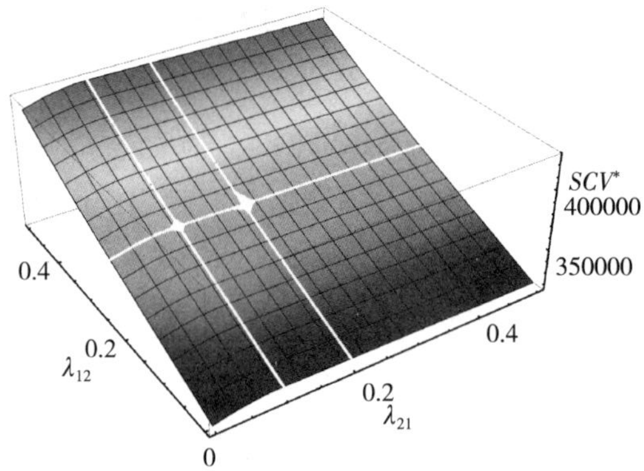

图 5.2.12 闭环供应链价值与交叉持股比例变化关系

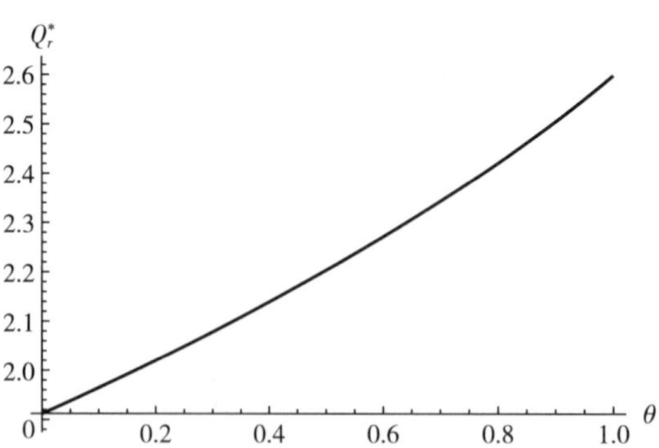

图 5.2.13 环保效应与关注程度变化关系

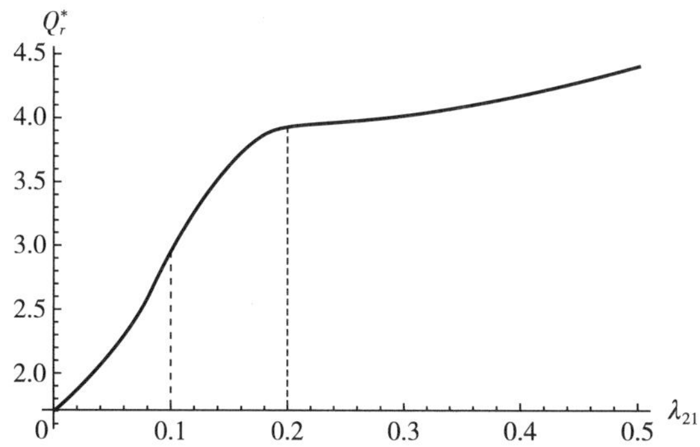

图 5.2.14　环保效应与交叉持股比例变化关系

如图 5.2.13、图 5.2.14 所示，环保效应与关注程度、零售商对制造商的持股比例同向变化，与制造商对零售商的持股比例无关。命题 5.2.8 得到验证。

经计算当 $\theta=0.5$ 时，交叉持股前后的消费者价值、企业与企业联盟价值、闭环供应链价值以及环保效应如表 5.2.1 所示。

表 5.2.1　交叉持股前后闭环供应链各主体价值及环保效应对比

$(\lambda_{21},\ \lambda_{12})$ / 增长率	CS^*	π_1^*	π_2^*	π_3^*	EAV^*	SCV^*	Q_r^*
(0, 0)	53054.70	159164.11	106080.02	29.39	265273.52	318328.22	1.71
(0.081, 0.250)	75026.60	185572.62	111684.44	69.83	297326.89	372353.49	2.64
增长率	41.414%	16.592%	5.283%	137.597%	12.083%	16.972%	54.386%

由此可见，当交叉持股比例为 $\lambda_{21}^{rt*}=0.081$ 和 $\lambda_{12e}=0.250$ 时，消费者、企业与企业联盟、闭环供应链价值以及环保效应相比不持股时均得到不同程度的提升，实现了帕累托改进。命题 5.2.5、命题 5.2.7 得到验证。

最后，在最优交叉持股比例（0.081，0.250）下解得制造商关注消费者价值前后的制造商、消费者价值如表 5.2.2 所示。

所以，$\Delta CS=75026.60-55121.99=19904.61$，$\eta$ 的取值范围为

0. 27<η<1。假设 η=0. 3，即消费者转移价值占 ΔCS 的比例为 0. 3，解得消费者参与价值共创后的制造商价值与消费者价值为π_1^{c*} = 185572. 62+0. 3×19904. 61 = 191544. 00>π_1^{**}，CS^{c*} = 75026. 60−0. 3×19904. 61 = 69055. 22>CS^{**}。所以，消费者参与价值共创与制造商关注消费者价值构成了完整的价值共创，实现了闭环供应链上各方价值的提升，命题 5. 2. 9 得到验证。最终，价值共创后的闭环供应链各主体价值及环保效应如表 5. 2. 3 所示。

表 5. 2. 2　制造商关注消费者价值前后的制造商、消费者价值

π_1^*	π_1^{**}	CS^*	CS^{**}
185572. 62	190931. 54	75026. 60	55121. 99

表 5. 2. 3　价值共创后的闭环供应链各主体价值及环保效应

CS^*	π_1^*	π_2^*	π_3^*	EAV^*	SCV^*	Q_r^*
69055. 22	191544. 00	111684. 44	69. 83	303298. 27	372353. 49	2. 64

第三节　考虑利润精确分配型交叉持股的闭环供应链价值共创研究

一　问题描述与模型构建

本章第二节研究了考虑利润单次分配型交叉持股的闭环供应链价值共创问题，本节将在此基础上将单次分配方式延伸至精确分配，探究在此分配方式下闭环供应链价值共创的变化。

本节研究的闭环供应链结构、各主体决策变量、参数、博弈次序等与第二节相同。根据郭小林等（2002）推导的两个企业交叉持股后利润精确分配结果的公式，可得出制造商、零售商、回收再制造企业、消费者价值如下：

$$\pi_1=\frac{1+\lambda_{12}}{1+\lambda_{12}+\lambda_{21}}\{[w-c_m(\lambda_{21})](Q-rQ_r)+[w-c_{rm}(\lambda_{21})-w_r]rQ_r\}+\frac{\lambda_{12}}{1+\lambda_{12}+\lambda_{21}}[a-bQ-w-c_e(\lambda_{12})]Q-k_{12}(\lambda_{12})$$

$$\pi_2=\frac{1+\lambda_{21}}{1+\lambda_{12}+\lambda_{21}}[a-bQ-w-c_e(\lambda_{12})]Q+\frac{\lambda_{21}}{1+\lambda_{12}+\lambda_{21}}\{[w-c_m(\lambda_{21})](Q-rQ_r)+[w-c_{rm}(\lambda_{21})-w_r]rQ_r\}-k_{21}(\lambda_{21})$$

$$\pi_3=(rw_r-c_r-b_rQ_r)Q_r\ \ CS=\int_0^{Q}pdQ-pQ+p_rQ_r-\int_0^{Q_r}p_rdQ_r=\frac{b_rQ_r^2+bQ^2}{2}$$

价值共创模式下制造商应关注消费者价值，设制造商对消费者价值的关注程度为 θ，$0<\theta<1$ 且为参数（Zhang，Meng，2021；孟庆春等，2012；孟庆春、李慧慧，2015；孟庆春等，2017；张伸、孟庆春，2020），则制造商的决策目标函数为：

$$\pi_1+\theta CS=\frac{1+\lambda_{12}}{1+\lambda_{12}+\lambda_{21}}\{[w-c_m(\lambda_{21})](Q-rQ_r)+[w-c_{rm}(\lambda_{21})-w_r]rQ_r\}+\frac{\lambda_{12}}{1+\lambda_{12}+\lambda_{21}}[a-bQ-w-c_e(\lambda_{12})]Q+\theta\left(\frac{b_rQ_r^2+bQ^2}{2}\right)-k_{12}(\lambda_{12})$$

记制造商、零售商、回收再制造企业的博弈模型为 Φ，则 Φ 为：

$$\max_{w,w_r}\ \pi_1+\theta CS$$

$$\text{s. t.}\begin{cases}\text{其中：}\\ Q,\ Q_r\ \text{为下述规划的最优解}\\ \max\limits_{Q}\ \dfrac{1+\lambda_{21}}{1+\lambda_{12}+\lambda_{21}}[a-bQ-w-c_e(\lambda_{12})]Q+\dfrac{\lambda_{21}}{1+\lambda_{12}+\lambda_{21}}\\ \quad\{[w-c_m(\lambda_{21})](Q-rQ_r)+[w-c_{rm}(\lambda_{21})-w_r]rQ_r\}-k_{21}(\lambda_{21})\\ \max\limits_{Q_r}(rw_r-c_r-b_rQ_r)Q_r\end{cases}$$

另外，记企业联盟价值 $EAV=\pi_1+\pi_2+\pi_3$，闭环供应链价值 $SCV=\pi_1+\pi_2+\pi_3+CS$。所以，考虑利润精确分配型交叉持股的闭环供应链价值共创模型为：

$$SCV(\arg\max_{w,w_r,Q,Q_r}\Phi)$$

二　考虑利润精确分配型交叉持股的闭环供应链价值共创模型求解

采用逆序求解方法求解模型 Φ。令：

$$\begin{cases}\dfrac{\partial \pi_2}{\partial Q}=\dfrac{1+\lambda_{21}}{1+\lambda_{12}+\lambda_{21}}[a-2bQ-w-c_e(\lambda_{12})]+\dfrac{\lambda_{21}}{1+\lambda_{12}+\lambda_{21}}[w-c_m(\lambda_{21})]=0\\ \dfrac{\partial \pi_3}{\partial Q_r}=rw_r-c_r-2b_rQ_r=0\end{cases}$$

解得：

$$\begin{cases}Q=\dfrac{a(1+\lambda_{21})-w-\lambda_{21}[c_m(\lambda_{21})+c_e(\lambda_{12})]-c_e(\lambda_{12})}{2b(1+\lambda_{21})}\\ Q_r=\dfrac{rw_r-c_r}{2b_r}\end{cases}$$

又由$\dfrac{\partial^2 \pi_2}{\partial Q^2}=\dfrac{-2(1+\lambda_{21})(1-\lambda_{12})b}{1+\lambda_{12}+\lambda_{21}}<0$、$\dfrac{\partial^2 \pi_3}{\partial Q_r^2}=-2b_r<0$ 可知π_2、π_3 均为凹函数，故可将上述 Q、Q_r 的反应函数代入上层目标函数，解得其关于 w、w_r 的 Hessian 矩阵如下：

$$H=\begin{bmatrix}\dfrac{\partial^2(\pi_1+\theta CS)}{\partial w^2} & \dfrac{\partial^2(\pi_1+\theta CS)}{\partial w\partial w_r}\\ \dfrac{\partial^2(\pi_1+\theta CS)}{\partial w_r\partial w} & \dfrac{\partial^2(\pi_1+\theta CS)}{\partial w_r^2}\end{bmatrix}$$

$$=\begin{bmatrix}-\dfrac{(2-\theta)\lambda_{12}+(4-\theta)(1+\lambda_{21})}{4b(1+\lambda_{21})^2(1+\lambda_{12}+\lambda_{21})} & 0\\ 0 & -\dfrac{r^2[(4-\theta)(1+\lambda_{12})-\theta\lambda_{21}]}{4b_r(1+\lambda_{12}+\lambda_{21})}\end{bmatrix},$$

其一阶顺序主子式$-\dfrac{(2-\theta)\lambda_{12}+(4-\theta)(1+\lambda_{21})}{4b(1+\lambda_{21})^2(1+\lambda_{12}+\lambda_{21})}<0$，二阶顺序主子式$\dfrac{r^2[(2-\theta)\lambda_{12}+(4-\theta)(1+\lambda_{21})][(4-\theta)(1+\lambda_{12})-\theta\lambda_{21}]}{16bb_r(1+\lambda_{21})^2(1+\lambda_{12}+\lambda_{21})^2}>0$，故 Hessian 矩阵负定，此时上层目标函数为关于 w、w_r 的严格凹函数。故解得：

$$\begin{cases} w^*=\dfrac{1}{(2-\theta)\lambda_{12}+(4-\theta)(1+\lambda_{21})}\{(1+\lambda_{21})[(2-\theta)(1+\lambda_{21})-\theta\lambda_{12}] \\ \quad [a-c_e(\lambda_{12})]+[(1+\lambda_{21})(2-(2-\theta)\lambda_{21})+\lambda_{12}(2+\theta\lambda_{21})]c_m(\lambda_{21})\} \\ w_r^*=\dfrac{c_r[(2-\theta)(1+\lambda_{12})-\theta\lambda_{21}]+2r(1+\lambda_{12})[c_m(\lambda_{21})-c_{rm}(\lambda_{21})]}{r[(4-\theta)(1+\lambda_{12})-\theta\lambda_{21}]} \end{cases}$$

将 w^*、w_r^* 代入 Q、Q_r 的反应函数，解得 $Q^*=\dfrac{(1+\lambda_{12}+\lambda_{21})[a-c_m(\lambda_{21})-c_e(\lambda_{12})]}{b[(2-\theta)\lambda_{12}+(4-\theta)(1+\lambda_{21})]}$，$Q_r^*=\dfrac{(1+\lambda_{12})\{r[c_m(\lambda_{21})-c_{rm}(\lambda_{21})]-c_r\}}{b_r[(4-\theta)(1+\lambda_{12})-\theta\lambda_{21}]}$，故 $r>\dfrac{c_r}{c_m(\lambda_{21})-c_{rm}(\lambda_{21})}$是最优废旧产品回收量 Q_r^* 非负的条件。将 w^*、w_r^*、Q^*、Q_r^* 代入π_1、π_2、π_3、CS 后解得消费者、企业与企业联盟和闭环供应链的最优价值如下：

$$CS^*=\frac{(1+\lambda_{12}+\lambda_{21})^2A^2}{2b[(2-\theta)\lambda_{12}+(4-\theta)(1+\lambda_{21})]^2}+\frac{(1+\lambda_{12})^2B^2}{2b_r[(4-\theta)(1+\lambda_{12})-\theta\lambda_{21}]^2}$$

$$\pi_1^*=\frac{(1+\lambda_{12}+\lambda_{21})[(1-\theta)\lambda_{12}+(2-\theta)(1+\lambda_{21})]A^2}{b[(2-\theta)\lambda_{12}+(4-\theta)(1+\lambda_{21})]^2}+$$
$$\frac{(1+\lambda_{12})^2[(2-\theta)(1+\lambda_{12})-\theta\lambda_{21}]B^2}{b_r(1+\lambda_{12}+\lambda_{21})[(4-\theta)(1+\lambda_{12})-\theta\lambda_{21}]^2}-k_{12}(\lambda_{12})$$

$$\pi_2^*=\frac{(1+\lambda_{21})(1+\lambda_{12}+\lambda_{21})A^2}{b[(2-\theta)\lambda_{12}+(4-\theta)(1+\lambda_{21})]^2}+$$
$$\frac{\lambda_{21}(1+\lambda_{12})[(2-\theta)(1+\lambda_{12})-\theta\lambda_{21}]B^2}{b_r(1+\lambda_{12}+\lambda_{21})[(4-\theta)(1+\lambda_{12})-\theta\lambda_{21}]^2}-k_{21}(\lambda_{21})$$

$$\pi_3^*=\frac{(1+\lambda_{12})^2[(2-\theta)(1+\lambda_{12})-\theta\lambda_{21}]B^2}{b_r(1+\lambda_{12}+\lambda_{21})[(4-\theta)(1+\lambda_{12})-\theta\lambda_{21}]^2}$$

$$EAV^*=\frac{(1+\lambda_{12}+\lambda_{21})[(1-\theta)\lambda_{12}+(3-\theta)(1+\lambda_{21})]A^2}{b[(2-\theta)\lambda_{12}+(4-\theta)(1+\lambda_{21})]^2}+$$
$$\frac{(1+\lambda_{12})[(3-\theta)(1+\lambda_{12})-\theta\lambda_{21}]B^2}{b_r[(4-\theta)(1+\lambda_{12})-\theta\lambda_{21}]^2}-k_{12}(\lambda_{12})-k_{21}(\lambda_{21})$$

$$SCV^*=\frac{(1+\lambda_{12}+\lambda_{21})[(3-2\theta)\lambda_{12}+(7-2\theta)(1+\lambda_{21})]A^2}{2b[(2-\theta)\lambda_{12}+(4-\theta)(1+\lambda_{21})]^2}+$$

$$\frac{(1+\lambda_{12})[(7-2\theta)(1+\lambda_{12})-2\theta\lambda_{21}]B^2}{2b_r[(4-\theta)(1+\lambda_{12})-\theta\lambda_{21}]^2}-k_{12}(\lambda_{12})-k_{21}(\lambda_{21})$$

式中 $A=a-c_m(\lambda_{21})-c_e(\lambda_{12})$，$B=r[c_m(\lambda_{21})-c_{rm}(\lambda_{21})]-c_r$。各主体价值均大于 0，且各式中 A 式所在项表示生产销售产品创造的基本价值，该部分价值相当于假设所有产品均采用新零件制造时创造的价值，B 式所在项表示回收再制造活动本身以及在产品生产中节约成本所创造的价值。

三　考虑利润精确分配型交叉持股的闭环供应链价值共创模型分析

在得到消费者、企业与企业联盟和闭环供应链最优价值的基础上，下面将分析最优价值、环保效应与关注程度 θ 和交叉持股比例 λ_{21}、λ_{12} 的变化关系，找出不同变化关系成立的条件，证明最优交叉持股比例的存在性，同时刻画消费者参与价值共创产生的价值转移，与制造商关注消费者价值共同构成完整的价值共创，从而揭示利润精确分配型交叉持股对价值共创的影响并与利润单次分配型交叉持股的影响做对比。

（一）消费者价值分析

首先分析消费者价值与制造商对消费者价值关注程度的关系，求消费者价值关于 θ 的一阶偏导数可得 $\frac{\partial CS^*}{\partial\theta}=\frac{(1+\lambda_{12}+\lambda_{21})^3A^2}{b[(2-\theta)\lambda_{12}+(4-\theta)(1+\lambda_{21})]^3}+\frac{(1+\lambda_{12})^2(1+\lambda_{12}+\lambda_{21})B^2}{b_r[(4-\theta)(1+\lambda_{12})-\theta\lambda_{21}]^3}>0$，由此得出命题 5.3.1。

命题 5.3.1　消费者价值与制造商对消费者价值的关注程度同向变化。

制造商对消费者价值加强关注有利于改进消费者价值。本命题结果与命题 5.2.1 相似，这表明利润精确分配型交叉持股并未在根本上改变消费者价值与关注程度的变化关系，只影响了变化量。

然后分析消费者价值与交叉持股比例的关系。解得：$\frac{\partial CS^*}{\partial\lambda_{21}}=$

$$-\frac{(1+\lambda_{12}+\lambda_{21})A\{2\lambda_{12}A+(1+\lambda_{12}+\lambda_{21})[(2-\theta)\lambda_{12}+(4-\theta)(1+\lambda_{21})]c'_m(\lambda_{21})\}}{b[(2-\theta)\lambda_{12}+(4-\theta)(1+\lambda_{21})]^3}+$$

$$\frac{(1+\lambda_{12})^2B}{b_r[(4-\theta)(1+\lambda_{12})-\theta\lambda_{21}]^3}\{\theta B+[(4-\theta)(1+\lambda_{12})-\theta\lambda_{21}]C\}$$

$$\frac{\partial CS^*}{\partial\lambda_{12}}=\frac{(1+\lambda_{12}+\lambda_{21})A\{2(1+\lambda_{21})A-(1+\lambda_{12}+\lambda_{21})[(2-\theta)\lambda_{12}+(4-\theta)(1+\lambda_{21})]c'_e(\lambda_{12})\}}{b[(2-\theta)\lambda_{12}+(4-\theta)(1+\lambda_{21})]^3}-$$

$$\frac{\theta(1+\lambda_{12})\lambda_{21}B^2}{b_r[(4-\theta)(1+\lambda_{12})-\theta\lambda_{21}]^3}>0$$

其中，$C=r[c'_m(\lambda_{21})-c'_{rm}(\lambda_{21})]$，下同。由 $C\geqslant 0$ 可得 $c'_m(\lambda_{21})-c'_{rm}(\lambda_{21})\geqslant 0$，结合假设条件 $c'_m(\lambda_{21})\leqslant 0$、$c'_{rm}(\lambda_{21})\leqslant 0$，可推知 $|c'_m(\lambda_{21})|\leqslant|c'_{rm}(\lambda_{21})|$，表示使用再制造零件的单位生产成本关于零售商对制造商持股比例的反向变化速度较快；当 $C<0$ 时，可知 $|c'_m(\lambda_{21})|>|c'_{rm}(\lambda_{21})|$，表示使用新零件的单位生产成本关于零售商对制造商持股比例的反向变化速度较快。另外，$\frac{\partial CS^*}{\partial\lambda_{21}}$式中，$2\lambda_{12}A+(1+\lambda_{12}+\lambda_{21})[(2-\theta)\lambda_{12}+(4-\theta)(1+\lambda_{21})]c'_m(\lambda_{21})$式符号不定。由此得出命题 5.3.2。

命题 5.3.2　(1) 消费者价值与零售商对制造商的持股比例关系如下：

①当使用再制造零件的单位生产成本关于零售商对制造商持股比例的反向变化速度较快且 $2\lambda_{12}A+(1+\lambda_{12}+\lambda_{21})[(2-\theta)\lambda_{12}+(4-\theta)(1+\lambda_{21})]c'_m(\lambda_{21})<0$ 时，消费者价值与零售商对制造商的持股比例同向变化；

②当使用新零件的单位生产成本关于零售商对制造商持股比例的反向变化速度较快且 $2\lambda_{12}A+(1+\lambda_{12}+\lambda_{21})[(2-\theta)\lambda_{12}+(4-\theta)(1+\lambda_{21})]c'_m(\lambda_{21})>0$ 时，消费者价值与零售商对制造商的持股比例反向变化；

③当 C 式与 $2\lambda_{12}A+(1+\lambda_{12}+\lambda_{21})[(2-\theta)\lambda_{12}+(4-\theta)(1+\lambda_{21})]c'_m(\lambda_{21})$ 符号不属于①、②列出的条件时，消费者价值与零售商对制造商的持股比例可能同向变化也可能反向变化，需结合其他条件判断。

（2）消费者价值与制造商对零售商的持股比例同向变化。

相比利润单次分配型交叉持股，精确分配型交叉持股下消费者价值与零售商对制造商的持股比例反向变化的可能性增加，原因可能是持股双方利润无限次分配的过程削弱了股权投资对制造商使用新零件和再制造零件的单位生产成本的降低作用。而制造商通过股权投资降低零售商单位环保成本有利于消费者价值，说明利润精确分配型交叉持股未从根本上改变消费者价值与制造商对零售商持股比例的变化关系。

（二）企业与企业联盟价值分析

解得：

$$\frac{\partial \pi_1^*}{\partial \theta}=-\frac{\theta(1+\lambda_{12}+\lambda_{21})^3A^2}{b[(2-\theta)\lambda_{12}+(4-\theta)(1+\lambda_{21})]^3}-\frac{\theta(1+\lambda_{12})^2(1+\lambda_{12}+\lambda_{21})B^2}{b_r[(4-\theta)(1+\lambda_{12})-\theta\lambda_{21}]^3}<0$$

$$\frac{\partial \pi_2^*}{\partial \theta}=\frac{2(1+\lambda_{21})(1+\lambda_{12}+\lambda_{21})^2A^2}{b[(2-\theta)\lambda_{12}+(4-\theta)(1+\lambda_{21})]^3}-\frac{\theta\lambda_{21}(1+\lambda_{12})(1+\lambda_{12}+\lambda_{21})B^2}{b_r[(4-\theta)(1+\lambda_{12})-\theta\lambda_{21}]^3}>0$$

$$\frac{\partial \pi_3^*}{\partial \theta}=\frac{2(1+\lambda_{12})^2(1+\lambda_{12}+\lambda_{21})B^2}{b_r[(4-\theta)(1+\lambda_{12})-\theta\lambda_{21}]^3}>0$$

$$\frac{\partial EAV^*}{\partial \theta}=\frac{(1+\lambda_{12}+\lambda_{21})^2[(2-\theta)(1+\lambda_{21})-\theta\lambda_{12}]A^2}{b[(2-\theta)\lambda_{12}+(4-\theta)(1+\lambda_{21})]^3}+\frac{(1+\lambda_{12})(1+\lambda_{12}+\lambda_{21})[(2-\theta)(1+\lambda_{12})-\theta\lambda_{21}]B^2}{b_r[(4-\theta)(1+\lambda_{12})-\theta\lambda_{21}]^3}>0$$

由此得出命题 5. 3. 3。

命题 5. 3. 3 制造商价值与制造商对消费者价值的关注程度反向变化，零售商、回收再制造企业、企业联盟价值与关注程度同向变化。

制造商对消费者价值的关注偏离了自身价值最大化的决策目标。但如命题 5. 3. 1 所述，制造商关注消费者价值使得产品能够更好地满足消费者偏好，增加了消费者的购买意愿，提升了销量，同时也使得消费者能够更方便地将废旧产品送交回收，由此零售商价值、回收再制造企业价值均得到提升，弥补了制造商关注消费者价值造成的损失，进而提升了企业联盟价值。本命题结果与命题 5. 2. 3 相似，说明利润精确分配型交叉持股未在根本上改变企业与企业联盟价值同关注程度的变化关系。

接着，分析企业与企业联盟价值同零售商对制造商持股比例的关系。解得：

$$\frac{\partial \pi_1^*}{\partial \lambda_{21}}=-\frac{A}{b[(2-\theta)\lambda_{12}+(4-\theta)(1+\lambda_{21})]^3}\{\lambda_{12}[(2-3\theta)\lambda_{12}+(4-3\theta)(1+\lambda_{21})]A+2(1+\lambda_{12}+\lambda_{21})[(2-\theta)\lambda_{12}+(4-\theta)(1+\lambda_{21})][(1-\theta)\lambda_{12}+(2-\theta)(1+\lambda_{21})]c'_m(\lambda_{21})\}+\frac{2(1+\lambda_{12})^2B}{b_r[(4-\theta)(1+\lambda_{12})-\theta\lambda_{21}]^3}\{-[(4-3\theta+\theta^2)(1+\lambda_{12})^2-\theta(3-2\theta)\lambda_{21}(1+\lambda_{12})+\theta^2\lambda_{21}^2]B+(1+\lambda_{12}+\lambda_{21})[(4-\theta)(1+\lambda_{12})-\theta\lambda_{21}][(2-\theta)(1+\lambda_{12})-\theta\lambda_{21}]C\}$$

$$\frac{\partial \pi_2^*}{\partial \lambda_{21}}=\frac{A}{b[(2-\theta)\lambda_{12}+(4-\theta)(1+\lambda_{21})]^3}\{\lambda_{12}[(2-\theta)\lambda_{12}-\theta(1+\lambda_{21})]A-2(1+\lambda_{21})(1+\lambda_{12}+\lambda_{21})[(2-\theta)\lambda_{12}+(4-\theta)(1+\lambda_{21})]c_m'(\lambda_{21})\}+\frac{(1+\lambda_{12})B}{b_r[(4-\theta)(1+\lambda_{12})-\theta\lambda_{21}]^3}\{[(8-6\theta+\theta^2)(1+\lambda_{12})^3-\theta\lambda_{21}((6-\theta)(1+\lambda_{12})^2+\theta\lambda_{21}(1+\lambda_{12}+\lambda_{21}))]B+2\lambda_{21}(1+\lambda_{12}+\lambda_{21})[(4-\theta)(1+\lambda_{12})-\theta\lambda_{21}][(2-\theta)(1+\lambda_{12})-\theta\lambda_{21}]C\}-k'_{21}(\lambda_{21})$$

$$\frac{\partial \pi_3^*}{\partial \lambda_{21}}=\frac{2(1+\lambda_{12})^2B\{\theta B+[(4-\theta)(1+\lambda_{12})-\theta\lambda_{21}]C\}}{b_r[(4-\theta)(1+\lambda_{12})-\theta\lambda_{21}]^3}$$

$$\frac{\partial EAV^*}{\partial \lambda_{21}}=-\frac{A}{b[(2-\theta)\lambda_{12}+(4-\theta)(1+\lambda_{21})]^3}\{2\lambda_{12}[(2-\theta)(1+\lambda_{21})-\theta\lambda_{12}]A+2(1+\lambda_{12}+\lambda_{21})[(2-\theta)\lambda_{12}+(4-\theta)(1+\lambda_{21})][(1-\theta)\lambda_{12}+(3-\theta)(1+\lambda_{21})]c_m'(\lambda_{21})\}+\frac{(1+\lambda_{12})B}{b_r[(4-\theta)(1+\lambda_{12})-\theta\lambda_{21}]^3}\{\theta[(2-\theta)(1+\lambda_{12})-\theta\lambda_{21}]B+2[(4-\theta)(1+\lambda_{12})-\theta\lambda_{21}][(3-\theta)(1+\lambda_{12})-\theta\lambda_{21}]C\}-k'_{21}(\lambda_{21})$$

由此得出命题 5. 3. 4。

命题 5.3.4 企业与企业联盟价值同零售商对制造商持股比例的关系如下：

（1）制造商价值与零售商对制造商的持股比例关系如下：

①当使用再制造零件的单位生产成本关于零售商对制造商持股比例的反向变化速度较快且 $\lambda_{12}[(2-3\theta)\lambda_{12}+(4-3\theta)(1+\lambda_{21})]A+2(1+\lambda_{12}+\lambda_{21})[(2-\theta)\lambda_{12}+(4-\theta)(1+\lambda_{21})][(1-\theta)\lambda_{12}+(2-\theta)(1+\lambda_{21})]c'_m(\lambda_{21})<0$（以下简称 D 式）时，制造商价值与零售商对制造商的持股比例同向变化；

②当使用新零件的单位生产成本关于零售商对制造商持股比例的反向变化速度较快且 $D>0$ 时，制造商价值与零售商对制造商的持股比例反向变化；

③当 C、D 两式的符号不属于①、②列出的条件时，制造商价值与零售商对制造商的持股比例可能同向变化也可能反向变化，需结合其他条件判断。

（2）当使用再制造零件的单位生产成本关于零售商对制造商持股比例的反向变化速度较快且零售商边际持股收益大于边际持股成本时，零售商、回收再制造企业价值与零售商对制造商持股比例同向变化。

（3）当制造商、零售商、回收再制造企业价值与零售商对制造商持股比例同向变化时，企业联盟价值也与零售商对制造商持股比例同向变化。

（4）λ_{21}^{m*} 为制造商价值达到关于零售商对制造商持股比例的极大值点。

相比利润单次分配型交叉持股，精确分配型交叉持股下企业与企业联盟价值与零售商对制造商的持股比例关系的不确定性增加，且更倾向于反向变化，其中制造商价值反向变化的可能性更高，原因在命题 5.3.2 中已作论述。这一结果深化了郭小林等（2002）、张汉江等（2010）的研究。前者只关注了利润分配问题，不涉及企业的运营决策；后者只关注了供应链上企业进行利润精确分配型交叉持股后的利润相比不持股时的增值程度，没有对比两种利润分配方式下最优利润的变化，相关决策也较为简单。命题 5.3.1、命题 5.3.4 的结果则表明，利润精确分配型交叉持股削弱了其对闭环供应链价值共创生产流程的优化作用，这也许是该交叉持股利润分配方式难以实践的原因之一。囿于模型的复杂性，极大值点难以求出解析式，将在后文利用数值仿真分析。但是，即使该持股比例存在，可能也无法同时使零售商价值达到最大化，双方需要通过谈判确定持股比例。

最后，分析企业与企业联盟价值同制造商对零售商持股比例的关系。解得：

$$\frac{\partial \pi_1^*}{\partial\lambda_{12}}=\frac{A}{b[(2-\theta)\lambda_{12}+(4-\theta)(1+\lambda_{21})]^3}\{(1+\lambda_{21})[(2-3\theta)\lambda_{12}+(4-3\theta)(1+\lambda_{21})]A-2(1+\lambda_{12}+\lambda_{21})[(2-\theta)\lambda_{12}+(4-\theta)(1+\lambda_{21})][(1-\theta)\lambda_{12}+(2-\theta)(1+\lambda_{21})]c_e'(\lambda_{12})\}+\frac{2(1+\lambda_{12})\lambda_{21}[(4-3\theta+\theta^2)(1+\lambda_{12})^2-(3-2\theta)\theta(1+\lambda_{12})\lambda_{21}+\theta^2\lambda_{21}^2]B^2}{b_r(1+\lambda_{12}+\lambda_{21})^2[(4-\theta)(1+\lambda_{12})-\theta\lambda_{21}]^3}-k'_{12}(\lambda_{12})$$

$$\frac{\partial \pi_2^*}{\partial\lambda_{12}}=\frac{(1+\lambda_{21})A}{b[(2-\theta)\lambda_{12}+(4-\theta)(1+\lambda_{21})]^3}\{-[(2-\theta)\lambda_{12}-\theta(1+\lambda_{21})]A-2(1+\lambda_{12}+\lambda_{21})[(2-\theta)\lambda_{12}+(4-\theta)(1+\lambda_{21})]c'_e(\lambda_{12})\}+\frac{\lambda_{21}[-(8-6\theta+\theta^2)(1+\lambda_{12})^3+\theta\lambda_{21}((6-\theta)(1+\lambda_{12})^2+\theta\lambda_{21}(1+\lambda_{12}+\lambda_{21}))]B^2}{b_r(1+\lambda_{12}+\lambda_{21})^2[(4-\theta)(1+\lambda_{12})-\theta\lambda_{21}]^3}$$

$$\frac{\partial \pi_3^*}{\partial\lambda_{12}}=-\frac{2\theta(1+\lambda_{12})\lambda_{21}B^2}{b_r[(4-\theta)(1+\lambda_{12})-\theta\lambda_{21}]^3}<0$$

$$\frac{\partial EAV^*}{\partial\lambda_{12}}=\frac{A}{b[(2-\theta)\lambda_{12}+(4-\theta)(1+\lambda_{21})]^3}\{2(1+\lambda_{21})[(2-\theta)(1+\lambda_{21})-\theta\lambda_{12}]A-2(1+\lambda_{12}+\lambda_{21})[(1-\theta)\lambda_{12}+(3-\theta)(1+\lambda_{21})][(2-\theta)\lambda_{12}+(4-\theta)(1+\lambda_{21})]c_e'(\lambda_{12})\}-\frac{\theta\lambda_{21}[(2-\theta)(1+\lambda_{12})-\theta\lambda_{21}]B^2}{b_r[(4-\theta)(1+\lambda_{12})-\theta\lambda_{21}]^3}-k'_{12}(\lambda_{12})$$

由此得出命题 5.3.5。

命题 5.3.5 企业与企业联盟价值同制造商对零售商持股比例的

关系如下：

（1）制造商价值与制造商对零售商持股比例的关系不确定。当制造商的边际持股收益大于边际持股成本时，制造商价值与制造商对零售商持股比例同向变化。

（2）零售商价值与制造商对零售商的持股比例关系如下：

①当$(\theta-2)\lambda_{12}+\theta(1+\lambda_{21})>0$（以下简称$E$式）、$-(8-6\theta+\theta^2)(1+\lambda_{12})^3+\theta\lambda_{21}((6-\theta)(1+\lambda_{12})^2+\theta\lambda_{21}(1+\lambda_{12}+\lambda_{21}))>0$（以下简称$F$式）时零售商价值与制造商对零售商的持股比例同向变化；

②当$E<0$、$F<0$时零售商价值与制造商对零售商的持股比例反向变化；

③当E、F两式的符号不属于①、②列出的条件时，零售商价值与制造商对零售商的持股比例可能同向变化，也可能反向变化，需结合其他条件判断。

（3）回收再制造企业价值与制造商对零售商的持股比例反向变化。

（4）当制造商、零售商、回收再制造企业价值与制造商对零售商持股比例同向变化时，企业联盟价值也与制造商对零售商持股比例同向变化。

（5）可能存在（$\lambda_{21}^{\pi*}$，$\lambda_{12}^{\pi*}$）为零售商价值关于交叉持股比例的极大值点。

相比利润单次分配型交叉持股，利润精确分配型交叉持股下企业与企业联盟价值同制造商对零售商持股比例关系的不确定性增加，且更倾向于反向变化，其中零售商价值反向变化的可能性更高，原因在命题5.3.2、命题5.3.4中已作论述。结合命题5.3.4可推知，在利润精确分配型交叉持股模式下，被持股企业价值同持股比例关系的不确定性较利润单次分配型交叉持股模式下增加。同时发现，回收再制造企业价值与制造商对零售商持股比例反向变化，而在利润单次分配型交叉持股下回收再制造企业价值则与制造商对零售商持股比例无关。原因可能是利润精确分配型交叉持股的无限次利润分配过程削弱了股权投资对制造商使用新零件和再制造零件的单位生产成本的降低作用，降低了制造商进行回收再制造的动机，从而减少了对再制造零件的需求，进而降低了回收再制造企业对废旧产品的回收量，影响了回收再制造企业的利润。因此，在利润精确分配型交叉持股下，制造商持股零售商不仅不利于环保效应的提升，反而会损害环保效应。囿于模型的复杂性，零售商价值关于交叉持股比例极大值点的解析式难以求出，将在后文利用数值仿真分析。但即使该极大值点存在，可能也无法同时使制造商价值达到最大化，双方需要通过谈判确定持股比例。最优交叉持股比例应当实现闭环供应链及各主体最优价值的帕累托改进。

（三）闭环供应链价值分析

首先，分析闭环供应链价值与制造商对消费者价值关注程度的关系。计算结果如下：

$$\frac{\partial SCV^*}{\partial\theta}=\frac{(1+\lambda_{12}+\lambda_{21})^2[(1-\theta)\lambda_{12}+(3-\theta)(1+\lambda_{21})]A^2}{b[(2-\theta)\lambda_{12}+(4-\theta)(1+\lambda_{21})]^3}+\frac{(1+\lambda_{12})(1+\lambda_{12}+\lambda_{21})[(3-\theta)(1+\lambda_{12})-\theta\lambda_{21}]B^2}{b_r[(4-\theta)(1+\lambda_{12})-\theta\lambda_{21}]^3}>0$$

由此得出命题 5.3.6。

命题 5.3.6　闭环供应链价值与制造商对消费者价值的关注程度同向变化。

该命题拓展了命题 5.3.1 与命题 5.3.3，是消费者价值、企业联盟价值均与制造商对消费者价值的关注程度同向变化的必然结果，再次表明利润精确分配型交叉持股并未从根本上改变制造商关注消费者价值对闭环供应链价值的影响。

最后，分析闭环供应链价值与交叉持股比例的关系。计算结果如下：

$$\frac{\partial SCV^*}{\partial\lambda_{21}}=-\frac{A}{2b[(2-\theta)\lambda_{12}+(4-\theta)(1+\lambda_{21})]^3}\{4\lambda_{12}[(1-\theta)\lambda_{12}+(3-\theta)(1+\lambda_{21})]A+2(1+\lambda_{12}+\lambda_{21})[(3-2\theta)\lambda_{12}+(7-2\theta)(1+\lambda_{21})][(2-\theta)\lambda_{12}+(4-\theta)(1+\lambda_{21})]c_m'(\lambda_{21})\}+$$

$$\frac{(1+\lambda_{12})B}{b_r[(4-\theta)(1+\lambda_{12})-\theta\lambda_{21}]^3}\{\theta[(3-\theta)(1+\lambda_{12})-\theta\lambda_{21}]B+[(4-\theta)(1+\lambda_{12})-\theta\lambda_{21}][(7-2\theta)(1+\lambda_{12})-2\theta\lambda_{21}]C\}-k'_{21}(\lambda_{21})$$

$$\frac{\partial SCV^*}{\partial\lambda_{12}}=\frac{A}{2b[(2-\theta)\lambda_{12}+(4-\theta)(1+\lambda_{21})]^3}\{4(1+\lambda_{21})[(1-\theta)\lambda_{12}+(3-\theta)(1+\lambda_{21})]A-2(1+\lambda_{12}+\lambda_{21})[(3-2\theta)\lambda_{12}+(7-2\theta)(1+\lambda_{21})][(2-\theta)\lambda_{12}+(4-\theta)(1+\lambda_{21})]c_e'(\lambda_{12})\}-\frac{\theta\lambda_{21}[(3-\theta)(1+\lambda_{12})-\theta\lambda_{21}]B^2}{b_r[(4-\theta)(1+\lambda_{12})-\theta\lambda_{21}]^3}-k'_{12}(\lambda_{12})$$

由此得出命题 5. 3. 7。

命题 5. 3. 7 闭环供应链价值同交叉持股比例的关系如下：

（1）闭环供应链价值与零售商对制造商的持股比例关系存在两种情况：

①当使用再制造零件的单位生产成本关于零售商对制造商持股比例的反向变化速度较快且 $4\lambda_{12}[(1-\theta)\lambda_{12}+(3-\theta)(1+\lambda_{21})]A+2(1+\lambda_{12}+\lambda_{21})[(3-2\theta)\lambda_{12}+(7-2\theta)(1+\lambda_{21})][(2-\theta)\lambda_{12}+(4-\theta)(1+\lambda_{21})]c'_m(\lambda_{21})<0$（以下简称 G 式）时，闭环供应链价值与零售商对制造商的持股比例同向变化；

②当使用新零件的单位生产成本关于零售商对制造商持股比例的反向变化速度较快且 $G>0$ 时，闭环供应链价值与零售商对制造商的持股比例反向变化。

（2）当闭环供应链的边际持股收益大于制造商对零售商的边际持股成本时，闭环供应链价值与制造商对零售商的持股比例同向变化。

该命题拓展了命题 5. 3. 2、命题 5. 3. 4、命题 5. 3. 5，利润精确分配型交叉持股下闭环供应链价值同交叉持股比例，特别是零售商对制造商持股比例的不确定性增加，原因不再赘述。

（四）环保效应分析

闭环供应链价值共创产生的环保效应与关注程度 θ、交叉持股比

例 λ_{21} 和 λ_{12} 的变化关系为 $\frac{\partial Q_r^*}{\partial\theta}=\frac{(1+\lambda_{12})(1+\lambda_{12}+\lambda_{21})B}{b_r[(4-\theta)(1+\lambda_{12})-\theta\lambda_{21}]^2}>0$、$\frac{\partial Q_r^*}{\partial\lambda_{21}}=\frac{(1+\lambda_{12})\{\theta B+[(4-\theta)(1+\lambda_{12})-\theta\lambda_{21}]C\}}{b_r[(4-\theta)(1+\lambda_{12})-\theta\lambda_{21}]^2}$ 和 $\frac{\partial Q_r^*}{\partial\lambda_{12}}=-\frac{\theta\lambda_{21}B}{b_r[(4-\theta)(1+\lambda_{12})-\theta\lambda_{21}]^2}<0$。由此得出命题 5.3.8。

命题 5.3.8　(1) 闭环供应链价值共创产生的环保效应与制造商对消费者价值的关注程度同向变化。

(2) 当使用再制造零件的单位生产成本关于零售商对制造商持股比例的反向变化速度较快时，环保效应与零售商对制造商的持股比例同向变化。

(3) 环保效应与制造商对零售商的持股比例反向变化。

环保效应与关注程度 θ、交叉持股比例的变化关系同回收再制造企业价值与关注程度 θ、交叉持股比例的变化关系相似，原因相近，在此不再赘述。

(五) 消费者参与价值共创分析

价值共创的基本特征在于企业与消费者互动共同创造价值，既需要制造商关注消费者价值，也需要消费者积极参与价值共创。消费者参与价值共创等价于将自身价值转移给制造商。令 $\theta=0$ 代表制造商不关注消费者价值、不进行价值共创的情形，此时制造商价值为 $\pi_1^{**}=\frac{(1+\lambda_{12}+\lambda_{21})A^2}{4b[\lambda_{12}+2(1+\lambda_{21})]}+\frac{(1+\lambda_{12})B^2}{8b_r(1+\lambda_{12}+\lambda_{21})}-k_{12}(\lambda_{12})$，消费者价值为 $CS^{**}=\frac{(1+\lambda_{12}+\lambda_{21})^2A^2}{8b[\lambda_{12}+2(1+\lambda_{21})]^2}+\frac{B^2}{32b_r}$。消费者参与价值共创应当同时改进制造商使用新零件和再制造零件的生产流程，使制造商生产销售产品创造的基本价值与使用再制造零件节约成本创造的价值均获得提升，在实现价值共创的同时推动回收再制造活动。消费者参与价值共创转移价值后只要自身价值不低于不共创时的价值，消费者就有参与价值共创的动机。经计算制造商关注消费者价值使得消费者价值增值 ΔCS，

$$\Delta CS=CS^*-CS^{**}=\frac{\theta(1+\lambda_{12}+\lambda_{21})^3[(4-\theta)\lambda_{12}+(8-\theta)(1+\lambda_{21})]A^2}{8b(2+\lambda_{12}+2\lambda_{21})^2[(2-\theta)\lambda_{12}+(4-\theta)(1+\lambda_{21})]^2}+$$

$\dfrac{\theta(1+\lambda_{12}+\lambda_{21})[(8-\theta)(1+\lambda_{12})-\theta\lambda_{21}]B^2}{32b_r[(4-\theta)(1+\lambda_{12})-\theta\lambda_{21}]^2}$，设转移价值占 ΔCS 的比例为 η，则有以下不等式组成立：

$$\begin{cases}\dfrac{(1+\lambda_{12}+\lambda_{21})[(1-\theta)\lambda_{12}+(2-\theta)(1+\lambda_{21})]A^2}{b[(2-\theta)\lambda_{12}+(4-\theta)(1+\lambda_{21})]^2}+\\ \quad\eta\dfrac{\theta(1+\lambda_{12}+\lambda_{21})^3[(4-\theta)\lambda_{12}+(8-\theta)(1+\lambda_{21})]A^2}{8b(2+\lambda_{12}+2\lambda_{21})^2[(2-\theta)\lambda_{12}+(4-\theta)(1+\lambda_{21})]^2}>\\ \quad\dfrac{(1+\lambda_{12}+\lambda_{21})A^2}{4b[\lambda_{12}+2(1+\lambda_{21})]}\\ \dfrac{(1+\lambda_{12})^2[(2-\theta)(1+\lambda_{12})-\theta\lambda_{21}]B^2}{b_r(1+\lambda_{12}+\lambda_{21})[(4-\theta)(1+\lambda_{12})-\theta\lambda_{21}]^2}+\\ \quad\eta\dfrac{\theta(1+\lambda_{12}+\lambda_{21})[(8-\theta)(1+\lambda_{12})-\theta\lambda_{21}]B^2}{32b_r[(4-\theta)(1+\lambda_{12})-\theta\lambda_{21}]^2}>\dfrac{(1+\lambda_{12})B^2}{8b_r(1+\lambda_{12}+\lambda_{21})}\\ CS^*-\eta\Delta CS>CS^{**}\end{cases}$$

解得 $\dfrac{4\theta(1+\lambda_{12})}{(8-\theta)(1+\lambda_{12})-\theta\lambda_{21}}<\eta<1$。令 $L=\dfrac{4\theta(1+\lambda_{12})}{(8-\theta)(1+\lambda_{12})-\theta\lambda_{21}}$ 则有 $\dfrac{\partial L}{\partial\lambda_{21}}=\dfrac{4\theta^2(1+\lambda_{12})}{((8-\theta)(1+\lambda_{12})-\theta\lambda_{21})^2}>0$、$\dfrac{\partial L}{\partial\lambda_{12}}=-\dfrac{4\theta^2\lambda_{21}}{[(8-\theta)(1+\lambda_{12})-\theta\lambda_{21}]^2}<0$。由此得出命题 5.3.9。

命题 5.3.9 如果消费者通过参与价值共创将自身价值相比不共创时增值的一部分转移给制造商，制造商将弥补因关注消费者价值造成的损失并实现提升，此时闭环供应链上各方价值均因价值共创而获得提升。消费者转移价值的比例 η 应满足 $\dfrac{4\theta(1+\lambda_{12})}{(8-\theta)(1+\lambda_{12})-\theta\lambda_{21}}<\eta<1$。消费者参与价值共创的积极性与交叉持股比例的关系如下：

（1）当消费者价值与零售商对制造商的持股比例同向变化时，消费者参与价值共创的积极性与零售商对制造商的持股比例同向变化；

（2）当消费者价值与零售商对制造商的持股比例反向变化时，消费者参与价值共创的积极性与零售商对制造商的持股比例反向变化；

（3）消费者参与价值共创的积极性与制造商对零售商的持股比例

反向变化。

该命题表明，价值共创能够实现闭环供应链上各方价值的提升以及经济价值与环保效应的双赢。与利润单次分配型交叉持股不同，在利润精确分配型交叉持股模式下，消费者参与价值共创的积极性受交叉持股比例的影响更大。η 取值范围的下限与 λ_{21} 同向变化，这表明当零售商对制造商持股比例的提升促进消费者价值的提升时，消费者愿意参与价值共创并将更高比例的自身价值转移给制造商。但当零售商对制造商持股比例的提升使消费者价值下降时，消费者难以再转移更高比例的价值，故此时消费者参与价值共创的积极性与零售商对制造商的持股比例反向变化。η 取值范围的下限与 λ_{12} 反向变化，这使消费者无须转移过多价值，制造商也不会采取过度措施吸引消费者参与价值共创，所以降低了消费者参与价值共创的积极性。

四　数值分析与仿真

本部分将通过数值分析与仿真更加直观地验证展示前述命题。数据来源、参数赋值等均与本章第二节第四小节相同，在此不再赘述。首先，令 $\lambda_{12}=\lambda_{21}=0.05$，$\theta$ 可在取值范围内自由变动，此时，可运用 Mathematica 11 分析消费者价值、企业与企业联盟价值、闭环供应链价值同制造商对消费者价值关注程度的关系，得出以下结果：

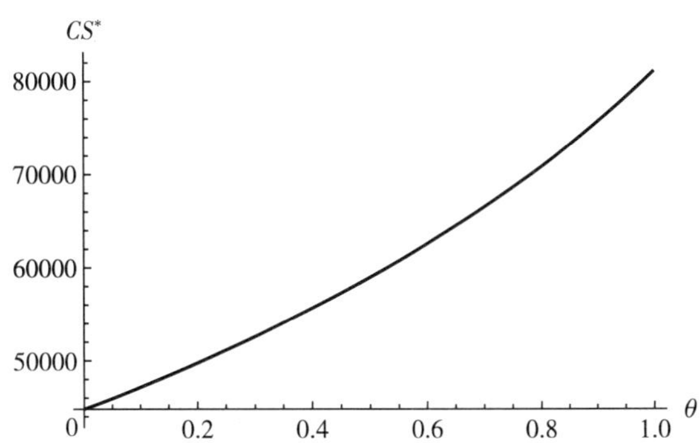

图 5.3.1　消费者价值与关注程度变化关系

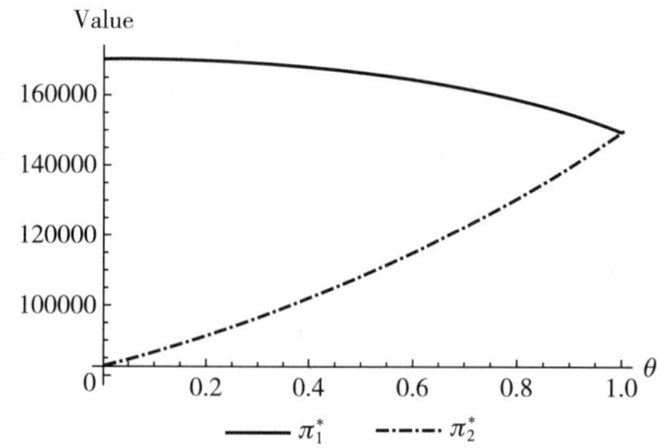

图 5.3.2　制造商、零售商价值与关注程度变化关系

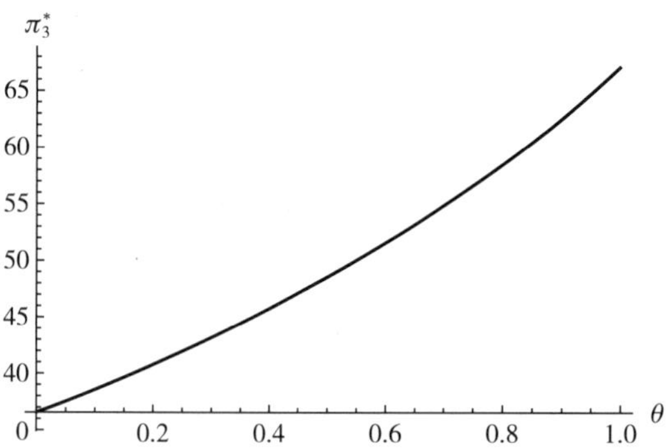

图 5.3.3　回收再制造企业价值与关注程度变化关系

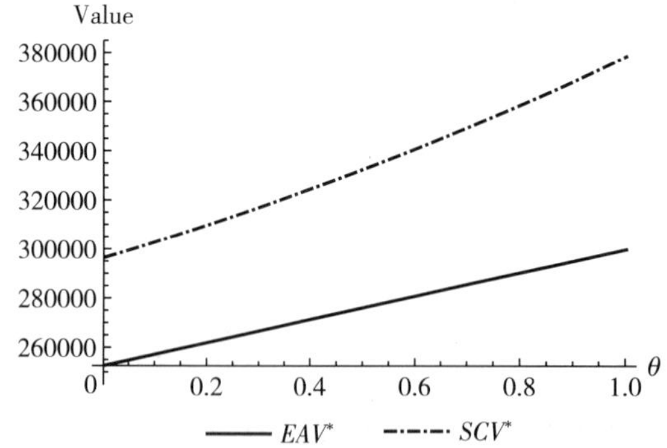

图 5.3.4　闭环供应链、企业联盟价值与关注程度变化关系

如图 5.3.1—图 5.3.4 所示，制造商因关注消费者价值需要投入相应资源，所以制造商价值与关注程度反向变化，消费者价值、零售商价值、回收再制造企业价值、企业联盟价值和闭环供应链价值均与关注程度同向变化。制造商关注消费者价值有利于消费者、企业联盟和闭环供应链价值的增长，所以制造商应当关注消费者价值并进行价值共创活动。命题 5.3.1、命题 5.3.3、命题 5.3.6 得到验证。

令 $\theta=0.5$。运用 Mathematica 11 分析消费者价值、企业与企业联盟价值、闭环供应链价值与交叉持股比例 λ_{21}、λ_{12} 的关系，得出以下结果：

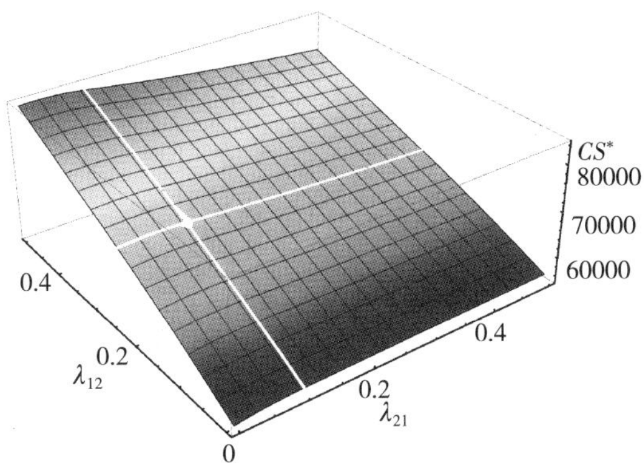

图 5.3.5　消费者价值与交叉持股比例变化关系

如图 5.3.5 所示，消费者价值与零售商对制造商持股比例先同向变化后反向变化，消费者价值与制造商对零售商持股比例同向变化，没有关于交叉持股比例的极大值点。命题 5.3.2 得到验证。

如图 5.3.6 所示，制造商价值与零售商对制造商持股比例先同向变化后反向变化，且反向变化趋势较图 5.2.8 更明显，与制造商对零售商持股比例同向变化，存在制造商价值关于零售商对制造商持股比例的极大值点，但因为制造商价值与制造商对零售商持股比例同向变化，故不存在关于交叉持股比例的极大值点。命题 5.3.4、命题 5.3.5 中的（1）得到验证。

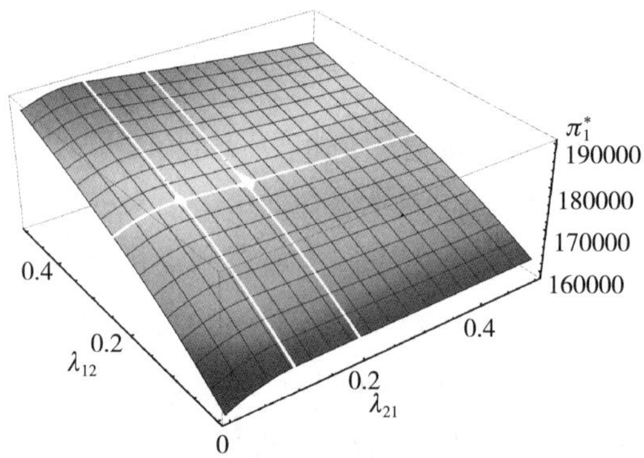

图 5.3.6　制造商价值与交叉持股比例变化关系

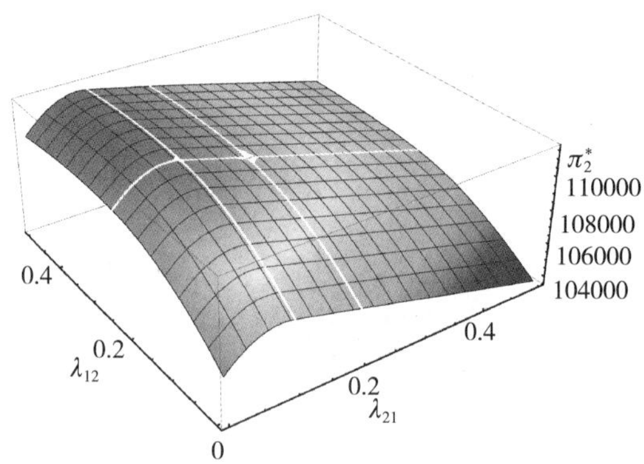

图 5.3.7　零售商价值与交叉持股比例变化关系

如图 5.3.7 所示，零售商价值与交叉持股比例均先同向变化后反向变化，解得当 $\theta=0.5$ 时零售商关于交叉持股比例的极大值点（λ_{21}^{rt*}，λ_{12}^{rt*}）为（0.081，0.360），表示当零售商持有制造商近 8.1%、制造商持有零售商近 36.0%的股份时零售商价值达到最大。由此可知，相比利润单次分配型交叉持股，在利润精确分配型交叉持股模式下零售商对制造商的最优持股比例不变但制造商对零售商的最优持股比例提升，表示制造商对销售渠道的控制增强，验证了郭小林等（2002）的研究。虽然零售商对制造商持股比例或制造商对零售商持股比例的提升都可能会使制造商价值提升进而使企业联盟及闭环供应链价值提升，但会降低零售商价值，不符合帕累托改进。所以，最终确定 $\lambda_{21}^{rt*}=0.081$ 和 $\lambda_{12}^{rt*}=0.360$ 为最优交叉持股比例。命题 5.3.5 中的（1）、（2）、（5）得到验证。

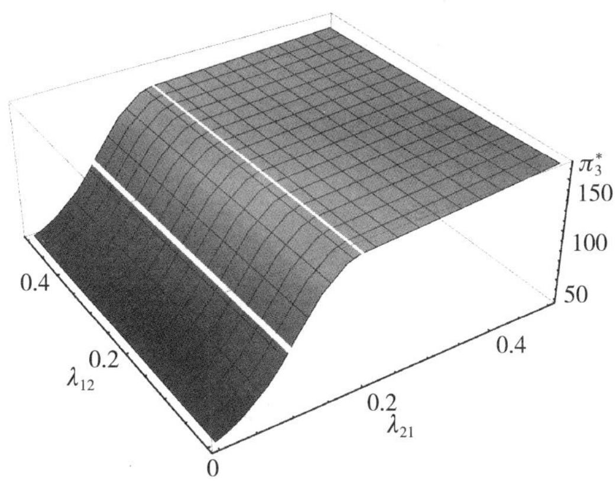

图 5.3.8　回收再制造企业价值与交叉持股比例变化关系

如图 5.3.8 所示，回收再制造企业价值与零售商对制造商的持股比例同向变化且可分为三段，与制造商对零售商的持股比例反向变化。命题 5.3.5 中的（3）得到验证。

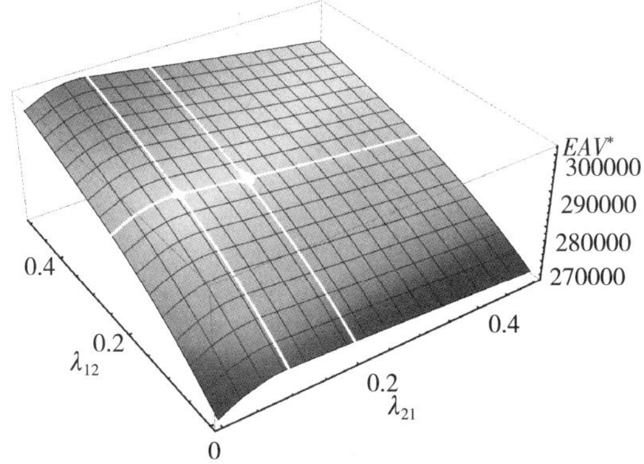

图 5.3.9　企业联盟价值与交叉持股比例变化关系

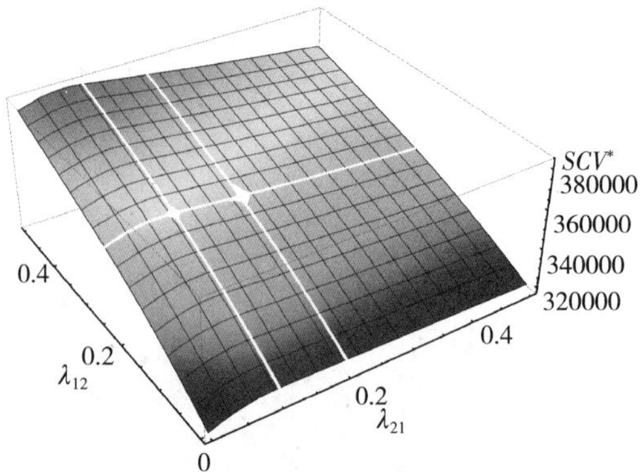

图 5.3.10　闭环供应链价值与交叉持股比例变化关系

如图 5.3.9、图 5.3.10 所示，企业联盟价值、闭环供应链价值均与零售商对制造商的持股比例先同向变化后反向变化，与制造商对零售商持股比例同向变化，同时从图中和前述命题的验证中可以发现，当 $\theta=0.5$ 时，不存在使企业联盟价值、闭环供应链价值达到最优的交叉持股比例。所以，根据前述分析 $\lambda_{21}^{rt*}=0.081$ 和 $\lambda_{12}^{rt*}=0.360$ 为最优交叉持股比例。命题 5.3.5、命题 5.3.7 得到验证。

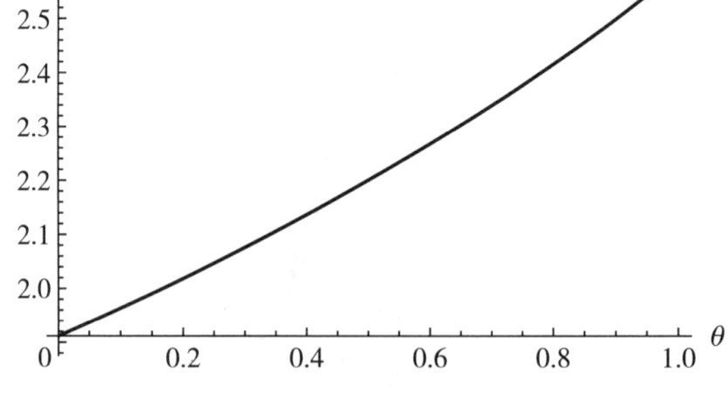

图 5.3.11　环保效应与关注程度变化关系

如图 5.3.11、图 5.3.12 所示，环保效应与关注程度、零售商对制造商的持股比例同向变化，与制造商对零售商的持股比例反向变化。命题 5. 3. 8 得到验证。

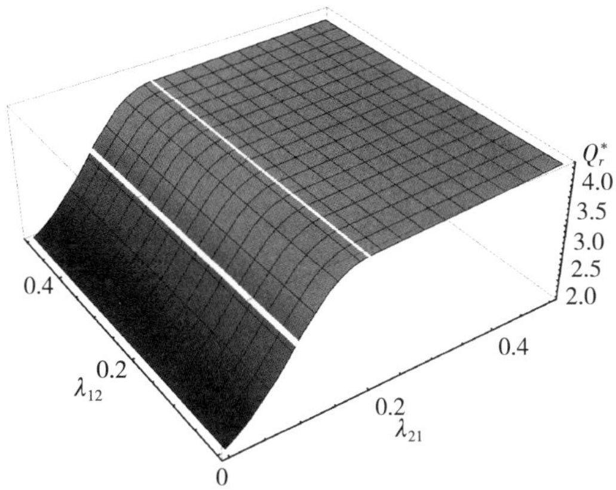

图 5. 3. 12　环保效应与交叉持股比例变化关系

经计算，当 $\theta=0.5$ 时，交叉持股前后的消费者价值、企业与企业联盟价值、闭环供应链价值以及环保效应如表 5. 3. 1 所示。

表 5. 3. 1　交叉持股前后闭环供应链各主体价值及环保效应对比

$(\lambda_{21}, \lambda_{12})$ / 增长率	CS^*	π_1^*	π_2^*	π_3^*	EAV^*	SCV^*	Q_r^*
(0, 0)	53054. 70	159164. 11	106080. 02	29. 39	265273. 52	318328. 22	1. 71
(0. 081, 0. 360)	75017. 84	184683. 98	111681. 93	69. 15	296435. 06	371452. 90	2. 63
增长率	41. 397%	16. 034%	5. 281%	135. 284%	11. 747%	16. 689%	53. 801%

由此可见，当交叉持股比例为 $\lambda_{21}^{rt*}=0.081$ 和 $\lambda_{12}^{rt*}=0.360$ 时，消费者、企业与企业联盟、闭环供应链价值以及环保效应相比不持股时均得到不同程度的提升，实现了帕累托改进。命题 5. 3. 5、命题 5. 3. 7 得到验证。

最后，在最优交叉持股比例（0. 081，0. 360）下解得制造商关注消费者价值前后的制造商、消费者价值如表 5. 3. 2 所示。

表 5.3.2　制造商关注消费者价值前后的制造商、消费者价值

π_1^*	π_1^{**}	CS^*	CS^{**}
184683.98	190041.98	75017.84	55116.56

所以，$\Delta CS=75017.84-55116.56=19901.28$，$\eta$ 的取值范围为 $0.27<\eta<1$。假设 $\eta=0.3$，即消费者转移价值占 ΔCS 的比例为 0.3，解得消费者参与价值共创后的制造商价值与消费者价值为 $\pi_1^{c*}=184683.98+0.3\times19901.28=190654.364>\pi_1^{**}$，$CS^{c*}=75017.84-0.3\times19901.28=69047.456>CS^{**}$。所以，消费者参与价值共创与制造商关注消费者价值构成了完整的价值共创，实现了闭环供应链上各方价值的提升，命题 5.3.9 得到验证。最终，价值共创后的闭环供应链各主体价值及环保效应如表 5.3.3 所示。

表 5.3.3　价值共创后的闭环供应链各主体价值及环保效应

CS^*	π_1^*	π_2^*	π_3^*	EAV^*	SCV^*	Q_r^*
69047.46	190654.36	111681.93	69.15	302405.44	371452.90	2.63

由表 5.2.3、表 5.3.3 可知，利润精确分配型交叉持股模式下，闭环供应链各主体价值及环保效应较利润单次分配型交叉持股模式下均有所降低。

第四节　本章小结

本章首先构建了考虑利润单次分配型交叉持股的闭环供应链价值共创模型，分析了交叉持股对闭环供应链价值共创的影响，并进行了数值分析与仿真，得出了使闭环供应链及各主体价值实现帕累托改进的最优交叉持股比例。在此基础上，本章将利润分配方式从单次分配延伸至精确分配，进一步探究在此分配方式下相关结果的变化。主要结论与启示如下：

（1）在两种利润分配方式下，制造商关注消费者价值虽然损失了自身价值，但是提升了消费者、零售商、回收再制造企业、企业联盟与闭环供应链价值以及环保效应。

制造商关注消费者价值是价值共创的重要环节，虽然过度关注会损失制造商自身价值和影响零售商股权投资收益，但实现了闭环供应链和其他各主体价值的增长。在现实中，制造商应当充分利用线上线下渠道挖掘消费者偏好，改进现有产品并设计新产品，同时为消费者提供优质的售前、售后服务并向消费者让利，从而实现消费者价值、闭环供应链整体价值及环保效应的提升。

（2）在两种利润分配方式下，制造商应创造条件吸引消费者积极参与价值共创，使其与制造商对消费者价值的关注相互配合，形成协同高效的价值共创。

消费者参与价值共创弥补了价值损失并进一步提升了制造商价值。制造商应构建官网平台或举办消费者交流活动，为消费者提供参与个性化定制、App 开发等价值共创活动的渠道。制造商也应当推进与回收再制造相关的价值共创活动，可以同回收再制造企业合作优化废旧产品回收网点设置与流程，引导消费者主动进行废旧产品的分类回收、协助企业构建“互联网+回收”等新型回收形式、提出关于回收再制造的改进措施等，最终形成协同高效的价值共创。

（3）在利润单次分配方式下，当使用再制造零件的单位生产成本关于零售商对制造商持股比例的反向变化速度较快且制造商将其对消费者价值的关注程度控制在一定范围内时，零售商对制造商持股比例的提升将使消费者、企业与企业联盟、闭环供应链价值以及环保效应得到提升。

制造商应利用零售商的股权投资着力降低与再制造相关的生产成本。零售商应通过股权投资积极向制造商提出贴近市场和消费者的建议，促使制造商合理利用股权投资，正确推进生产改造。制造商应当将对消费者价值的关注程度控制在一定范围内，过度关注消费者价值不仅影响制造商自身价值，而且会影响零售商关于股权投资的收益，零售商持股制造商有助于确定制造商对消费者价值关注程度的上限。

（4）在利润单次分配方式下，当制造商对零售商持股比例的提升使零售商单位环保成本降低时，闭环供应链价值和除回收再制造企业外的其他各主体价值得到提升，只优化销售渠道的环保措施并不能推进回收再制造活动、提高回收再制造企业价值以及环保效应。最优交叉持股比例的存在与关注程度等因素有关，该比例应实现闭环供应链及各主体价值的帕累托改进。制造商对零售商持股比例的提升还将促进消费者参与价值共创。

零售商在产品销售过程中会采取相应措施来减少对环境的影响，比如采取更环保的包装材料。采取环保措施需要付出相应成本，所以，制造商可通过对零售商的股权投资与零售商合作，有针对性地改进相关措施，降低单位环保成本。制造商对消费者价值的关注程度应当不低于制造商对零售商持股比例的两倍，故制造商持股零售商有助于确定制造商对消费者价值关注程度的下限。但是仅改善销售领域的环保措施并没有改变与回收再制造活动相关的各类成本的大小关系，无法推进回收再制造活动，产生的经济价值和环保效应有限。所以，闭环供应链应当通过交叉持股实现对生产、销售、回收再制造环节各流程的全面优化，政府也可出台相关政策推动闭环供应链各企业通过交叉持股展开相关合作。交叉持股比例的提升促进了消费者参与价值共创，同时要求制造商进一步为消费者提供参与价值共创的条件。

（5）在利润精确分配方式下，消费者参与价值共创的积极性与交叉持股比例反向变化的可能性提升。

与利润单次分配方式相比，消费者参与价值共创的积极性不仅与制造商对零售商的持股比例有关，还与零售商对制造商的持股比例有关，且与它们反向变化的可能性提升。这也在一定程度上反映了消费者对参与那些热衷于股权等资本运作而非产品研发的企业的价值共创活动的热情有限。故在利润精确分配方式下闭环供应链上企业在达到最优交叉持股比例后应通过股权合作以外特别是与产品研发高度相关的方式提高消费者参与价值共创的积极性。

（6）在利润精确分配方式下，闭环供应链各主体价值及环保效应与交叉持股比例的反向变化关系较利润单次分配方式下更为显著。虽然制造商对零售商的最优持股比例提升，增强了对销售渠道的控制，但闭环供应链经济价值、环保效应低于利润单次分配型交叉持股下的对应指标。

闭环供应链企业间虽然可以通过无限次利润分配实现交叉持股的利润精确分配并增强了对销售渠道的控制，但是削弱了交叉持股对制造商再制造成本和零售商环保成本的优化作用，最终降低了闭环供应链各主体价值及环保效应，特别是使回收再制造企业价值与环保效应同制造商对零售商的持股比例反向变化，再次表明企业采用减少产品配件、缩小包装等流通环节的措施进行环保工作所产生的环保效应有限。所以，从价值共创和环保角度出发，利润精确分配方式并不适用，这可能也是其在实践中未被采用的原因。

第六章 考虑股权众筹的闭环供应链价值共创研究

第一节 引言

第四、第五章的研究主要关注考虑链上企业间股权合作的闭环供应链价值共创问题。前文关注的链上企业间股权合作的动机表现在通过股权合作形成战略联盟，帮助对方解决生产、环保方面的问题实现成本节约，主要侧重于技术、关系目的，属于运营导向型股权合作（裴桂芬、赵翠，2012；冉明东，2011；孙娜、王保平，2017）。这类股权合作适用于资金较为充裕但缺乏相关知识技术，无法实现精益生产、环保达标的闭环供应链及其链上企业。而对于资金短缺、难以通过传统渠道获得资金甚至存在环保不达标问题的核心企业及其闭环供应链来说，资金是其实现精益生产、环保达标更为主要的制约因素，特别是短期内实现环保升级改造通常需要花费大量资金购置作为固定资产的环保设备。另外，投机行为往往是这类企业存在环保问题的重要原因，仅依靠上下游企业监督可能难以遏制（孟庆春等，2020；Zhang et al.，2022）。

股权众筹是指企业通过线上渠道发布融资项目，向多个普通投资者让渡股权吸引投资，使投资者未来获得分红的新型融资方式。相比传统融资方式，多名普通投资者参与投资分散了融资风险，降低了每名投资者的投资门槛，互联网、大数据等新技术使融资效率得到进一步提升。同时，针对环保项目的股权众筹使普通投资者也可以通过投资来监督企业环保升级改造，使绿色制造等环保理念广泛传播，形成针对企业污染的多元主体共治模式（孟庆春等，2020）。目前，京东旗下的东家、阿里旗下的蚂蚁达客相继成为国内知名的股权众筹平台企业，旗下项目涵盖科技、文旅、餐饮等行业，这类行业与消费者互动频繁，许多企业早已进行价值共创、回收再制造等相关活动，所以本部分研究具有广泛的实践依据（曾燕等，2017；方兴，2017；张亚欣，2016）。已有研究运用动态博弈分析了股权众筹下企业的决策问题，或将无领投股权众筹纳入闭环供应链价值共创问题中（曾燕等，2017；Zhang et al.，2022）。但现有研究对相关条件的刻画有所简化，多关注无领投人的众筹模式，而实务中为了提高融资效率，多采用领投人先投资、跟投人跟随投资的模式，这一众筹模式还没有纳入闭环供应链价值共创问题的研究中。

综上所述，本章将在第四、第五章研究基础上先针对无领投股权众筹影响下的闭环供应链价值共创问题构建相关模型，并运用数值分析与仿真探究股权众筹对闭环供应链价值共创结果的影响。第四、第五章采用无约束递阶规划模型来刻画考虑单向持股、交叉持股的闭环供应链价值共创问题，模型中持股比例为参数；本章则采用有约束递阶规划模型来刻画相关问题，引入股权众筹融资约束，同时将持股比例视为制造商决策变量，更贴近实际。最后，在考虑无领投股权众筹的闭环供应链价值共创问题的研究基础上，本章引入股权众筹领投人，进一步探究相关结果的变化，并尝试简要分析股权众筹、链上企业股权合作并存的情形，初步形成“供应链+多元主体”的闭环供应链价值共创模式，实现对第四、第五章研究内容的整合。本章主要关注如下问题：（1）股权众筹如何影响闭环供应链价值共创？（2）引入领投人后如何改变无领投股权众筹下的闭环供应链价值共创结果？（3）股权众筹、链上企业股权合作并存的情形是否比单纯的股权众筹更优？

本章结构如下：第一节为引言；第二节通过问题描述与模型构建、模型求解、模型分析、数值分析与仿真四部分研究考虑无领投股权众筹的闭环供应链价值共创问题；第三节在第二节基础上引入领投人，研究考虑有领投股权众筹的闭环供应链价值共创问题，整合链上企业股权合作，并与第二节做对比；第四节讨论不同股权合作形式影响下的闭环供应链价值共创异同；第五节总结本章主要结论并提出管理启示。

第二节 考虑无领投股权众筹的闭环供应链价值共创研究

一 问题描述与模型构建

本部分研究的考虑无领投股权众筹的闭环供应链如图 6.2.1 所示。

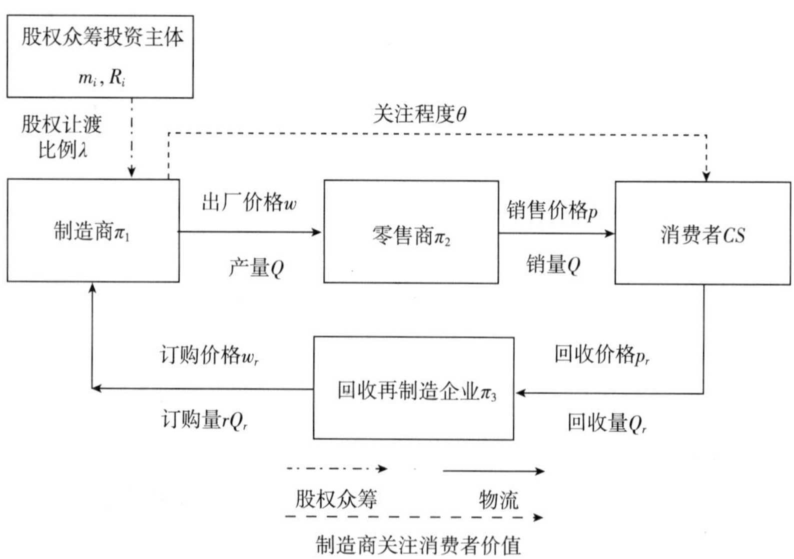

图 6.2.1 考虑无领投股权众筹的闭环供应链

图 6.2.1 中的闭环供应链包括制造商、零售商、回收再制造企业和消费者，股权众筹投资主体（企业、个人等，下文简称“众筹主体”）位于闭环供应链外，为简化起见本书假设共有 2 个众筹主体，

故 $i=1$，2。制造商为闭环供应链上的领导者，零售商、回收再制造企业、消费者、众筹主体为追随者，竞争方式为完全信息动态博弈。竞争过程主要有以下四个阶段：

（1）制造商发布股权众筹信息。制造商生产产品，因为进行回收再制造等绿色生产活动，所以在购置生产设备、流程工艺改造、生产过程中需要大量资金，资金需求量为 M，$M>0$ 且为参数。为了通过股权众筹的方式募集所需资金，制造商决定让渡 λ 比例的股权给众筹主体，$0\leqslant\lambda<1$ 且为制造商决策变量，股权让渡比例将影响闭环供应链链上企业及股权众筹投资主体的相关决策。

（2）股权众筹投资主体参与众筹。所有众筹主体共获得 λ 比例的股权及相同比例的制造商利润，每个众筹主体再根据股权众筹投资额分配利润。假设每个众筹主体的预期收益率为 β_i，满足 $0<\beta_i<1$、$\beta_1>\beta_2$ 且为参数。众筹主体根据持股比例 λ 和预期收益率 β_i 决策股权众筹投资额 m_i，$m_i>0$ 且为其决策变量。根据股权众筹的通行规则，当 $m_1+m_2<M$ 时，众筹主体总投资额无法满足制造商资金需求量，股权众筹项目失败，资金退回众筹主体；当 $m_1+m_2\geqslant M$ 时股权众筹项目成功，故制造商应通过决策股权让渡比例 λ 使得众筹主体的总投资额满足 $m_1+m_2\geqslant M$（de Bettignies，Brander，2007；曾燕等，2017；Zhang et al.，2022）。股权众筹投资除满足制造商生产、运营资金需求并实现相应利润外，还会产生相对其他投资方式的额外收益。借助互联网平台，股权众筹在募集资金的同时实现了产品的宣传营销，新媒体进一步促进了产品推广，故产生了额外收益（辜胜阻等，2016；孔昭君等，2019）。假设众筹主体投资恰为 M 时制造商额外收益为 e，因为资金 M 需要满足生产设备改造等固定资产投资，数额较大，而 e 仅为当期额外收益，故 $0<e<M$ 且为制造商参数；定义投资比率为 $\frac{m_1+m_2}{M}$（曾燕等，2017；Zhang et al.，2022），当总投资额满足约束时显然有 $\frac{m_1+m_2}{M}\geqslant 1$。故额外收益为 $\frac{m_1+m_2}{M}e$，即当总投资额等于制造商资金需求量时 $\left(\frac{m_1+m_2}{M}=1\right)$，额外收益恰为 e；当总投资额超过制造商资金需

求量时$\left(\frac{m_1+m_2}{M}>1\right)$，额外收益为$\frac{m_1+m_2}{M}e$。

（3）制造商启动生产。获得股权众筹投资后，闭环供应链上的制造商、零售商、回收再制造企业开始组织生产。制造商首先决策再制造零件收购价格 w_r 和产品出厂价格 w，w_r，$w>0$ 且为其决策变量。

（4）回收再制造企业、零售商参与生产、销售。回收再制造企业根据收购价格 w_r 决策废旧产品回收量 Q_r，$Q_r>0$ 且为其决策变量（Zhang，Meng，2021；王玉燕、李璟，2018；张伸、孟庆春，2020；Zhang et al.，2022）。为简化分析，废旧产品回收供给函数为 $p_r=b_rQ_r$，$b_r>0$ 且为参数，表示废旧产品回收完全有偿，消费者不会将部分废旧产品无偿交付回收。回收再制造企业将废旧产品加工成合格的再制造零件，再制造零件与同种新零件在质量上无差别。每个废旧产品至多可加工成一个废旧零件，故存在再制造率 r，$0<r\leqslant 1$ 且为回收再制造企业参数。假设其余废旧产品最终进行了无害化处理，故采用回收量 Q_r 来衡量闭环供应链价值共创产生的环保效应（Wang et al.，2016）。单位再制造成本为 c_r，$c_r>0$ 且为参数。故回收再制造企业价值即为其利润，函数为$\pi_3=(rw_r-c_r-b_rQ_r)Q_r$。最终生产的合格再制造零件数量为 rQ_r。假设每个产品上只装配一个该种零件，可选择装配新零件或再制造零件，所有再制造零件均装配，且产品总产量为 Q（$Q>0$），故使用再制造零件生产的产品数量为 rQ_r，使用新零件生产的产品数量为 $Q-rQ_r$。使用新零件的单位生产成本为 $c_m>0$，使用再制造零件的单位生产成本为 $c_{rm}>0$，满足 $c_m-c_{rm}>c_r$ 且为制造商参数，表示使用再制造零件较使用新零件更具成本优势（Zhang，Meng，2021；王玉燕、李璟，2018；张伸、孟庆春，2020；Zhang et al.，2022）。为简化计算，同时专注于无领投股权众筹对价值共创的影响，本章不再考虑持股比例变化对单位生产成本的作用，因为这一设定将极大增加模型求解与分析的难度。故制造商价值为$\pi_1=(1-\lambda)\left[(w-c_m)(Q-rQ_r)+(w-c_{rm}-w_r)rQ_r+\frac{m_1(\lambda)+m_2(\lambda)}{M}e\right]$，表示制造商的生产利润与股权众筹创造的额外收益总和在完成对众筹主体分红后的剩余部分即为制造商价值，同时制造商通过决策股权让渡比例影响众筹主体投资，故对于制造商而言投资额 m_i 为关于 λ 的函数，投资额应满足约束 $m_1(\lambda)+m_2(\lambda)\geqslant M$。零售商根据制造商制定的产品出厂价格决策产品采购数量，假设不存在缺货、滞销，则制造商的产品总产量，零售商的产品采购数量和销售数量均为 Q，$Q>0$ 且为零售商决策变量。为改善零售渠道的环保程度，零售商付出单位环保成本 c_e，$c_e>0$ 且为参数。产品的单位逆需求函数为 $p=a-bQ$，p 为产品零售价格，a，$b>0$ 且为参数。为满足利润的非负性，假设 $a>c_m>c_{rm}>c_e>0$ 成立。最终零售商价值为 $\pi_2=(a-bQ-w-c_e)Q$。消费者在购买新产品和销售废旧产品时均会获得消费者剩余，故两部分消费者剩余的总和即为消费者价值，记为 $CS=\int_0^{Q}pdQ-pQ+p_rQ_r-\int_0^{Q_r}p_rdQ_r=\frac{b_rQ_r^2+bQ^2}{2}$。价值共创的特征表现在制造商关注消费者价值，故设制造商对消费者价值的关注程度为 θ，$0\leqslant\theta<1$ 且为参数，由此得出制造商的目标函数为 $\pi_1+\theta CS=(1-\lambda)\left[(w-c_m)(Q-rQ_r)+(w-c_{rm}-w_r)rQ_r+\frac{m_1(\lambda)+m_2(\lambda)}{M}e\right]+\theta\left(\frac{b_rQ_r^2+bQ^2}{2}\right)$。综上，制造商、股权众筹投资主体、回收再制造企业、零售商的博弈次序如图 6.2.2 所示。

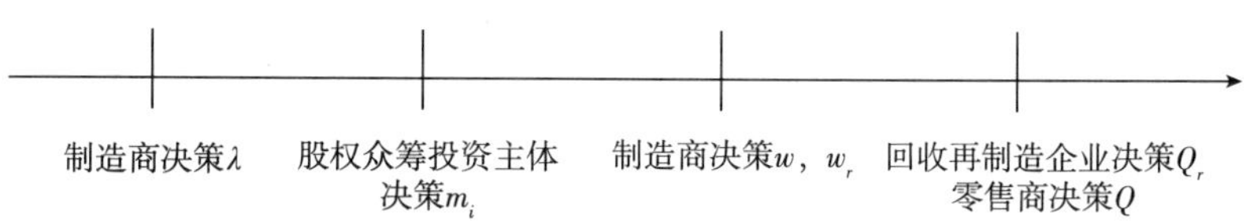

图 6.2.2　制造商、股权众筹投资主体、回收再制造企业、零售商的博弈次序

在第（1）阶段，制造商决策模型为：

$$\max_{\lambda}\ \pi_1+\theta CS$$

$$\text{s.t.}\begin{cases}m_1(\lambda)+m_2(\lambda)\geqslant M\\0\leqslant\lambda<1\end{cases}$$

在第（2）阶段，众筹主体决策模型为：

$\max\limits_{m_i} R_i = \dfrac{m_i \lambda \pi_1}{m_1 + m_2} - \beta_i m_i$，表示各众筹主体根据出资额度分配共同的持股收益，各方获得的实际持股收益与预期收益的差值即为超额收益，能够获得超额收益是各众筹主体参与股权众筹的重要动机。

在第（3）、第（4）阶段，制造商、回收再制造企业、零售商决策模型为：

$$\max_{w,w_r} \pi_1 + \theta CS$$

$$\text{s. t.} \begin{cases} \text{其中：} \\ Q,\ Q_r \text{ 为下述规划的最优解} \\ \max\limits_{Q} \pi_2 \\ \max\limits_{Q_r} \pi_3 \end{cases}$$

记制造商、股权众筹投资主体、回收再制造企业、零售商博弈模型为 Φ：

$$\max_{\lambda} \pi_1 + \theta CS$$

$$\text{s. t.} \begin{cases} m_1(\lambda) + m_2(\lambda) \geqslant M \\ 0 \leqslant \lambda < 1 \\ \text{其中：} \\ m_i \text{ 为下述规划的最优解} \\ \max\limits_{m_i} R_i \\ \text{s. t.} \begin{cases} \text{其中：} \\ w,\ w_r,\ Q,\ Q_r \text{ 为下述规划的最优解} \\ \max\limits_{w,w_r} \pi_1 + \theta CS \\ \text{s. t.} \begin{cases} \text{其中：} \\ Q,\ Q_r \text{ 为下述规划的最优解} \\ \max\limits_{Q} \pi_2 \\ \max\limits_{Q_r} \pi_3 \end{cases} \end{cases} \end{cases}$$

故 Φ 为有约束四层递阶规划模型。记企业联盟价值为 $EAV=\pi_1+\pi_2+\pi_3$，闭环供应链价值为 $SCV=\pi_1+\pi_2+\pi_3+CS$，最终考虑无领投股权众筹的闭环供应链价值共创模型为：

$$SCV(\arg\max_{\substack{\lambda,m_i,w,\\w_r,Q,Q_r}}\Phi)$$

二　考虑无领投股权众筹的闭环供应链价值共创模型求解

本部分采用逆序求解法求解模型最优解。

（1）令 $\frac{\partial\pi_2}{\partial Q}=a-2bQ-w-c_e=0$，$\frac{\partial\pi_3}{\partial Q_r}=rw_r-c_r-2b_rQ_r=0$，解得 $Q=\frac{a-w-c_e}{2b}$，$Q_r=\frac{rw_r-c_r}{2b_r}$。又由 $\frac{\partial^2\pi_2}{\partial Q^2}=-2b<0$、$\frac{\partial^2\pi_3}{\partial Q_r^2}=-2b_r<0$ 可知 π_2、π_3 均为凹函数，故可将上述 Q、Q_r 的反应函数代入上层的制造商目标函数，解得其关于 w、w_r 的 Hessian 矩阵如下：

$$H=\begin{bmatrix}\frac{\partial^2(\pi_1+\theta CS)}{\partial w^2} & \frac{\partial^2(\pi_1+\theta CS)}{\partial w\partial w_r}\\ \frac{\partial^2(\pi_1+\theta CS)}{\partial w_r\partial w} & \frac{\partial^2(\pi_1+\theta CS)}{\partial w_r^2}\end{bmatrix}=\begin{bmatrix}-\frac{4-\theta-4\lambda}{4b} & 0\\ 0 & -\frac{r^2(4-\theta-4\lambda)}{4b_r}\end{bmatrix},$$

因为当 $0\leqslant\lambda<\frac{4-\theta}{4}$ 时 $4-\theta-4\lambda>0$，又因为 $0\leqslant\theta<1$，所以，当 $0\leqslant\lambda<0.75$ 时 $4-\theta-4\lambda>0$ 恒成立。此时 Hessian 矩阵为负定矩阵，故存在 $\pi_1+\theta CS$ 的极大值解 w^*、w_r^*。令 $\frac{\partial(\pi_1+\theta CS)}{\partial w}=0$、$\frac{\partial(\pi_1+\theta CS)}{\partial w_r}=0$，解得

$$w=\frac{2(1-\lambda)c_m+(2-\theta-2\lambda)(a-c_e)}{4-\theta-4\lambda}\text{、}w_r=\frac{2r(1-\lambda)(c_m-c_{rm})+(2-\theta-2\lambda)c_r}{r(4-\theta-4\lambda)}\text{。}$$

将 w、w_r 代入 Q、Q_r 中解得 $Q=\frac{(1-\lambda)(a-c_m-c_e)}{(4-\theta-4\lambda)b}$、$Q_r=\frac{(1-\lambda)(rc_m-rc_{rm}-c_r)}{(4-\theta-4\lambda)b_r}$。

将 w、w_r、Q、Q_r 代入 π_1、π_2、π_3、CS 解得：

$$\pi_1=\frac{(1-\lambda)[M(1-\lambda)(2-\theta-2\lambda)A+bb_re(4-\theta-4\lambda)^2(m_1+m_2)]}{M(4-\theta-4\lambda)^2bb_r}$$

$$\pi_2=\frac{(1-\lambda)^2(a-c_m-c_e)^2}{(4-\theta-4\lambda)^2b}$$

$$\pi_3=\frac{(1-\lambda)^2(rc_m-rc_{rm}-c_r)^2}{(4-\theta-4\lambda)^2b_r}$$

$$CS=\frac{(1-\lambda)^2A}{2(4-\theta-4\lambda)^2bb_r}$$

其中 $A=b_r(a-c_m-c_e)^2+b(rc_m-rc_{rm}-c_r)^2$。

（2）将π_1 代入 R_1、R_2，解得：

$$\begin{cases}R_1=\dfrac{\lambda m_1[M(2-\theta-2\lambda)(1-\lambda)A+e(4-\theta-4\lambda)^2bb_r(m_1+m_2)]}{M(4-\theta-4\lambda)^2bb_r(m_1+m_2)}-m_1\beta_1\\ R_2=\dfrac{\lambda m_2[M(2-\theta-2\lambda)(1-\lambda)A+e(4-\theta-4\lambda)^2bb_r(m_1+m_2)]}{M(4-\theta-4\lambda)^2bb_r(m_1+m_2)}-m_2\beta_2\end{cases}$$

分别求解 R_1 关于 m_1、R_2 关于 m_2 的二阶导数，解得：

$$\begin{cases}\dfrac{d^2R_1}{dm_1^2}=-\dfrac{2\lambda(1-\lambda)(2-\theta-2\lambda)Am_2}{(4-\theta-4\lambda)^2bb_r(m_1+m_2)^3}<0\\ \dfrac{d^2R_2}{dm_2^2}=-\dfrac{2\lambda(1-\lambda)(2-\theta-2\lambda)Am_1}{(4-\theta-4\lambda)^2bb_r(m_1+m_2)^3}<0\end{cases}$$

故 R_1 为关于 m_1、R_2 为关于 m_2 的凹函数。令：

$$\begin{cases}\dfrac{dR_1}{dm_1}=\dfrac{[M\lambda(1-\lambda)(2-\theta-2\lambda)Am_2+bb_r(4-\theta-4\lambda)^2(m_1+m_2)^2(e\lambda-M\beta_1)]}{M(4-\theta-4\lambda)^2bb_r(m_1+m_2)^2}=0\\ \dfrac{dR_2}{dm_2}=\dfrac{[M\lambda(1-\lambda)(2-\theta-2\lambda)Am_1+bb_r(4-\theta-4\lambda)^2(m_1+m_2)^2(e\lambda-M\beta_2)]}{M(4-\theta-4\lambda)^2bb_r(m_1+m_2)^2}=0\end{cases}$$

解得：

$$\begin{cases}m_1=\dfrac{M(1-\lambda)\lambda(2-\theta-2\lambda)A(M\beta_2-e\lambda)}{(4-\theta-4\lambda)^2bb_r(M\beta_1+M\beta_2-2e\lambda)^2}\\ m_2=\dfrac{M(1-\lambda)\lambda(2-\theta-2\lambda)A(M\beta_1-e\lambda)}{(4-\theta-4\lambda)^2bb_r(M\beta_1+M\beta_2-2e\lambda)^2}\end{cases}$$

由此可得出命题 6.2.1。

命题 6.2.1 当 $0\leqslant\lambda<\min[0.5,\ \frac{M\beta_2}{e}]$ 时，股权众筹投资主体最优投资额分别为 $m_1=\dfrac{M(1-\lambda)\lambda(2-\theta-2\lambda)A(M\beta_2-e\lambda)}{(4-\theta-4\lambda)^2bb_r(M\beta_1+M\beta_2-2e\lambda)^2}$ 和 $m_2=$

$\dfrac{M(1-\lambda)\lambda(2-\theta-2\lambda)A(M\beta_1-e\lambda)}{(4-\theta-4\lambda)^2bb_r(M\beta_1+M\beta_2-2e\lambda)^2}$；当 $\lambda\geqslant\min\left[0.5,\ \dfrac{M\beta_2}{e}\right]$ 或 $\lambda=0$ 时，$m_1=m_2=0$。

该命题提出了股权众筹投资主体实现最优投资额的条件，即 $0\leqslant\lambda<\min\left[0.5,\ \dfrac{M\beta_2}{e}\right]$，由此进一步缩小了股权让渡比例的约束条件。该命题表明过高的持股比例削弱了制造商的股权，此时制造商将放弃股权众筹，故股权众筹投资主体不再投资，同样若制造商不向股权众筹投资主体让渡股权，股权众筹投资主体也不会投资。

（3）将 m_1、m_2 代入最上层规划可得：

$$\max \pi_1+\theta CS=\frac{(1-\lambda)^2A[M(4-\theta-4\lambda)(\beta_1+\beta_2)-4e(1-\lambda)\lambda]}{2(4-\theta-4\lambda)^2bb_r(M\beta_1+M\beta_2-2e\lambda)}$$

$$\text{s. t.}\begin{cases}\dfrac{M(1-\lambda)\lambda(2-\theta-2\lambda)A}{(4-\theta-4\lambda)^2bb_r(M\beta_1+M\beta_2-2e\lambda)}\geqslant M\\[2ex] 0\leqslant\lambda<\min\left[0.5,\ \dfrac{M\beta_2}{e}\right]\end{cases}$$

由此可将该规划分两种情形讨论。

①当 $0<\dfrac{M\beta_2}{e}<0.5$ 时，该规划为：

$$\max \pi_1+\theta CS=\frac{(1-\lambda)^2A[M(4-\theta-4\lambda)(\beta_1+\beta_2)-4e(1-\lambda)\lambda]}{2(4-\theta-4\lambda)^2bb_r(M\beta_1+M\beta_2-2e\lambda)}$$

$$\text{s. t.}\begin{cases}\dfrac{M(1-\lambda)\lambda(2-\theta-2\lambda)A}{(4-\theta-4\lambda)^2bb_r(M\beta_1+M\beta_2-2e\lambda)}\geqslant M\\[2ex] 0\leqslant\lambda<\dfrac{M\beta_2}{e}\end{cases}$$

根据 KKT 条件，构造函数 $z_1=\dfrac{(1-\lambda)^2A[M(4-\theta-4\lambda)(\beta_1+\beta_2)-4e(1-\lambda)\lambda]}{2(4-\theta-4\lambda)^2bb_r(M\beta_1+M\beta_2-2e\lambda)}+\alpha_{11}\left(\dfrac{M(1-\lambda)\lambda(2-\theta-2\lambda)A}{(4-\theta-4\lambda)^2bb_r(M\beta_1+M\beta_2-2e\lambda)}-M\right)+\alpha_{12}\lambda+\alpha_{13}\left(\lambda-\dfrac{M\beta_2}{e}\right)$，$\alpha_{1i}$（$\alpha_{1i}\geqslant 0$，$i=1$，2，3）为 KKT 条件乘子。由此得出以下模型：

$$
\begin{cases}
\dfrac{dz_1}{d\lambda}=0 \\
\alpha_{11}\left(\dfrac{M(1-\lambda)\lambda(2-\theta-2\lambda)A}{(4-\theta-4\lambda)^2bb_r(M\beta_1+M\beta_2-2e\lambda)}-M\right)=0 \\
\alpha_{12}\lambda=0 \\
\alpha_{13}\left(\lambda-\dfrac{M\beta_2}{e}\right)=0 \\
\alpha_{1i}\geqslant 0 \\
0\leqslant\lambda<\dfrac{M\beta_2}{e}
\end{cases}
$$

②当$\dfrac{M\beta_2}{e}\geqslant 0.5$时，该规划为：

$$
\max \pi_1+\theta CS=\frac{(1-\lambda)^2A[M(4-\theta-4\lambda)(\beta_1+\beta_2)-4e(1-\lambda)\lambda]}{2(4-\theta-4\lambda)^2bb_r(M\beta_1+M\beta_2-2e\lambda)}
$$

$$
\text{s.t.}\begin{cases}
\dfrac{M(1-\lambda)\lambda(2-\theta-2\lambda)A}{(4-\theta-4\lambda)^2bb_r(M\beta_1+M\beta_2-2e\lambda)}\geqslant M \\
0\leqslant\lambda<0.5
\end{cases}
$$

根据 KKT 条件，构造函数 $z_2=\dfrac{(1-\lambda)^2A[M(4-\theta-4\lambda)(\beta_1+\beta_2)-4e(1-\lambda)\lambda]}{2(4-\theta-4\lambda)^2bb_r(M\beta_1+M\beta_2-2e\lambda)}$ $+\alpha_{21}\left(\dfrac{M(1-\lambda)\lambda(2-\theta-2\lambda)A}{(4-\theta-4\lambda)^2bb_r(M\beta_1+M\beta_2-2e\lambda)}-M\right)+\alpha_{22}\lambda+\alpha_{23}(\lambda-0.5)$，$\alpha_{2i}$ ($\alpha_{2i}\geqslant 0$，$i=1, 2, 3$)为 KKT 条件乘子。由此得出以下模型：

$$
\begin{cases}
\dfrac{dz_2}{d\lambda}=0 \\
\alpha_{21}\left(\dfrac{M(1-\lambda)\lambda(2-\theta-2\lambda)A}{(4-\theta-4\lambda)^2bb_r(M\beta_1+M\beta_2-2e\lambda)}-M\right)=0 \\
\alpha_{22}\lambda=0 \\
\alpha_{23}(\lambda-0.5)=0 \\
\alpha_{2i}\geqslant 0 \\
0\leqslant\lambda<0.5
\end{cases}
$$

根据规划中的共同约束条件$\frac{M(1-\lambda)\lambda(2-\theta-2\lambda)A}{(4-\theta-4\lambda)^2 bb_r(M\beta_1+M\beta_2-2e\lambda)}\geqslant M$，可解得2个虚根和1个实根。令唯一实根为$\lambda_0$，表达式如下：

$$\lambda_0=\frac{1}{6(A+16eb_1b_2)}\{A(4-\theta)+16b_1b_2[M(\beta_1+\beta_2)+e(4-\theta)]-\frac{B}{[C+3\sqrt{3}\sqrt{A\theta^2(A+16eb_1b_2)^2D}]^{\frac{1}{3}}}-[C+3\sqrt{3}\sqrt{A\theta^2(A+16eb_1b_2)^2D}]^{\frac{1}{3}}\}$$

其中：

$$B=A^2(4-2\theta+\theta^2)+64b_1^2b_2^2[2M(\beta_1+\beta_2)-e(4-\theta)]^2-4Ab_1b_2[4M(4-\theta)(\beta_1+\beta_2)-e(32-16\theta+5\theta^2)]$$

$$C=A^3(8-6\theta-3\theta^2+\theta^3)-512b_1^3b_2^3[2M(\beta_1+\beta_2)-e(4-\theta)]^3-6A^2b_1b_2[M(32-16\theta+5\theta^2)(\beta_1+\beta_2)-e(64-48\theta-12\theta^2+5\theta^3)]+96Ab_1^2b_2^2[4M^2(4-\theta)(\beta_1+\beta_2)^2-Me(64-32\theta+7\theta^2)(\beta_1+\beta_2)+2e^2(32-24\theta+\theta^3)]$$

$$D=-A^3(2-\theta)^2+64(4-\theta)b_1^3b_2^3[2M(\beta_1+\beta_2)-e(4-\theta)]^3+4A^2b_1b_2[M(24-18\theta+7\theta^2-\theta^3)(\beta_1+\beta_2)-e(48-48\theta+14\theta^2-\theta^3)]-4Ab_1^2b_2^2[M^2(192-96\theta+13\theta^2)(\beta_1+\beta_2)^2+e^2(4-\theta)^2(48-24\theta+\theta^2)-2eM(384-288\theta+92\theta^2-11\theta^3)(\beta_1+\beta_2)]$$

由此得出命题6.2.2。

命题6.2.2　当相关参数取值使该实根λ_0满足约束$0\leqslant\lambda<\min\left[0.5,\ \frac{M\beta_2}{e}\right]$且目标函数为凹函数、约束区域为凸区域时，该实根即为KKT点且为最优股权让渡比例λ^*。

囿于模型的复杂性，命题6.2.2的条件难以验证，故难以判断该实根是否为最优股权让渡比例，只能通过数值分析与仿真代入具体数值加以判断。将λ_0代入m_1、m_2、R_1、R_2、w、w_r、Q、Q_r、π_1、π_2、π_3、CS，即可得对应解析式。

三　数值分析与仿真

囿于解的复杂性，本章难以通过导数、证明等方式进行模型分析，故采用数值分析与仿真进行相关分析，为保持一致性部分数据来源与前述章节相同（Zhang，Meng，2021；万骁乐等，2017；张伸、孟庆春，2020；Zhang et al.，2022）。假设制造商生产某品牌 X7 型智能手机，售价 2498 元时月销量为 200 万台，售价为 2298 元时月销量为 210 万台，故逆需求函数为 $p=a-bQ=6498-20Q$。废旧产品的逆供给函数为 $p_r=b_rQ_r=10Q_r$。回收再制造企业生产再制造零件的单位再制造成本 $c_r=100$，再制造率 $r=0.8$。制造商使用新零件的单位生产成本 $c_m=1200$，使用再制造零件的单位生产成本为 $c_{rm}=1000$，众筹资金需求量 $M=100000$，$e=30000$。零售商单位环保成本 $c_e=200$。众筹主体 1 的预期收益率为 $\beta_1=0.4$，众筹主体 2 的预期收益率为 $\beta_2=0.3$。制造商对消费者价值的关注程度为 $\theta=0.5$。在进行仿真分析前首先判断在本组数据下实根 λ_0 是否为最优股权让渡比例 λ^*。此时 $\lambda_0=0.327$，$\frac{M\beta_2}{e}=1$，故此时 λ_0 满足约束条件 $0\leqslant\lambda<0.5$。根据数据可得目标函数、约束条件与股权让渡比例的变化关系图，如图 6.2.3 所示。

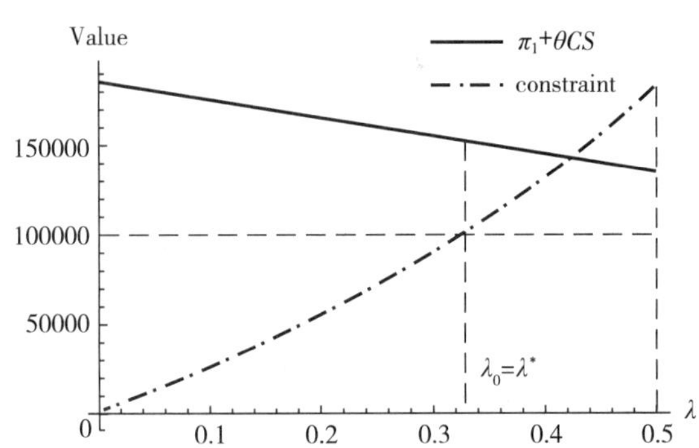

图 6.2.3　目标函数、约束条件与股权让渡比例变化关系

由图 6.2.3 可知目标函数为凹函数，约束区域为凸区域，λ_0 即为 KKT 点且为唯一最优股权让渡比例 λ^*，将最优股权让渡比例 λ^* 代入 m_1、m_2、R_1、R_2、w、w_r、Q、Q_r、π_1、π_2、π_3、CS，即可得对应最优解 m_1^*、m_2^*、R_1^*、R_2^*、w^*、w_r^*、Q^*、Q_r^*、π_1^*、π_2^*、π_3^*、CS^*。

本部分将按照博弈次序从股权让渡比例、股权众筹投资主体投资额与超额收益、产量、消费者价值、企业与企业联盟价值、闭环供应链价值、环保效应、消费者参与价值共创 8 个方面展开分析。除“消费者参与价值共创”采用数值分析外，其余 7 个方面分别从价值共创结果与制造商对消费者价值的关注程度（以下简称“关注程度”）和股权众筹相关参数的变化关系两个角度通过仿真进行分析。价值共创结果与关注程度的变化关系采用二维函数图像进行分析与仿真，自变量为 θ，取值范围为 $[0, 1)$，其余参数采用上述赋值。价值共创结果与股权众筹相关参数的变化关系则采用两组三维函数图像进行分析。为满足参数间的大小关系，第一组三维函数图像的自变量及其取值范围为 $M \in [100000, 200000]$、$e \in [0, 30000]$，该组图像用于分析价值共创结果与股权众筹资金参数（资金需求量、股权众筹额外收益）的变化关系；第二组三维函数图像的自变量及其取值范围为 $\beta_1 \in [0.4, 1]$、$\beta_2 \in [0, 0.3]$，该组函数图像用于分析价值共创结果与股权众筹投资主体预期收益率的变化关系。

（一）股权让渡比例分析

股权让渡比例与关注程度的变化关系如图 6.2.4 所示。

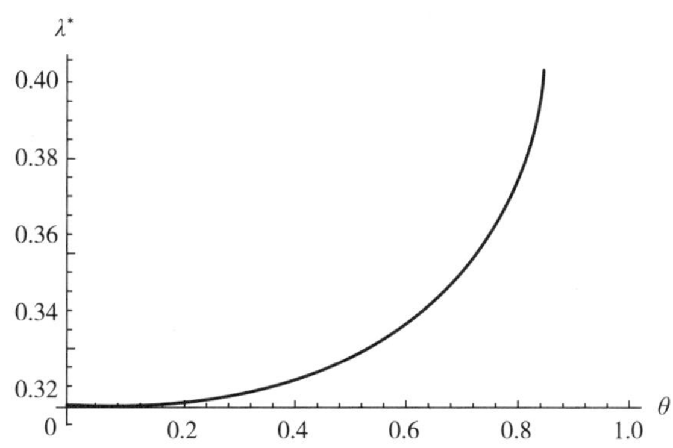

图 6.2.4　股权让渡比例与关注程度变化关系

由此得出命题 6.2.3。

命题 6.2.3 股权让渡比例与制造商对消费者价值的关注程度同向变化。

该命题表明，制造商关注消费者价值提升了制造商组织股权众筹的意愿，进而提升了股权让渡比例。图 6.2.4 还表明在保持本部分其他参数赋值不变的情形下，关注程度的变化并未使股权让渡比例超过 50%，此时众筹主体不会对制造商形成控股，这更有利于制造商组织股权众筹。

股权让渡比例与股权众筹相关参数的变化关系如图 6.2.5、图 6.2.6 所示。

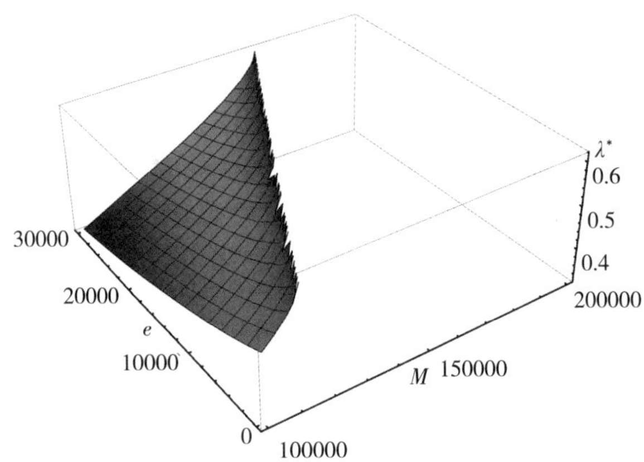

图 6.2.5 股权让渡比例与资金参数变化关系

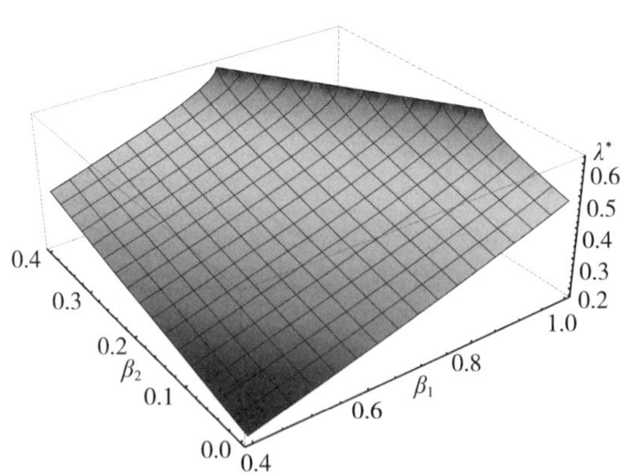

图 6.2.6 股权让渡比例与预期收益率变化关系

由此得出命题 6. 2. 4。

命题 6. 2. 4　（1）股权让渡比例与资金需求量同向变化，与额外收益反向变化。

（2）股权让渡比例与两个众筹主体的预期收益率均同向变化。

该命题表明，资金需求量的增长促使制造商让渡更高比例的股权给众筹主体以吸引投资，但股权众筹额外收益的增长则使制造商降低股权让渡比例，因为此时让渡过多股份将影响制造商收益。随着预期收益率的增加，众筹主体倾向于同制造商谈判获取更高收益，从而提升了股权让渡比例。两图中均有股权让渡比例超过 50% 的情形，说明制造商若需要更多资金，有时需付出让众筹主体控股的代价，此时股权众筹可能将难以进行。另外注意到图像顶部有明显的间断，这代表相关参数约束的边界值，下述命题出现后不再赘述。

（二）股权众筹投资主体投资额与超额收益分析

股权众筹投资主体投资额与关注程度的变化关系如图 6. 2. 7、图 6. 2. 8 所示。

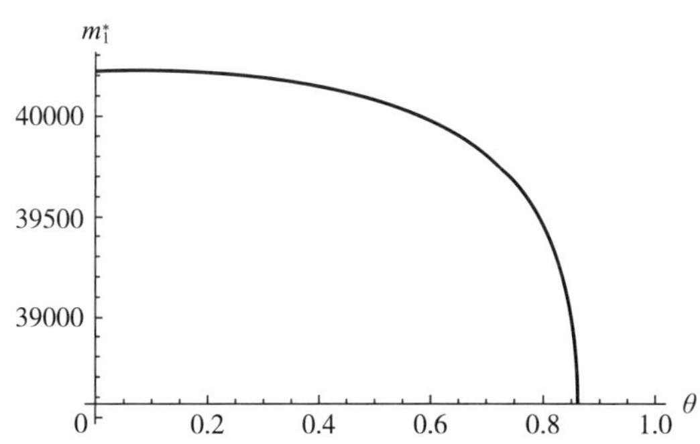

图 6. 2. 7　众筹主体 1 投资额与关注程度变化关系

由此得出命题 6. 2. 5。

命题 6. 2. 5　预期收益率高的股权众筹投资主体投资额与制造商对消费者价值的关注程度反向变化，预期收益率低的股权众筹投资主体投资额与关注程度同向变化。

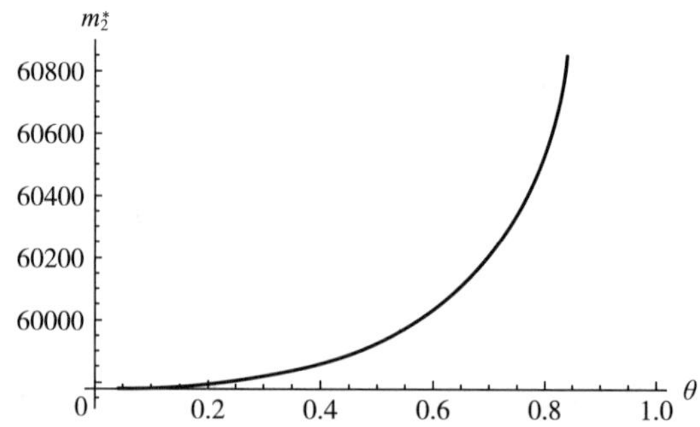

图 6.2.8　众筹主体 2 投资额与关注程度变化关系

两个众筹主体的投资额为定值，等于制造商资金需求量。该命题表明预期收益率高的众筹主体（即众筹主体 1）投资额与关注程度反向变化，而预期收益率低的众筹主体（即众筹主体 2）投资额与关注程度同向变化。原因可能是股权让渡比例与关注程度同向变化，这使两个众筹主体均能获得更高的收益。但预期收益率高的众筹主体选择降低投资额从而使实际收益率提升以接近其预期收益率，而预期收益率低的众筹主体则选择增加投资额以提高收益分配的比重并满足股权众筹融资约束。

股权众筹投资主体投资额与股权众筹相关参数的变化关系如图 6. 2. 9—图 6. 2. 12 所示。

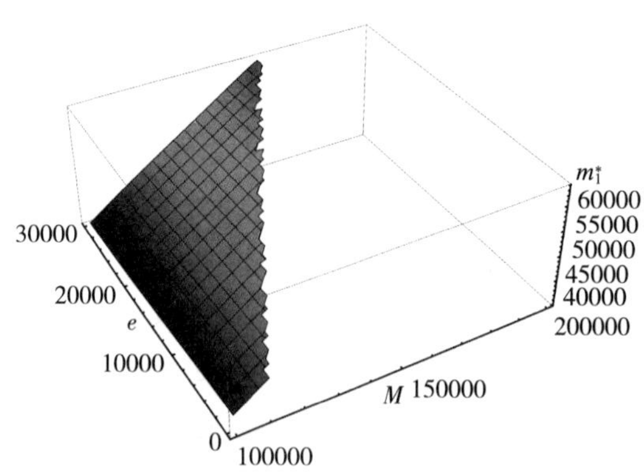

图 6.2.9　众筹主体 1 投资额与资金参数变化关系

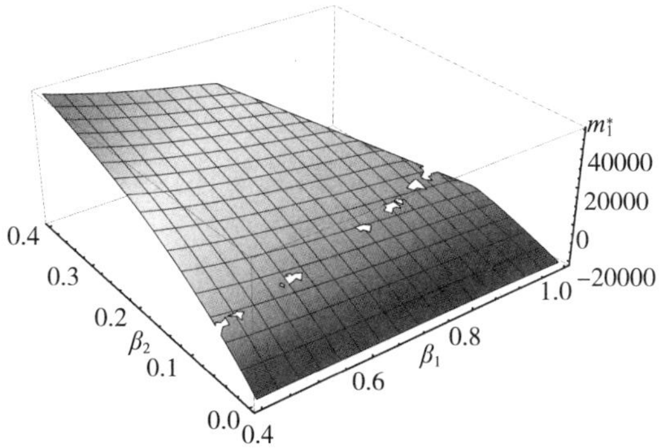

图 6.2.10　众筹主体 1 投资额与预期收益率变化关系

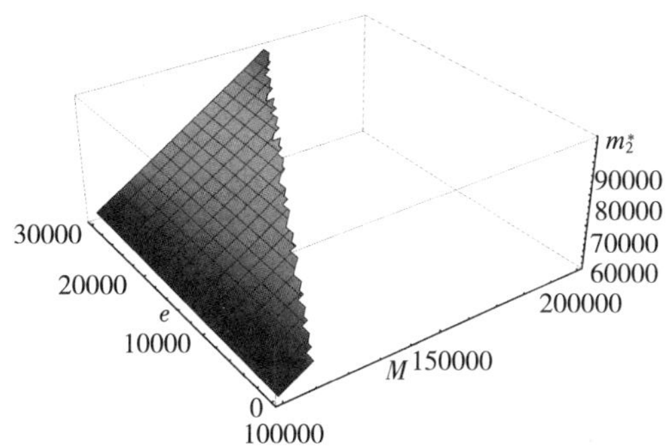

图 6.2.11　众筹主体 2 投资额与资金参数变化关系

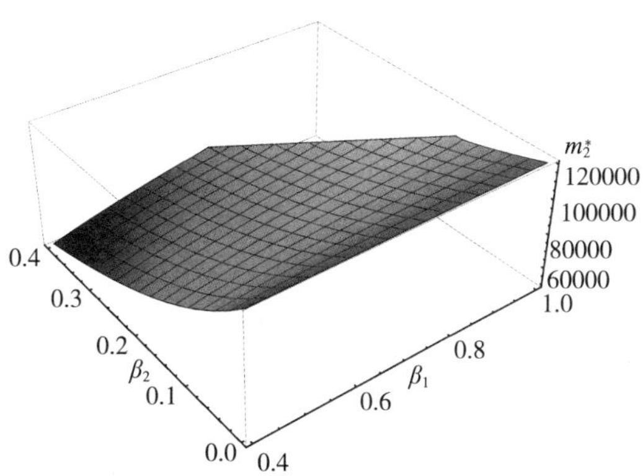

图 6.2.12　众筹主体 2 投资额与预期收益率变化关系

由此得出命题 6.2.6。

命题 6.2.6　(1) 预期收益率高的股权众筹投资主体投资额与资

金需求量同向变化，与额外收益反向变化。

（2）预期收益率高的股权众筹投资主体投资额与自身预期收益率反向变化，与其他众筹主体预期收益率同向变化。

（3）预期收益率低的股权众筹投资主体投资额与资金需求量同向变化，与额外收益同向变化。

（4）预期收益率低的股权众筹投资主体投资额与自身预期收益率反向变化，与其他众筹主体预期收益率同向变化。

该命题表明，两个众筹主体均与资金需求量同向变化，当资金需求量增加时两个众筹主体均会追加投资以满足制造商需求。但两个众筹主体投资额与额外收益的变化关系相反。因为，当额外收益提升时股权让渡比例降低，两个众筹主体收益均减少，所以，预期收益率高的众筹主体选择降低投资额从而使实际收益率提升以接近其预期收益率，而预期收益率低的众筹主体则选择增加投资额以提高收益分配的比重并满足股权众筹融资约束。而两个众筹主体投资额均与自身预期收益率反向变化，与对方预期收益率同向变化。自身预期收益率的提高使众筹主体自身降低投资额以使实际收益率接近其预期收益率，而对方预期收益率的提高则反映了对方对投资前景的看好，此时自身应增加投资以提高收益分配的比重。特别注意到只有当另一众筹主体预期收益率达到一定水平时，预期收益率高的众筹主体才会选择投资。

股权众筹投资主体超额收益与关注程度的变化关系如图 6.2.13、图 6.2.14 所示。

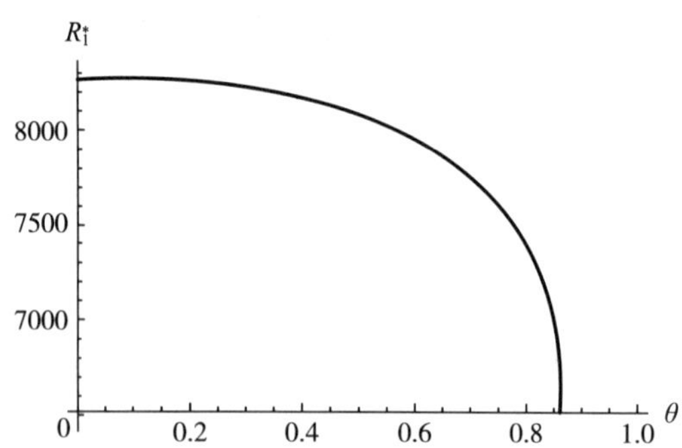

图 6.2.13　众筹主体 1 超额收益与关注程度变化关系

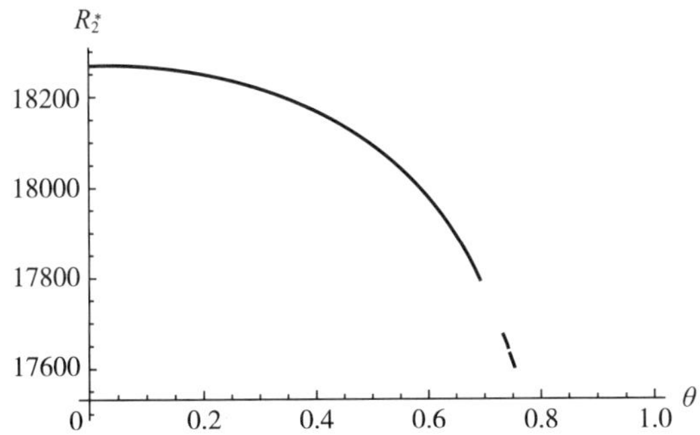

图 6.2.14　众筹主体 2 超额收益与关注程度变化关系

由此得出命题 6.2.7。

命题 6.2.7　两个股权众筹投资主体的超额收益均与制造商对消费者价值的关注程度反向变化。

前述章节均多次证明制造商关注消费者价值会降低自身价值，而两个众筹主体的超额收益则来自制造商分红，故两个股权众筹投资主体的超额收益均与制造商对消费者价值的关注程度反向变化。

股权众筹投资主体超额收益与股权众筹相关参数的变化关系如图 6.2.15—图 6.2.18 所示。

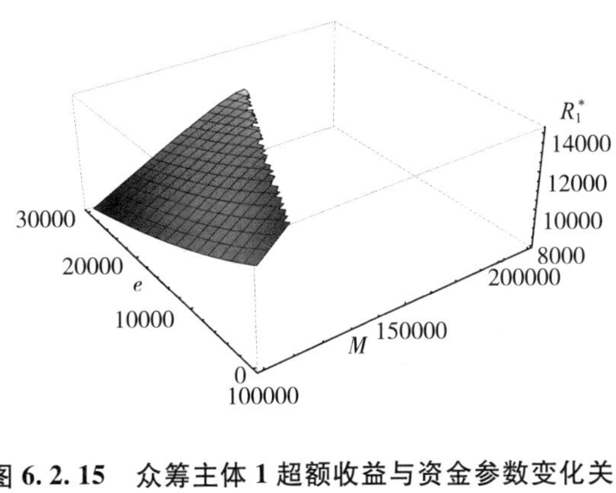

图 6.2.15　众筹主体 1 超额收益与资金参数变化关系

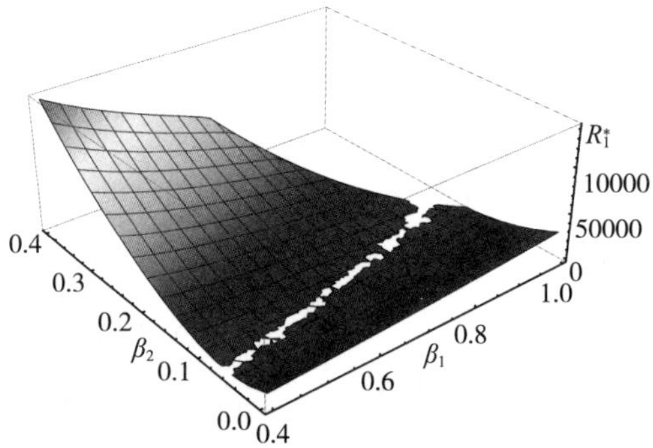

图 6.2.16　众筹主体 1 超额收益与预期收益率变化关系

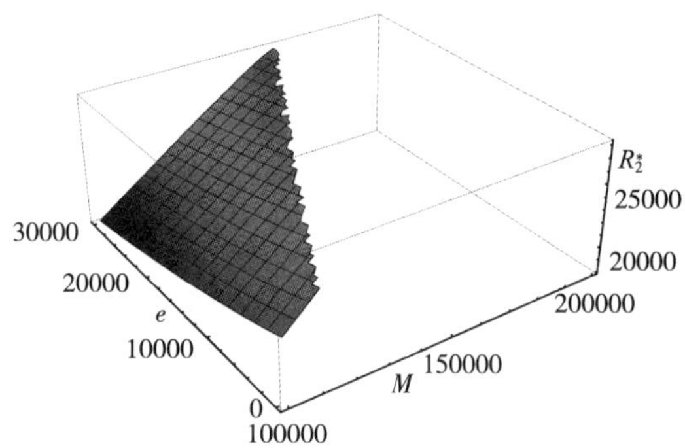

图 6.2.17　众筹主体 2 超额收益与资金参数变化关系

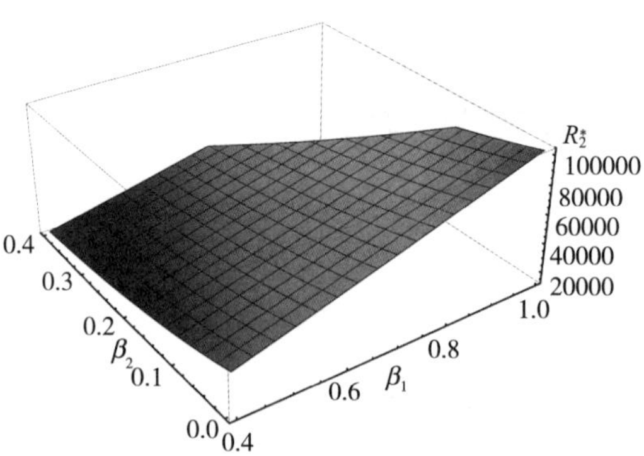

图 6.2.18　众筹主体 2 超额收益与预期收益率变化关系

由此得出命题 6.2.8。

命题 6.2.8 （1）预期收益率高的股权众筹投资主体超额收益与资金需求量同向变化，与额外收益反向变化。

（2）当其他众筹主体预期收益率较低时，预期收益率高的股权众筹投资主体超额收益与自身预期收益率同向变化；当其他众筹主体预期收益率较高时，预期收益率高的股权众筹投资主体超额收益与自身预期收益率反向变化；预期收益率高的股权众筹投资主体超额收益与其他众筹主体预期收益率先反向变化后同向变化。

（3）预期收益率低的股权众筹投资主体超额收益与资金需求量同向变化，与额外收益反向变化。

（4）预期收益率低的股权众筹投资主体超额收益与自身预期收益率反向变化，与其他众筹主体预期收益率同向变化。

该命题表明资金需求量的增加使股权让渡比例增加，众筹主体获得的总收益增加，故每个众筹主体的超额收益均与资金需求量同向变化。而制造商额外收益的增加使股权让渡比例减少，故每个众筹主体的超额收益均与额外收益反向变化，且预期收益率高的众筹主体超额收益反向变化的幅度高于预期收益率低的众筹主体超额收益反向变化幅度，因为预期收益率高的众筹主体的投资额也与额外收益反向变化，减少了其收益分配比重。虽然预期收益率高的众筹主体超额收益与预期收益率的变化趋势较为复杂，但函数图像存在间断，间断区域表示在此处的预期收益率不满足有解条件。所以，如果只关注这一函数图像的主要部分，则两个众筹主体的超额收益均与自身预期收益率反向变化，与其他主体预期收益率同向变化。超额收益是实际收益与自身预期收益的差值，自身预期收益率的提高使自身预期收益也提高，故超额收益与自身预期收益率反向变化，而其他主体预期收益率的提高驱动自身增加投资，提高了收益分配的比重，故超额收益与其他主体预期收益率同向变化。

（三）产量分析

产品产量与关注程度的变化关系如图 6.2.19 所示。

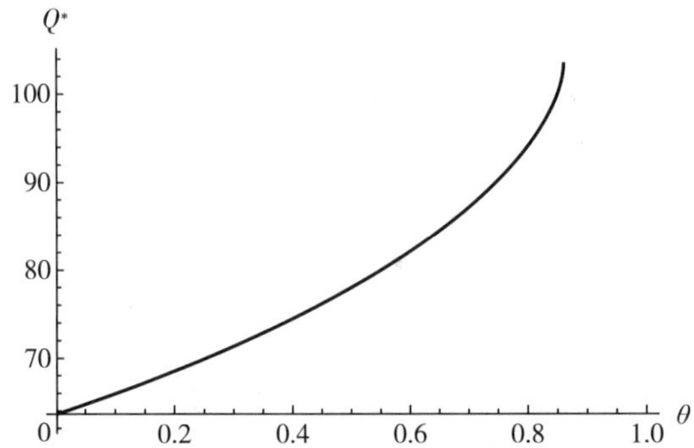

图 6.2.19　产量与关注程度变化关系

由此可得出命题 6.2.9。

命题 6.2.9　产量与制造商对消费者价值的关注程度同向变化。

该命题表明制造商对消费者价值的关注使得产品能够更好地满足消费者需求，从而提高了产品产量。

产量变化与股权众筹相关参数的变化关系如图 6.2.20、图 6.2.21 所示。

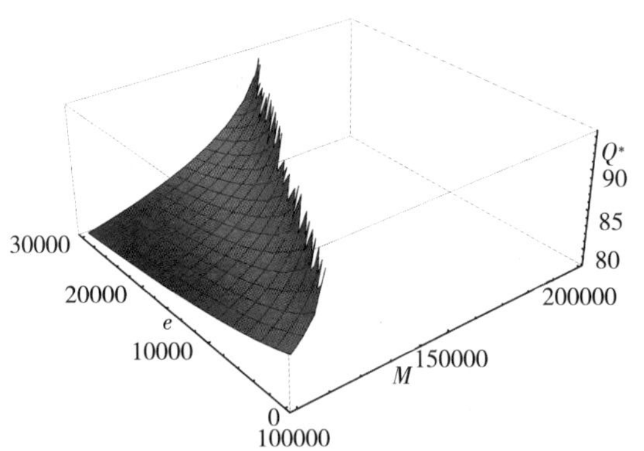

图 6.2.20　产量与资金参数变化关系

由此可得出命题 6.2.10。

命题 6.2.10　(1) 产量与资金需求量同向变化，与额外收益反向变化。

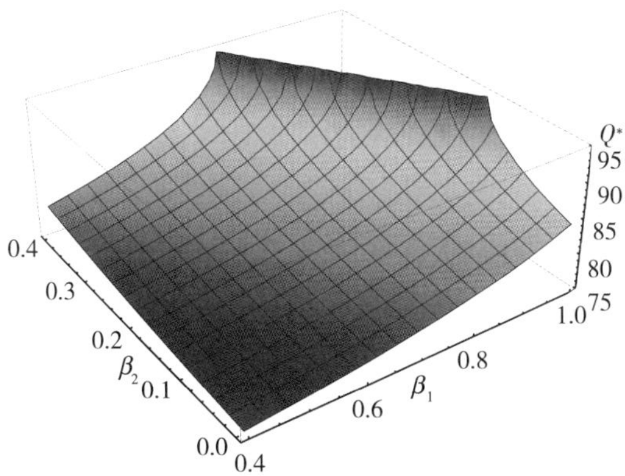

图 6. 2. 21　产量与预期收益率变化关系

（2）产量与两个众筹主体的预期收益率均同向变化。

该命题表明，资金需求量、预期收益率的增长反映了制造商、众筹主体进行股权众筹的热度提升，使制造商获得了更多用于生产的资金，从而扩大了产能，提高了产量。而随着额外收益的增长，制造商为减少自身的价值损失降低了股权让渡比例，从而减少了众筹主体超额收益，故产量下降。

（四）消费者价值分析

消费者价值与关注程度的变化关系如图 6. 2. 22 所示。

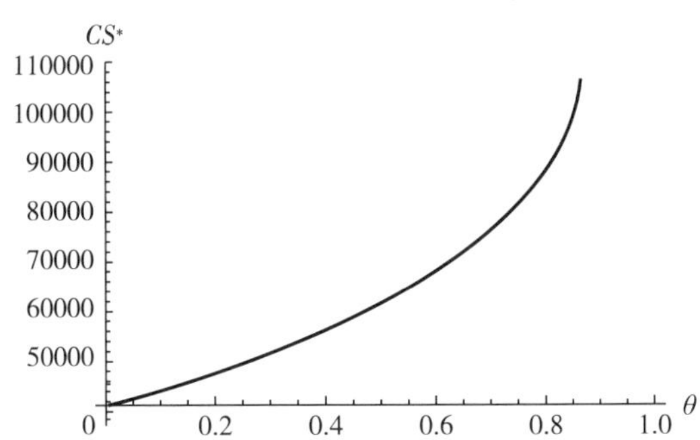

图 6. 2. 22　消费者价值与关注程度变化关系

由此可得出命题 6. 2. 11。

命题 6. 2. 11 消费者价值与关注程度同向变化。

该命题表明，制造商通过产品升级、定制化等措施迎合了消费者需求，进而提升了消费者价值。

消费者价值与股权众筹相关参数的变化关系如图 6. 2. 23、图 6. 2. 24 所示。

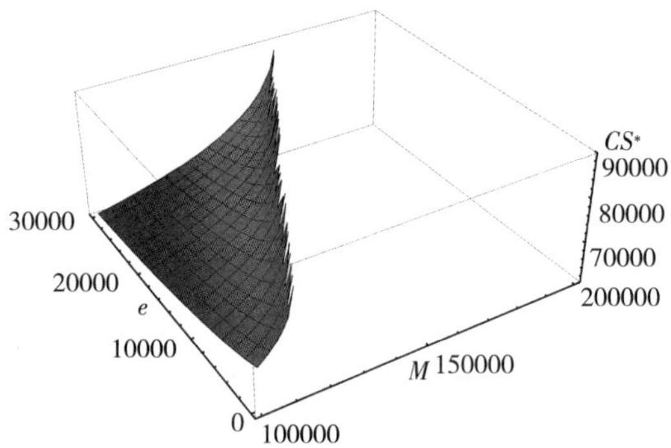

图 6. 2. 23 消费者价值与资金参数变化关系

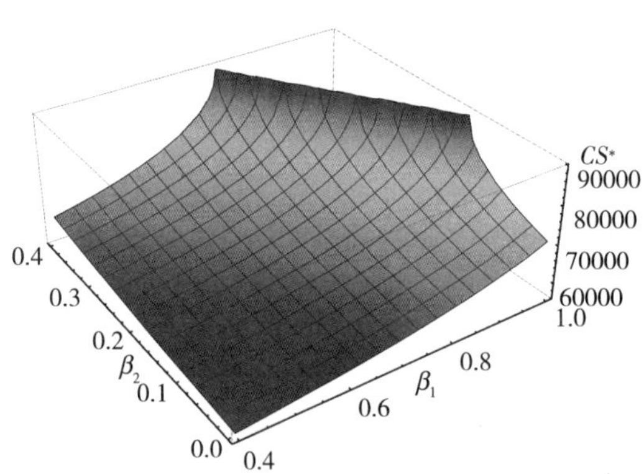

图 6. 2. 24 消费者价值与预期收益率变化关系

由此可得出命题 6. 2. 12。

命题 6. 2. 12 （1）消费者价值与资金需求量同向变化，与额外收益反向变化。

（2）消费者价值与两个众筹主体的预期收益率均同向变化。

该命题表明消费者价值与股权众筹的变化关系同产量与股权众筹的变化关系相似。资金需求量、预期收益率的提升带动了产量增长，提升了消费者价值；而额外收益的上涨则降低了产量，减少了消费者价值。

（五）企业与企业联盟价值分析

企业与企业联盟价值与关注程度的变化关系如图 6.2.25—图 6.2.28 所示。

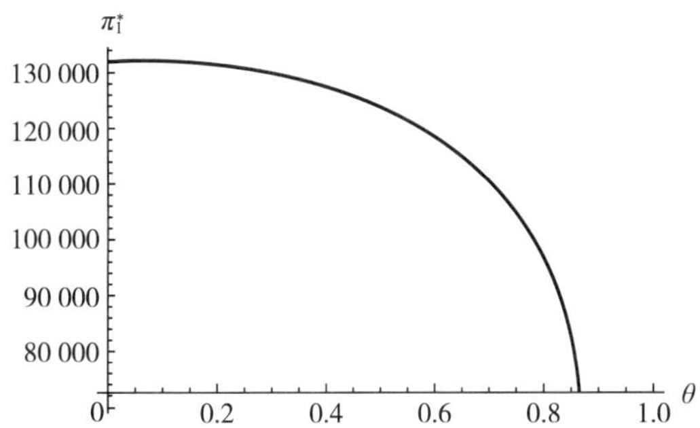

图 6.2.25　制造商价值与关注程度变化关系

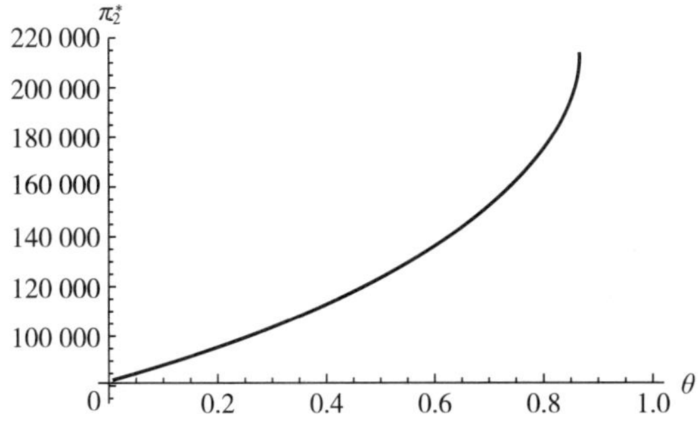

图 6.2.26　零售商价值与关注程度变化关系

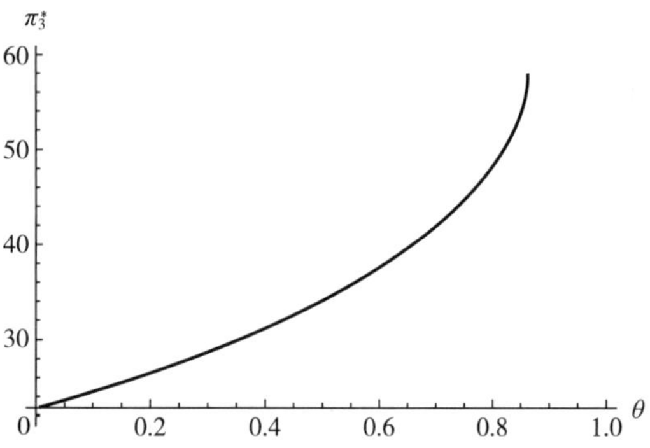

图 6.2.27　回收再制造企业价值与关注程度变化关系

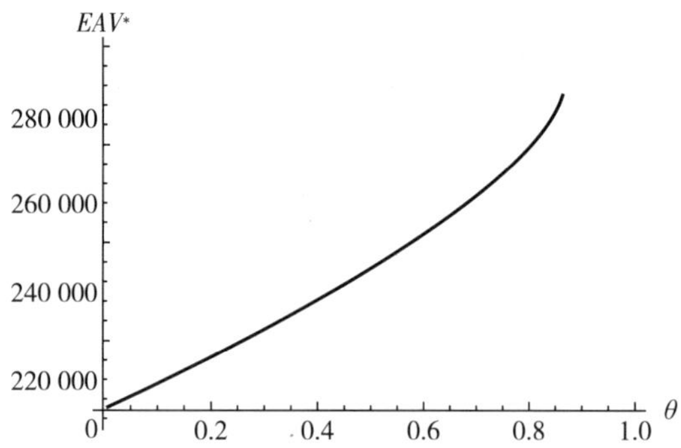

图 6.2.28　企业联盟价值与关注程度变化关系

由此可得出命题 6.2.13。

命题 6.2.13　制造商价值与制造商对消费者价值的关注程度反向变化，零售商、回收再制造企业、企业联盟价值与关注程度同向变化。

该命题表明，制造商对消费者价值的关注付出了相关成本，降低了自身价值，但由此提升了消费者满意度，增加了销量，所以，零售商、回收再制造企业、企业联盟价值得到提升，这与前述章节结论相似。

制造商价值与股权众筹相关参数的变化关系如图 6.2.29、图 6.2.30 所示。

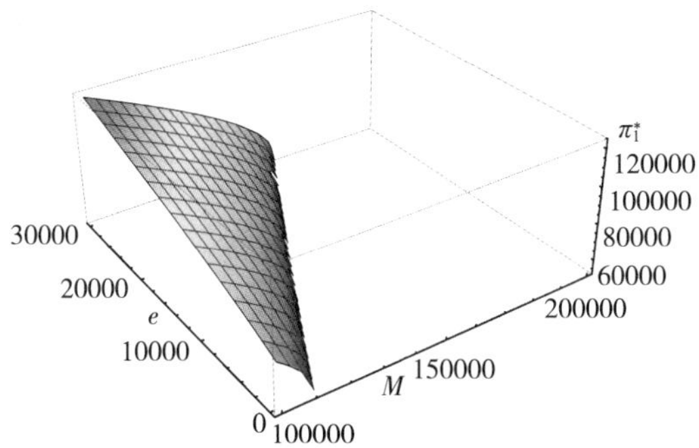

图 6.2.29　制造商价值与资金参数变化关系

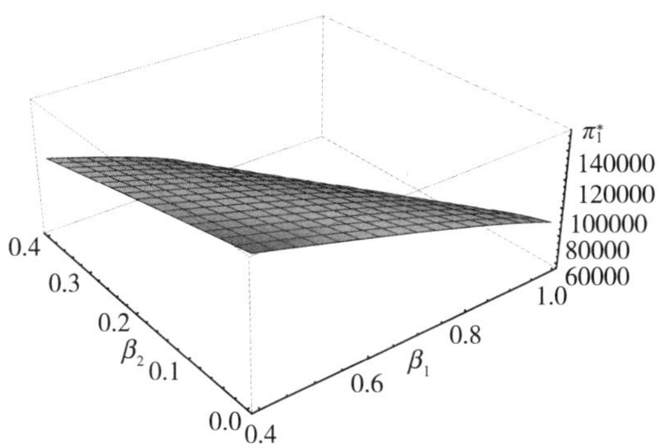

图 6.2.30　制造商价值与预期收益率变化关系

由此可得出命题 6.2.14。

命题 6.2.14　(1) 制造商价值与资金需求量反向变化，与额外收益同向变化。

(2) 制造商价值与两个众筹主体的预期收益率均反向变化。

结合命题 6.2.4 可知，资金需求量的增长迫使制造商提高股权让渡比例从而吸引众筹主体增加投资，减少了制造商价值，而额外收益的增加表明股权众筹投资盈利能力的提高，降低了制造商的资金需求，故制造商降低股权让渡比例，提高了自身价值。预期收益率的提升驱使众筹主体同制造商谈判以提高股权让渡比例获取更高分红，即使产量得到了提升但最终却降低了制造商价值。

零售商、回收再制造企业价值与股权众筹相关参数的变化关系如图 6. 2. 31—图 6. 2. 34 所示。

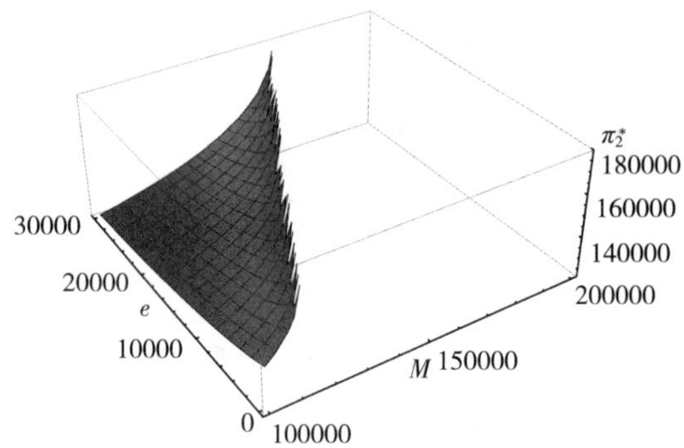

图 6. 2. 31　零售商价值与资金参数变化关系

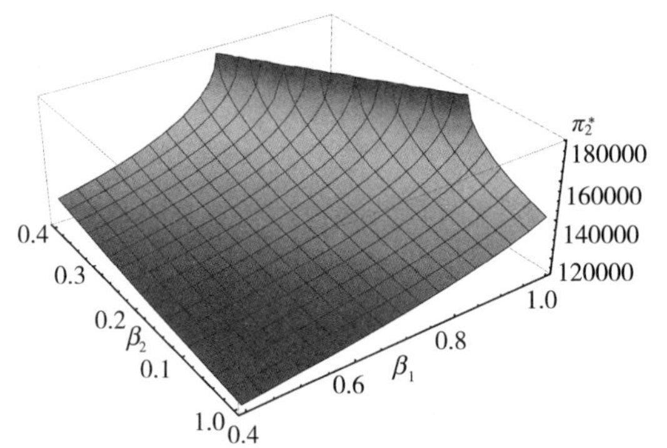

图 6. 2. 32　零售商价值与预期收益率变化关系

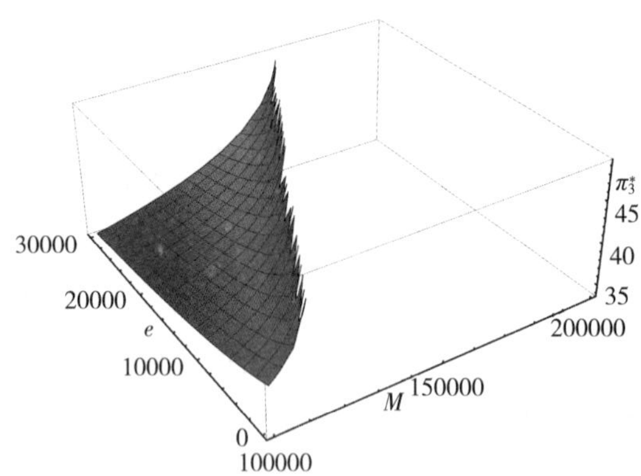

图 6. 2. 33　回收再制造企业价值与资金参数变化关系

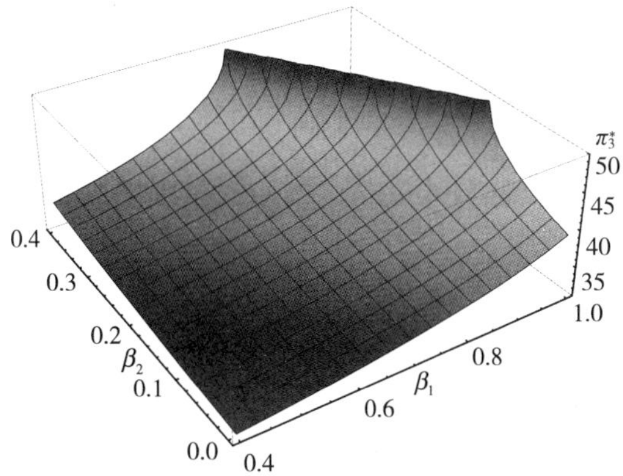

图 6.2.34　回收再制造企业价值与预期收益率变化关系

由此可得出命题 6.2.15。

命题 6.2.15　（1）零售商价值、回收再制造企业价值与资金需求量均同向变化，与额外收益均反向变化。

（2）零售商价值、回收再制造企业价值与预期收益率均同向变化。

该命题表明，零售商价值、回收再制造企业价值与产量高度相关，故变化趋势同产量关于股权众筹相关参数的变化趋势相近，而同制造商关于股权众筹相关参数的变化趋势相反，进一步证明制造商同众筹主体的博弈和分红对制造商价值的影响为主导作用。

企业联盟价值与股权众筹相关参数的变化关系如图 6.2.35、图 6.2.36 所示。

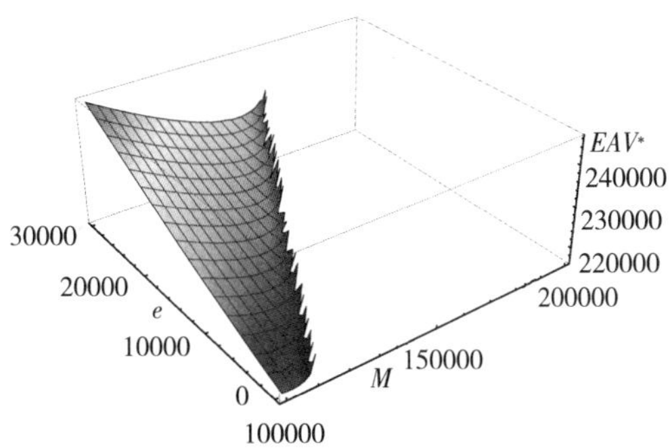

图 6.2.35　企业联盟价值与资金参数变化关系

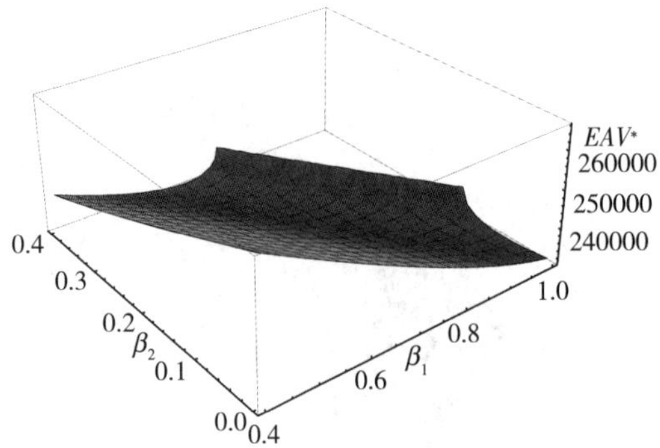

图 6.2.36　企业联盟价值与预期收益率变化关系

由此可得出命题 6.2.16。

命题 6.2.16　（1）企业联盟价值与资金需求量先反向变化后同向变化，与额外收益同向变化。

（2）企业联盟价值与两个众筹主体的预期收益率均先反向变化后同向变化。

该命题表明，企业联盟价值与股权众筹相关参数的变化趋势虽然受到了零售商、回收再制造企业的影响，但主要体现了制造商价值与股权众筹相关参数的变化趋势特征。所以，从提升企业联盟价值的角度出发，制造商应当适度控制资金需求规模，提高资金使用效率从而增加股权众筹额外收益，在与众筹主体谈判时使对方形成合理的收益预期，从而制定多方共赢的股权让渡比例。

（六）闭环供应链价值分析

闭环供应链价值与关注程度的变化关系如图 6.2.37 所示。

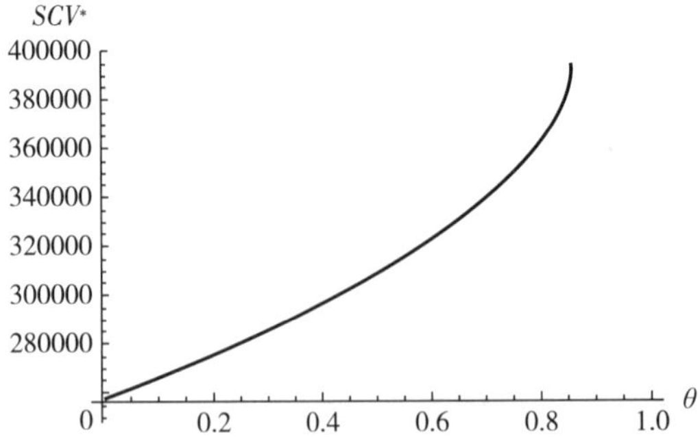

图 6.2.37　闭环供应链价值与关注程度变化关系

由此可得出命题 6. 2. 17。

命题 6. 2. 17　闭环供应链价值与关注程度同向变化。

该命题表明，制造商关注消费者价值最终有利于闭环供应链整体价值，这与前述章节的相关命题类似。

闭环供应链价值与股权众筹相关参数的变化关系如图 6. 2. 38、图 6. 2. 39 所示。

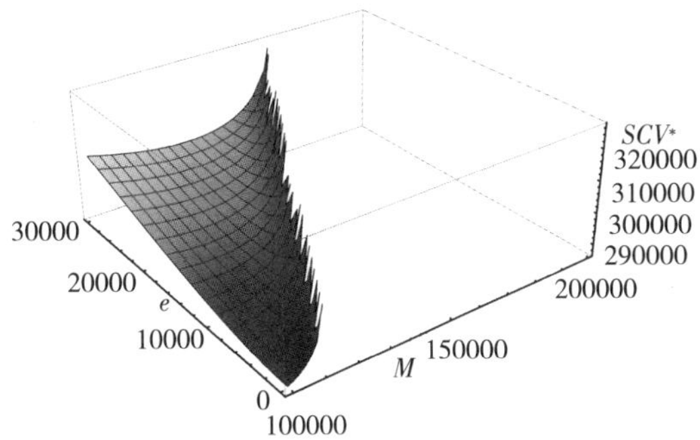

图 6. 2. 38　闭环供应链价值与资金参数变化关系

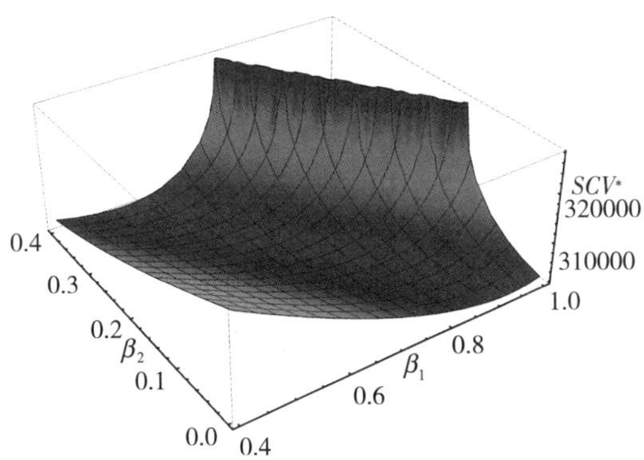

图 6. 2. 39　闭环供应链价值与预期收益率变化关系

由此可得出命题 6. 2. 18。

命题 6. 2. 18　(1) 闭环供应链价值与资金需求量先反向变化后同向变化，与额外收益同向变化。

（2）闭环供应链价值与两个众筹主体的预期收益率均先反向变化后同向变化。

该命题表明，在增加了消费者价值后，闭环供应链价值关于股权众筹相关参数的变化趋势同企业联盟价值与股权众筹相关参数的变化趋势基本相似。故从闭环供应链整体角度出发，制造商也应当采取同命题 6.2.16 相似的策略。

（七）环保效应分析

环保效应与关注程度的变化关系如图 6.2.40 所示。

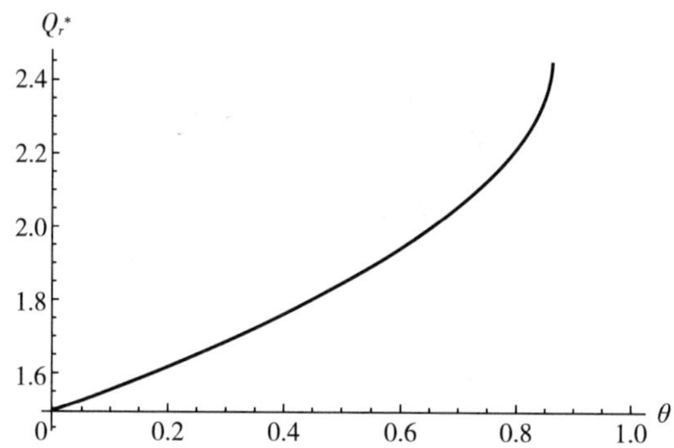

图 6.2.40　闭环供应链环保效应与关注程度变化关系

由此得出命题 6.2.19。

命题 6.2.19　闭环供应链环保效应与制造商对消费者价值的关注程度同向变化。

该命题与回收再制造企业价值同关注程度的变化关系相似。

环保效应与股权众筹相关参数的变化关系如图 6.2.41、图 6.2.42 所示。

由此得出命题 6.2.20。

命题 6.2.20　（1）环保效应与资金需求量同向变化，与额外收益反向变化。

（2）环保效应与两个众筹主体的预期收益率均同向变化。

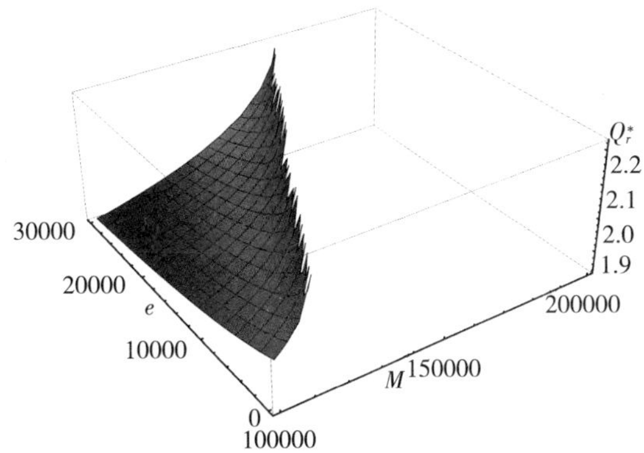

图 6.2.41　环保效应与资金参数变化关系

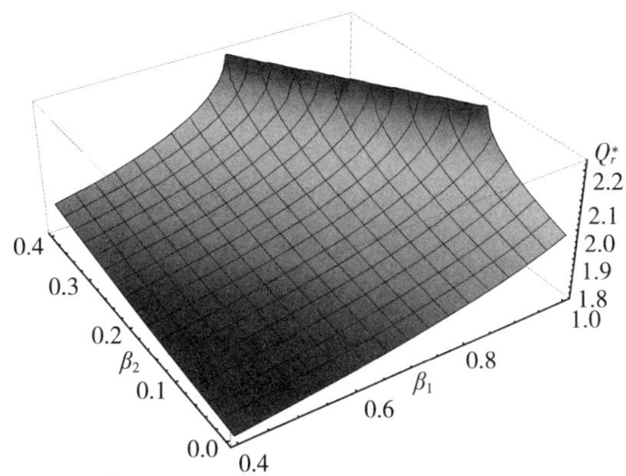

图 6.2.42　环保效应与预期收益率变化关系

环保效应与股权众筹相关参数的变化关系同回收再制造企业与股权众筹相关参数的变化关系相似。环保效应与资金需求量和预期收益率正向变化体现了股权众筹、多元主体共治对环保效应的提升作用，而额外收益的增加导致制造商降低股权让渡比例，进而降低了众筹主体的投资热情，所以环保效应与额外收益反向变化。

（八）消费者参与价值共创分析

价值共创是企业与消费者共同创造价值的活动，企业关注消费者价值，改进生产活动，促进消费者价值的提升，同时应当创造条件吸引消费者通过多种方式主动参与到价值共创活动中，促进企业价值增值，形成良性互动的局面。制造商关注消费者价值前后的制造商、消费者价值如表 6.2.1 所示。

表 6.2.1　制造商关注消费者价值前后的制造商、消费者价值

π_1^*	π_1^{**}	CS^*	CS^{**}
123836.03	131919.07	61267.26	40620.01

所以，制造商关注消费者价值前后的消费者价值之差为 $\Delta CS=CS^*-CS^{**}=61267.26-40620.01=20647.25$。消费者参与价值共创活动等价于将自身价值转移给制造商，假设该部分价值占 ΔCS 的比例为 η。消费者转移的价值应当使制造商价值高于非共创时的价值，同时消费者价值减少后也应高于非共创时的价值。故 η 应满足如下条件：

$$\begin{cases}\pi_1^*+\eta\Delta CS>\pi_1^{**}\\ CS^*-\eta\Delta CS>CS^{**}\end{cases}$$

解得 $0.39<\eta<1$。令 $\eta=0.4$，解得 $\pi_1^{c*}=123836.03+0.4\times20647.25=132094.93>\pi_1^{**}$，$CS^{c*}=61267.26-0.4\times20647.25=53008.36>CS^{**}$。由此得出命题 6.2.21。

命题 6.2.21　当消费者通过参与价值共创活动将自身价值较不共创时增值的 η 部分转移给制造商时，制造商弥补了关注消费者价值造成的价值损失，闭环供应链上各方价值均得到提升。

最终，价值共创后的闭环供应链各主体、股权众筹投资主体主要结果如表 6.2.2 所示。

表 6.2.2　价值共创后的闭环供应链各主体、股权众筹投资主体主要结果

λ^*	R_1^*	R_2^*	CS^*	π_1^*	π_2^*	π_3^*	EAV^*	SCV^*	Q_r^*
0.33	8090.28	18090.28	53008.36	132094.93	122500.58	33.94	254629.45	307637.81	1.84

第三节　考虑有领投股权众筹的闭环供应链价值共创研究

一　问题描述与模型构建

第二节研究了考虑无领投股权众筹的闭环供应链价值共创问题。

现实中为了增强股权众筹的专业性和投资成功率，每个股权众筹项目发布后，通常首先由专业的投资者投资，其他投资者再根据专业投资者的投资情况进行投资。此时专业投资者即为领投主体，而其他投资者即为跟投主体。本节将在第二节的研究基础上分析有领投股权众筹情形下的闭环供应链价值共创问题，使得研究结果更加贴近现实，更全面准确地分析股权众筹对闭环供应链价值共创的影响，同时进一步探索利用股权众筹推进针对企业环保问题的多元主体共治模式，实现经济价值和环保效应的统一。考虑有领投股权众筹的闭环供应链如图 6.3.1 所示。

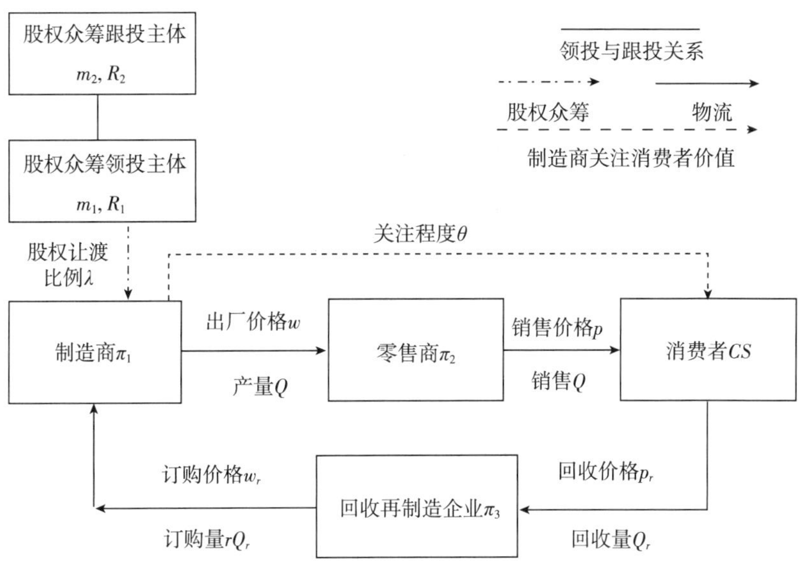

图 6.3.1　考虑有领投股权众筹的闭环供应链

图 6.3.1 中的闭环供应链包括制造商、零售商、回收再制造企业和消费者，股权众筹领投主体、跟投主体位于闭环供应链外，为简化起见，本书假设有 1 个众筹领投主体和 1 个跟投主体，不妨设 $i=1$ 代表领投主体，$i=2$ 代表跟投主体。制造商为闭环供应链上的领导者，零售商、回收再制造企业、消费者、众筹主体为追随者，竞争方式为 Stackelberg 博弈。竞争过程主要有以下 5 个阶段：

（1）制造商发布股权众筹信息。制造商生产消费产品，因为进行回收再制造等绿色生产活动，所以在购置生产设备、流程工艺改造、生产过程中需要大量资金，资金需求量为 M，$M>0$ 且为参数。为了通过股权众筹的方式从众筹主体募集所需资金，制造商决定让渡 λ 比例的股权给众筹主体，$0\leqslant\lambda<1$ 且为制造商决策变量。

（2）股权众筹领投主体参与众筹。所有众筹主体共获得 λ 比例的制造商利润，每个众筹主体再根据股权众筹投资额分配利润。假设每个众筹主体的预期收益率为 β_i，满足 $0<\beta_i<1$、$\beta_1>\beta_2$ 且为参数，表示领投主体预期收益率高于跟投主体，这也与现实情形相符。领投主体根据股权让渡比例 λ 和预期收益率 β_1 决策股权众筹投资额 m_1，$m_1>0$ 且为其决策变量。

（3）股权众筹跟投主体参与众筹。股权众筹跟投主体根据股权让渡比例 λ、预期收益率 β_2 和领投主体股权众筹投资额 m_1 决策自身投资额 m_2。根据股权众筹的通行规则，当 $m_1+m_2<M$ 时，众筹主体总投资额无法满足制造商资金需求量，股权众筹项目失败，资金退回众筹主体；当 $m_1+m_2\geqslant M$ 时股权众筹项目成功，故制造商应通过决策股权让渡比例 λ 使得众筹主体的总投资额满足 $m_1+m_2\geqslant M$（de Bettignies, Brander, 2007；曾燕等，2017；Zhang et al.，2022）。股权众筹投资除满足制造商生产、运营资金需求并实现相应利润外，还会产生相对其他投资方式的额外收益。借助互联网平台，股权众筹在募集资金的同时实现了产品的宣传营销，新媒体进一步促进了产品推广，故产生了额外收益。假设众筹主体投资恰为 M 时额外收益为 e，因为资金 M 需要满足生产设备改造等固定资产投资，数额较大，而 e 仅为当期额外收益，故 $0<e<M$ 且为制造商参数；定义投资比率为 $\frac{m_1+m_2}{M}$，当总投资额满足约束时，显然有 $\frac{m_1+m_2}{M}\geqslant 1$。故额外收益为 $\frac{m_1+m_2}{M}e$，即当总投资额等于制造商资金需求量时 $\left(\frac{m_1+m_2}{M}=1\right)$，额外收益恰为 e；当总投资额超过制造商资金需求量时 $\left(\frac{m_1+m_2}{M}>1\right)$，额外收益为 $\frac{m_1+m_2}{M}e$。

（4）制造商启动生产。获得股权众筹投资后，闭环供应链上的制造商、零售商、回收再制造企业开始组织生产。制造商首先决策再制造零件收购价格 w_r 和产品出厂价格 w，w_r，$w>0$ 且为其决策变量。

（5）回收再制造企业、零售商参与生产、销售。回收再制造企业根据收购价格 w_r 决策废旧产品回收量 Q_r，$Q_r>0$ 且为其决策变量。为简化分析，废旧产品回收供给函数为 $p_r=b_rQ_r$，$b_r>0$ 且为参数，表示废旧产品回收完全有偿，消费者不会将部分废旧产品无偿交付回收。回收再制造企业将废旧产品加工成合格的再制造零件，再制造零件与同种新零件在质量上无差别。每个废旧产品至多可加工成一个再制造零件，故存在再制造率 r，$0<r\leqslant 1$ 且为回收再制造企业参数。假设其余废旧产品最终进行了无害化处理，故采用回收量 Q_r 来衡量闭环供应链价值共创产生的环保效应（Wang et al.，2016）。单位再制造成本为 c_r，$c_r>0$ 且为参数。故回收再制造企业价值即为其利润，函数为 $\pi_3=(rw_r-c_r-b_rQ_r)Q_r$。最终生产的合格再制造零件数量为 rQ_r。假设每个产品上只装配一个该种零件，可选择装配新零件或再制造零件，所有再制造零件均装配，且产品总产量为 $Q(Q>0)$，故使用再制造零件生产的产品数量为 rQ_r，使用新零件生产的产品数量为 $Q-rQ_r$。使用新零件的单位生产成本为 c_m，使用再制造零件的单位生产成本为 c_{rm}，满足 $c_m-c_{rm}>c_r$ 且为制造商参数，表示使用再制造零件较使用新零件更具成本优势。为简化计算，同时专注研究价值共创及分析股权众筹的影响，本章不再考虑股权让渡比例变化对单位生产成本的作用，因为这一设定将极大增加模型求解与分析的难度。故制造商价值为 $\pi_1=(1-\lambda)\left[(w-c_m)(Q-rQ_r)+(w-c_{rm}-w_r)rQ_r+\frac{m_1+m_2}{M}e\right]$，表示制造商的生产利润与股权众筹创造的额外收益总和在完成对众筹主体分红后的剩余部分即为制造商价值，同时制造商通过决策股权让渡比例影响众筹主体投资，故对于制造商而言领投主体、跟投主体投资额 m_1、m_2 为关于 λ 的函数，投资额应满足约束 $m_1(\lambda)+m_2(\lambda)\geqslant M$。零售商根据制造商制定的产品出厂价格决策产品采购数量，假设不存在缺货、滞销，则制造商的产品总产量，零售商的产品采购数量和销售数量均为 Q，$Q>0$ 且为零售商决策变量。为改善零售渠道的环保程度，零售商

付出单位环保成本 c_e，$c_e>0$ 且为参数。产品的单位逆需求函数为 $p=a-bQ$，p 为产品零售价格，a，$b>0$ 且为参数。为满足利润的非负性，假设 $a>c_m>c_{rm}>c_e>0$ 成立。最终零售商价值为 $\pi_2=(a-bQ-w-c_e)Q$。消费者在购买新产品和销售废旧产品时均会获得消费者剩余，故两部分消费者剩余的总和即为消费者价值，记为 $CS=\int_0^Q pdQ-pQ+p_rQ_r-\int_0^{Q_r}p_rdQ_r=\frac{b_rQ_r^2+bQ^2}{2}$。价值共创的特征表现在制造商关注消费者价值，故设制造商对消费者价值的关注程度为 θ，$0\leqslant\theta<1$ 且为参数，由此得出制造商的目标函数为 $\pi_1+\theta CS=(1-\lambda)\left[(w-c_m)(Q-rQ_r)+(w-c_{rm}-w_r)rQ_r+\frac{m_1(\lambda)+m_2(\lambda)}{M}e\right]+\theta\left(\frac{b_rQ_r^2+bQ^2}{2}\right)$。综上，制造商、股权众筹投资主体、回收再制造企业、零售商的博弈次序如图 6.3.2 所示。

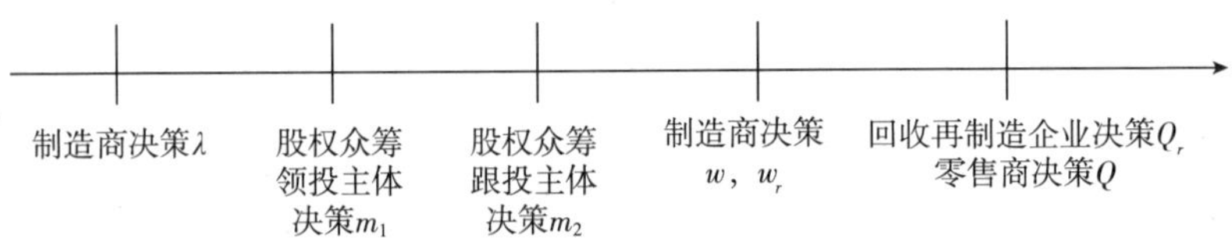

图 6.3.2　制造商、股权众筹投资主体、回收再制造企业、零售商的博弈次序

在第（1）阶段，制造商决策模型为：

$$\max_{\lambda}\ \pi_1+\theta CS$$

$$\text{s. t.}\begin{cases}m_1(\lambda)+m_2(\lambda)\geqslant M\\0\leqslant\lambda<1\end{cases}$$

在第（2）阶段，领投主体决策模型为：

$\max_{m_1} R_1=\frac{m_1\lambda\pi_1}{m_1+m_2}-\beta_1m_1$，表示各众筹主体根据出资额度分配共同的持股收益，各方获得的实际持股收益与预期收益的差值即为超额收益，能够获得超额收益是各众筹主体参与股权众筹的重要动机。

在第（3）阶段，跟投主体决策模型为：

$$\max_{m_2} R_2=\frac{m_2\lambda\pi_1}{m_1+m_2}-\beta_2m_2$$

在第（4）、第（5）阶段，制造商、回收再制造企业、零售商决策模型为：

$$
\max_{w,w_r} \pi_1+\theta CS
$$

$$
\text{s. t.}\begin{cases}
\text{其中：}\\
Q,\ Q_r\ \text{为下述规划的最优解}\\
\max\limits_{Q} \pi_2\\
\max\limits_{Q_r} \pi_3
\end{cases}
$$

记制造商，股权众筹领投主体、跟投主体，回收再制造企业、零售商博弈模型为 Φ：

$$
\max_{\lambda} \pi_1+\theta CS
$$

$$
\text{s. t.}\begin{cases}
m_1(\lambda)+m_2(\lambda)\geqslant M\\
0\leqslant\lambda<1\\
\text{其中：}\\
m_i\ \text{为下述规划的最优解}\\
\max\limits_{m_1} R_1\\
\quad\begin{cases}
\text{其中：}\\
m_2\ \text{为下述规划的最优解}\\
\max\limits_{m_2} R_2\\
\text{s. t.}\begin{cases}
\text{其中：}\\
w,\ w_r,\ Q,\ Q_r\ \text{为下述规划的最优解}\\
\max\limits_{w,w_r} \pi_1+\theta CS\\
\quad\begin{cases}
\text{其中：}\\
Q,\ Q_r\ \text{为下述规划的最优解}\\
\text{s. t.}\ \max\limits_{Q} \pi_2\\
\max\limits_{Q_r} \pi_3
\end{cases}
\end{cases}
\end{cases}
\end{cases}
$$

故 Φ 为有约束五层递阶规划模型。记企业联盟价值为 $EAV=\pi_1+$

$\pi_2+\pi_3$，闭环供应链价值为 $SCV=\pi_1+\pi_2+\pi_3+CS$，最终考虑有领投股权众筹的闭环供应链价值共创模型为：

$$SCV(\arg\max_{\substack{\lambda,m_i,w,\\ w_r,Q,Q_r}}\Phi)$$

二 考虑有领投股权众筹的闭环供应链价值共创模型求解

本部分采用逆序求解法求解模型最优解。

（1）令 $\frac{\partial\pi_2}{\partial Q}=a-2bQ-w-c_e=0$，$\frac{\partial\pi_3}{\partial Q_r}=rw_r-c_r-2b_rQ_r=0$，解得 $Q=\frac{a-w-c_e}{2b}$，$Q_r=\frac{rw_r-c_r}{2b_r}$。又由 $\frac{\partial^2\pi_2}{\partial Q^2}=-2b<0$、$\frac{\partial^2\pi_3}{\partial Q_r^2}=-2b_r<0$ 可知 π_2、π_3 均为凹函数，故可将上述 Q、Q_r 的反应函数代入上层的制造商目标函数，解得其关于 w、w_r 的 Hessian 矩阵如下：

$$H=\begin{bmatrix}\frac{\partial^2(\pi_1+\theta CS)}{\partial w^2} & \frac{\partial^2(\pi_1+\theta CS)}{\partial w\partial w_r}\\ \frac{\partial^2(\pi_1+\theta CS)}{\partial w_r\partial w} & \frac{\partial^2(\pi_1+\theta CS)}{\partial w_r^2}\end{bmatrix}=\begin{bmatrix}-\frac{4-\theta-4\lambda}{4b} & 0\\ 0 & -\frac{r^2(4-\theta-4\lambda)}{4b_r}\end{bmatrix}$$

因为当 $0\leqslant\lambda<\frac{4-\theta}{4}$ 时 $4-\theta-4\lambda>0$，又因为 $0\leqslant\theta<1$，所以当 $0\leqslant\lambda<0.75$ 时 $4-\theta-4\lambda>0$ 恒成立。此时 Hessian 矩阵为负定矩阵，故存在 $\pi_1+\theta CS$ 的极大值解 w^*、w_r^*。令 $\frac{\partial(\pi_1+\theta CS)}{\partial w}=0$、$\frac{\partial(\pi_1+\theta CS)}{\partial w_r}=0$，解得 $w=\frac{2(1-\lambda)c_m+(2-\theta-2\lambda)(a-c_e)}{4-\theta-4\lambda}$、$w_r=\frac{2r(1-\lambda)(c_m-c_{rm})+(2-\theta-2\lambda)c_r}{r(4-\theta-4\lambda)}$。

将 w、w_r 代入 Q、Q_r 中解得 $Q=\frac{(1-\lambda)(a-c_m-c_e)}{(4-\theta-4\lambda)b}$、$Q_r=\frac{(1-\lambda)(rc_m-rc_{rm}-c_r)}{(4-\theta-4\lambda)b_r}$。

将 w、w_r、Q、Q_r 代入 π_1、π_2、π_3、CS 解得：

$$\pi_1=\frac{(1-\lambda)[M(1-\lambda)(2-\theta-2\lambda)A+bb_re(4-\theta-4\lambda)^2(m_1+m_2)]}{M(4-\theta-4\lambda)^2bb_r}$$

$$\pi_2=\frac{(1-\lambda)^2(a-c_m-c_e)^2}{(4-\theta-4\lambda)^2b}$$

$$\pi_3=\frac{(1-\lambda)^2(rc_m-rc_{rm}-c_r)^2}{(4-\theta-4\lambda)^2b_r}$$

$$CS=\frac{(1-\lambda)^2A}{2(4-\theta-4\lambda)^2bb_r}$$

其中 $A=b_r(a-c_m-c_e)^2+b(rc_m-rc_{rm}-c_r)^2$。

（2）将π_1 代入 R_1、R_2，解得：

$$\begin{cases}R_1=\dfrac{\lambda m_1[M(2-\theta-2\lambda)(1-\lambda)A+e(4-\theta-4\lambda)^2bb_r(m_1+m_2)]}{M(4-\theta-4\lambda)^2bb_r(m_1+m_2)}-m_1\beta_1\\R_2=\dfrac{\lambda m_2[M(2-\theta-2\lambda)(1-\lambda)A+e(4-\theta-4\lambda)^2bb_r(m_1+m_2)]}{M(4-\theta-4\lambda)^2bb_r(m_1+m_2)}-m_2\beta_2\end{cases}$$

求解 R_1 关于 m_1、R_2 关于 m_2 的二阶导数，解得：

$$\begin{cases}\dfrac{d^2R_1}{dm_1^2}=-\dfrac{2\lambda(1-\lambda)(2-\theta-2\lambda)Am_2}{(4-\theta-4\lambda)^2bb_r(m_1+m_2)^3}<0\\\dfrac{d^2R_2}{dm_2^2}=-\dfrac{2\lambda(1-\lambda)(2-\theta-2\lambda)Am_1}{(4-\theta-4\lambda)^2bb_r(m_1+m_2)^3}<0\end{cases}$$

故 R_1 为关于 m_1、R_2 为关于 m_2 的凹函数。令：

$$\frac{dR_2}{dm_2}=\frac{[M\lambda(1-\lambda)(2-\theta-2\lambda)Am_1+b_1b_2(4-\theta-4\lambda)^2(m_1+m_2)^2(e\lambda-M\beta_2)]}{M(4-\theta-4\lambda)^2bb_r(m_1+m_2)^2}=0$$

将反应函数代入 R_1，最终解得：

$$\begin{cases}m_1=\dfrac{M(1-\lambda)\lambda(2-\theta-2\lambda)A(M\beta_2-e\lambda)}{4(4-\theta-4\lambda)^2bb_r(M\beta_1-e\lambda)^2}\\m_2=\dfrac{M(1-\lambda)\lambda(2-\theta-2\lambda)A(2M\beta_1-M\beta_2-e\lambda)}{4(4-\theta-4\lambda)^2bb_r(M\beta_1-e\lambda)^2}\end{cases}$$

由此可得出命题 6.3.1。

命题 6.3.1　当 $0\leqslant\lambda<\min\left[0.5,\ \dfrac{M\beta_2}{e}\right]$ 时，股权众筹投资主体最优投资额分别为 $m_1=\dfrac{M(1-\lambda)\lambda(2-\theta-2\lambda)A(M\beta_2-e\lambda)}{4(4-\theta-4\lambda)^2bb_r(M\beta_1-e\lambda)^2}$ 和 $m_2=$

$\frac{M(1-\lambda)\lambda(2-\theta-2\lambda)A(2M\beta_1-M\beta_2-e\lambda)}{4(4-\theta-4\lambda)^2bb_r(M\beta_1-e\lambda)^2}$；当 $\lambda\geqslant\min\left[0.5,\ \frac{M\beta_2}{e}\right]$ 或 $\lambda=0$ 时，$m_1=m_2=0$。

该命题提出了股权众筹投资主体实现最优投资额的条件，即 $0\leqslant\lambda<\min\left[0.5,\ \frac{M\beta_2}{e}\right]$，由此进一步缩小了股权让渡比例的约束条件。该命题表明过高的持股比例削弱了制造商的股权，此时制造商将放弃股权众筹，故股权众筹投资主体不再投资，同样，若制造商不向股权众筹投资主体让渡股权，股权众筹投资主体也不会投资。

（3）接着将 m_1、m_2 代入最上层规划可得：

$$\max \pi_1+\theta CS=\frac{(1-\lambda)^2A[M(4-\theta-4\lambda)\beta_1-2e(1-\lambda)\lambda]}{2(4-\theta-4\lambda)^2bb_r(M\beta_1-e\lambda)}$$

$$\text{s.t.}\begin{cases}\frac{M(1-\lambda)\lambda(2-\theta-2\lambda)A}{2(4-\theta-4\lambda)^2bb_r(M\beta_1-e\lambda)}\geqslant M\\ 0\leqslant\lambda<\min\left[0.5,\ \frac{M\beta_2}{e}\right]\end{cases}$$

由此可将该规划分两种情形讨论。

①当 $0<\frac{M\beta_2}{e}<0.5$ 时，该规划为：

$$\max \pi_1+\theta CS=\frac{(1-\lambda)^2A[M(4-\theta-4\lambda)\beta_1-2e(1-\lambda)\lambda]}{2(4-\theta-4\lambda)^2bb_r(M\beta_1-e\lambda)}$$

$$\text{s.t.}\begin{cases}\frac{M(1-\lambda)\lambda(2-\theta-2\lambda)A}{2(4-\theta-4\lambda)^2bb_r(M\beta_1-e\lambda)}\geqslant M\\ 0\leqslant\lambda<\frac{M\beta_2}{e}\end{cases}$$

根据 KKT 条件，构造函数 $z_1=\frac{(1-\lambda)^2A[M(4-\theta-4\lambda)\beta_1-2e(1-\lambda)\lambda]}{2(4-\theta-4\lambda)^2bb_r(M\beta_1-e\lambda)}+\alpha_{11}\left(\frac{M(1-\lambda)\lambda(2-\theta-2\lambda)A}{2(4-\theta-4\lambda)^2bb_r(M\beta_1-e\lambda)}-M\right)+\alpha_{12}\lambda+\alpha_{13}\left(\lambda-\frac{M\beta_2}{e}\right)$，$\alpha_{1i}$（$\alpha_{1i}\geqslant0$，$i=1,\ 2,\ 3$）为 KKT 条件乘子。由此得出以下模型：

$$\begin{cases}\dfrac{dz_1}{d\lambda}=0\\\alpha_{11}\left(\dfrac{M(1-\lambda)\lambda(2-\theta-2\lambda)A}{2(4-\theta-4\lambda)^2bb_r(M\beta_1-e\lambda)}-M\right)=0\\\alpha_{12}\lambda=0\\\alpha_{13}\left(\lambda-\dfrac{M\beta_2}{e}\right)=0\\\alpha_{1i}\geqslant 0\\0\leqslant\lambda<\dfrac{M\beta_2}{e}\end{cases}$$

②当$\dfrac{M\beta_2}{e}\geqslant 0.5$时，该规划为：

$$\max \pi_1+\theta CS=\frac{(1-\lambda)^2A[M(4-\theta-4\lambda)\beta_1-2e(1-\lambda)\lambda]}{2(4-\theta-4\lambda)^2bb_r(M\beta_1-e\lambda)}$$

$$\text{s. t.}\begin{cases}\dfrac{M(1-\lambda)\lambda(2-\theta-2\lambda)A}{2(4-\theta-4\lambda)^2bb_r(M\beta_1-e\lambda)}\geqslant M\\0\leqslant\lambda<0.5\end{cases}$$

根据 KKT 条件，构造函数 $z_2=\dfrac{(1-\lambda)^2A[M(4-\theta-4\lambda)\beta_1-2e(1-\lambda)\lambda]}{2(4-\theta-4\lambda)^2bb_r(M\beta_1-e\lambda)}+\alpha_{21}\left(\dfrac{M(1-\lambda)\lambda(2-\theta-2\lambda)A}{2(4-\theta-4\lambda)^2bb_r(M\beta_1-e\lambda)}-M\right)+\alpha_{22}\lambda+\alpha_{23}(\lambda-0.5)$，$\alpha_{2i}$（$\alpha_{2i}\geqslant 0$，$i=1$，2，3）为 KKT 条件乘子。由此得出以下模型：

$$\begin{cases}\dfrac{dz_2}{d\lambda}=0\\\alpha_{21}\left(\dfrac{M(1-\lambda)\lambda(2-\theta-2\lambda)A}{2(4-\theta-4\lambda)^2bb_r(M\beta_1-e\lambda)}-M\right)=0\\\alpha_{22}\lambda=0\\\alpha_{23}(\lambda-0.5)=0\\\alpha_{2i}\geqslant 0\\0\leqslant\lambda<0.5\end{cases}$$

根据规划中的共同约束条件$\frac{M(1-\lambda)\lambda(2-\theta-2\lambda)A}{2(4-\theta-4\lambda)^2 bb_r(M\beta_1-e\lambda)}\geqslant M$，可解得 2 个虚根和 1 个实根。令唯一实根为 λ_0，表达式如下：

$$\lambda_0=\frac{1}{6(A+16eb_1b_2)}\left\{A(4-\theta)+16b_1b_2[2M\beta_1+e(4-\theta)]-\frac{B}{[C+3\sqrt{3}\sqrt{A\theta^2(A+16eb_1b_2)^2D}]^{\frac{1}{3}}}-[C+3\sqrt{3}\sqrt{A\theta^2(A+16eb_1b_2)^2D}]^{\frac{1}{3}}\right\}$$

其中：

$B=A^2(4-2\theta+\theta^2)+64b_1^2b_2^2[4M\beta_1-e(4-\theta)]^2-4Ab_1b_2[8M(4-\theta)\beta_1-e(32-16\theta+5\theta^2)]$

$C=A^3(8-6\theta-3\theta^2+\theta^3)-512b_1^3b_2^3[4M\beta_1-e(4-\theta)]^3-6A^2b_1b_2[2M(32-16\theta+5\theta^2)\beta_1-e(64-48\theta-12\theta^2+5\theta^3)]+192Ab_1^2b_2^2[8M^2(4-\theta)\beta_1^2-Me(64-32\theta+7\theta^2)\beta_1+e^2(32-24\theta+\theta^3)]$

$D=-A^3(2-\theta)^2+64(4-\theta)b_1^3b_2^3[4M\beta_1-e(4-\theta)]^3+4A^2b_1b_2[2M(24-18\theta+7\theta^2-\theta^3)\beta_1-e(48-48\theta+14\theta^2-\theta^3)]-4Ab_1^2b_2^2[4M^2(192-96\theta+13\theta^2)\beta_1^2-4eM(384-288\theta+92\theta^2-11\theta^3)\beta_1+e^2(4-\theta)^2(48-24\theta+\theta^2)]$

由此得出命题 6.3.2。

命题 6.3.2 当相关参数取值使该实根 λ_0 满足约束 $0\leqslant\lambda<\min\left[0.5,\frac{M\beta_2}{e}\right]$ 且目标函数为凹函数、约束区域为凸区域时，该实根即为 KKT 点且为最优股权让渡比例 λ^*。

囿于模型的复杂性，命题 6.3.2 的条件难以验证，故难以判断该实根是否为最优股权让渡比例，只能通过数值分析与仿真代入具体数值加以判断。将 λ_0 代入 m_1、m_2、R_1、R_2、w、w_r、Q、Q_r、π_1、π_2、π_3、CS，即可得对应解析式。

三 数值分析与仿真

囿于可行解的复杂性，本部分难以通过导数、证明等方式进行模型分析，故采用数值仿真进行相关分析。数据来源、变量参数取值、分析方法与本章第二节第三小节相同，在此不再赘述。首先判断在本组数据下 KKT 点 λ_0 是否为最优股权让渡比例 λ^*。此时 $\lambda_0=0.377$，$\frac{M\beta_2}{e}=1$，故此时 λ_0 满足约束条件 $0\leq\lambda<0.5$。根据数据可得目标函数、约束条件与股权让渡比例的变化关系图，如图 6.3.3 所示。

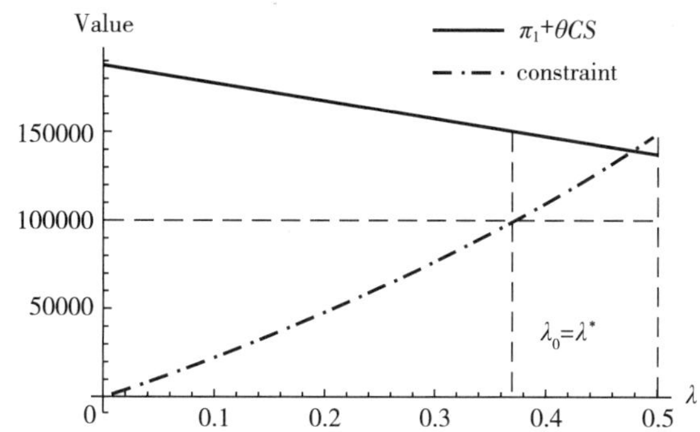

图 6.3.3　目标函数、约束条件与股权让渡比例变化关系

由图 6.3.3 可知目标函数为凹函数，约束区域为凸区域，λ_0 即为 KKT 点且为唯一最优股权让渡比例 λ^*，将最优股权让渡比例 λ^* 代入 m_1、m_2、R_1、R_2、w、w_r、Q、Q_r、π_1、π_2、π_3、CS，即可得对应最优解 m_1^*、m_2^*、R_1^*、R_2^*、w^*、w_r^*、Q^*、Q_r^*、π_1^*、π_2^*、π_3^*、CS^*。

（一）股权让渡比例分析

股权让渡比例与关注程度的变化关系如图 6.3.4 所示。

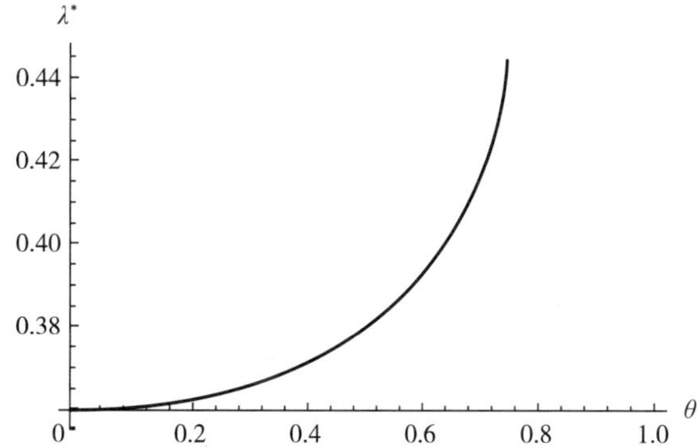

图 6.3.4　股权让渡比例与关注程度变化关系

由此得出命题6.3.3。

命题6.3.3 股权让渡比例与制造商对消费者价值的关注程度同向变化。

该命题表明，制造商关注消费者价值提升了制造商组织股权众筹的意愿，进而提升了股权让渡比例。同时，有领投股权众筹模式下的股权让渡比例高于无领投股权众筹模式下的股权让渡比例，这表明在有领投股权众筹模式下制造商需要让渡更高比例的股权才能获得相同水平的投资，众筹主体对制造商的控制权增强。

股权让渡比例与股权众筹相关参数的变化关系如图6.3.5、图6.3.6所示。

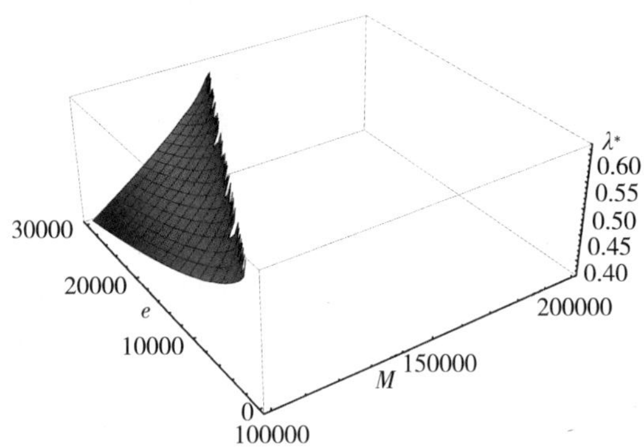

图6.3.5 股权让渡比例与资金参数变化关系

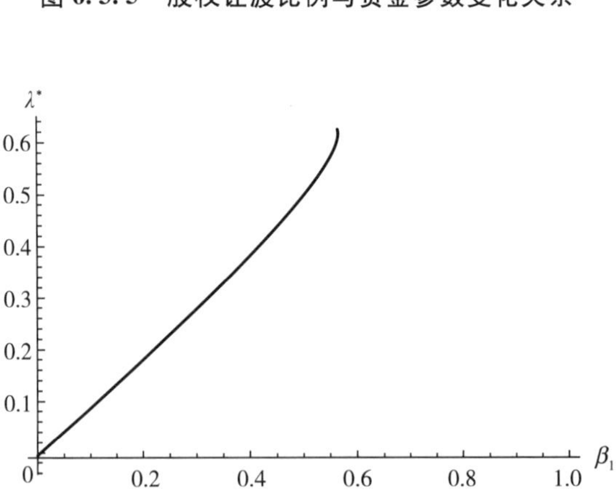

图6.3.6 股权让渡比例与预期收益率变化关系

由此得出命题 6.3.4。

命题 6.3.4　（1）股权让渡比例与资金需求量同向变化，与额外收益反向变化。

（2）股权让渡比例与领投主体的预期收益率同向变化，与跟投主体的预期收益率无关。

该命题表明，资金需求量的增长促使制造商让渡更高比例的股权给众筹主体以吸引投资，但股权众筹额外收益的增长则使制造商降低股权让渡比例，因为此时让渡过多股份将影响制造商收益。这与命题 6.2.4 相似。与命题 6.2.4 不同的是，在无领投股权众筹模式下，股权让渡比例与两个众筹主体的预期收益率均同向变化，而在有领投股权众筹模式下，股权让渡比例仅与领投主体预期收益率同向变化。这表明在此模式下制造商重点关注领投人的决策，而跟投人的决策对制造商影响有限。随着预期收益率的增加，领投主体倾向于同制造商谈判获取更高收益，从而提升了股权让渡比例。

（二）股权众筹投资主体投资额与超额收益分析

股权众筹投资主体投资额与关注程度的变化关系如图 6.3.7、图 6.3.8 所示。

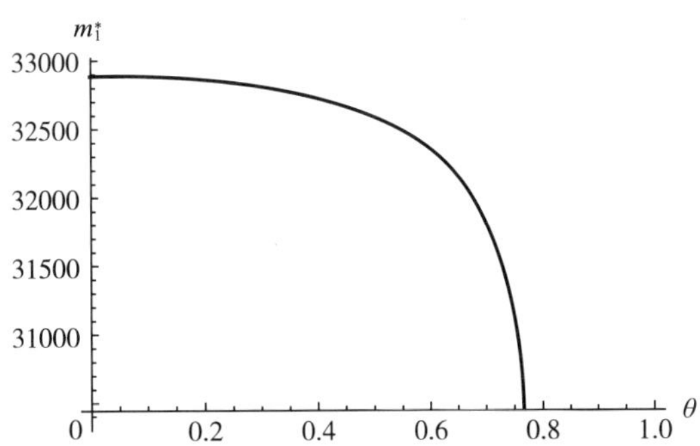

图 6.3.7　领投主体投资额与关注程度变化关系

由此得出命题 6.3.5。

命题 6.3.5　股权众筹领投主体投资额与制造商对消费者价值的

关注程度反向变化，跟投主体投资额与关注程度同向变化。

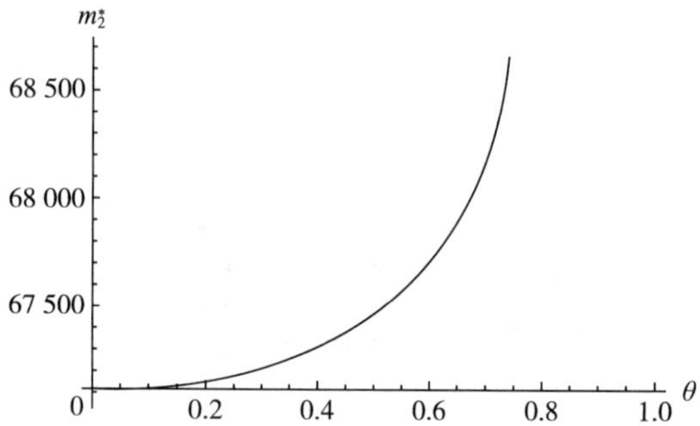

图 6.3.8　跟投主体投资额与关注程度变化关系

两个众筹主体投资额与关注程度的变化关系与无领投股权众筹模式下的变化关系相似。股权让渡比例与关注程度同向变化，这使两个众筹主体均能获得更高的收益。但领投主体选择降低投资额从而使实际收益率提升以接近其预期收益率，而跟投主体则选择增加投资额以提高收益分配的比重并满足股权众筹融资约束。同时，领投主体的投资额低于无领投股权众筹模式下预期收益率高的众筹主体投资额。这表明在有领投股权众筹模式下，领投主体的少量投资可能就会发挥引领作用，吸引其他主体跟进投资。

股权众筹投资主体投资额与股权众筹相关参数的变化关系如图 6.3.9—图 6.3.12 所示。

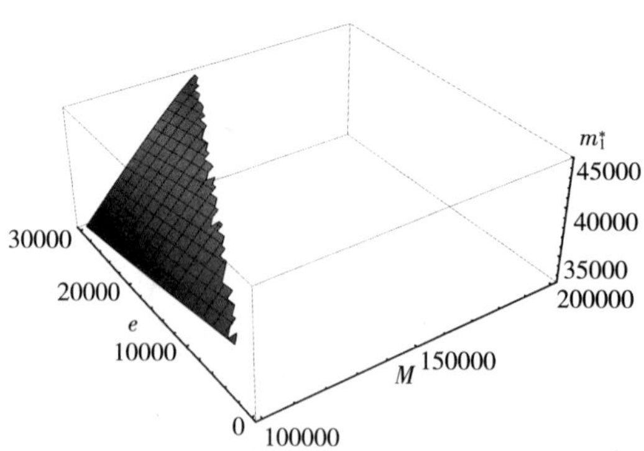

图 6.3.9　领投主体投资额与资金参数变化关系

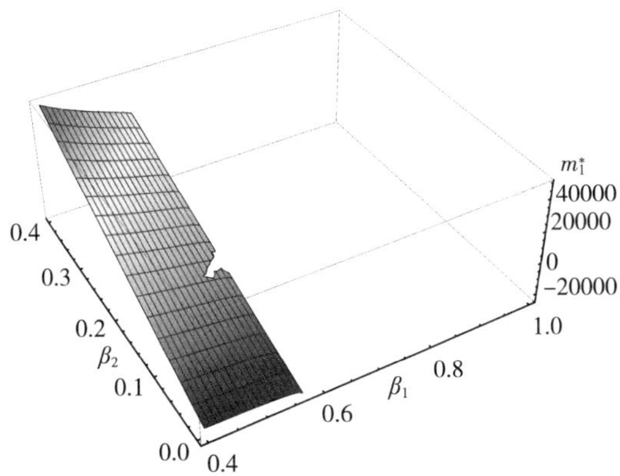

图 6.3.10　领投主体投资额与预期收益率变化关系

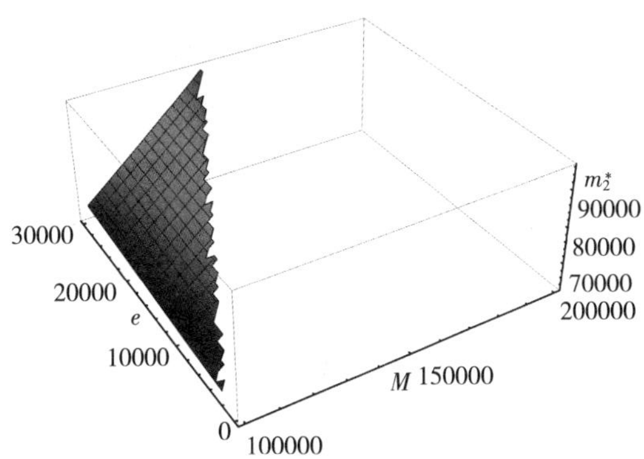

图 6.3.11　跟投主体投资额与资金参数变化关系

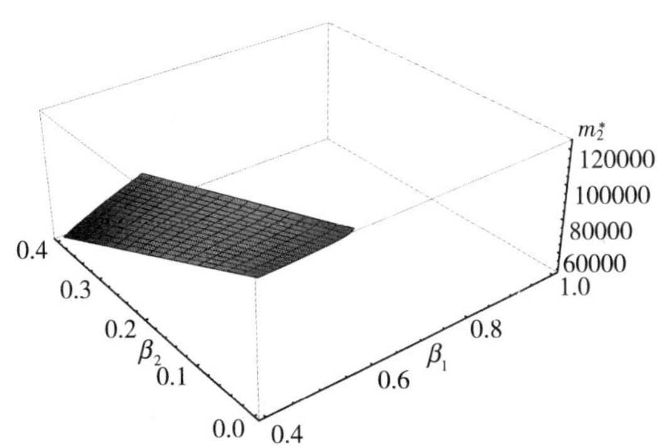

图 6.3.12　跟投主体投资额与预期收益率变化关系

由此得出命题 6. 3. 6。

命题 6. 3. 6 （1）股权众筹领投主体投资额与资金需求量同向变化，与额外收益反向变化。

（2）股权众筹领投主体投资额与自身预期收益率反向变化，与跟投主体预期收益率同向变化。

（3）股权众筹跟投主体投资额与资金需求量同向变化，与额外收益同向变化。

（4）股权众筹跟投主体投资额与自身预期收益率反向变化，与领投主体预期收益率同向变化。

该命题变化关系与命题 6. 2. 6 相似，这表明有领投股权众筹模式未从根本上改变众筹主体投资额与股权众筹相关参数的关系，只影响变化量。两个众筹主体均与资金需求量同向变化，当资金需求量增加时两个众筹主体均会追加投资以满足制造商需求。但两个众筹主体投资额与额外收益的变化关系相反。因为当额外收益提升时股权让渡比例降低，两个众筹主体收益均减少，所以领投主体选择降低投资额，从而使实际收益率提升以接近其预期收益率，而跟投主体则选择增加投资额，以提高收益分配的比重并满足股权众筹融资约束。两个众筹主体投资额均与自身预期收益率反向变化，与对方预期收益率同向变化。自身预期收益率的提高使众筹主体自身降低投资额以使实际收益率接近其预期收益率，而对方预期收益率的提高则反映了对方对投资前景的看好，此时自身应增加投资以提高收益分配的比重。特别注意到只有当跟投主体预期收益率达到一定水平时，领投主体才会选择投资，这也体现了领投主体对市场前景的分析和对众筹项目收益率的高标准。

股权众筹投资主体超额收益与关注程度的变化关系如图 6. 3. 13、图 6. 3. 14 所示。

由此得出命题 6. 3. 7。

命题 6. 3. 7 两个股权众筹投资主体的超额收益均与制造商对消费者价值的关注程度反向变化。

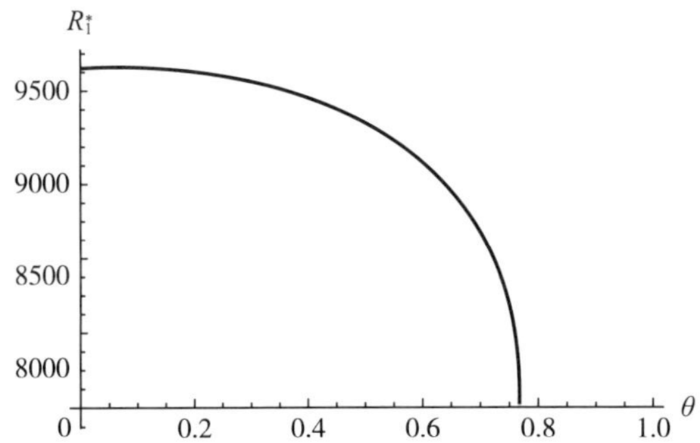

图 6.3.13　领投主体超额收益与关注程度变化关系

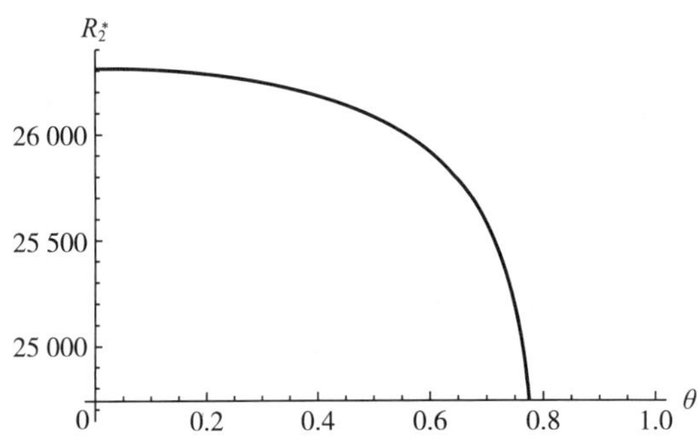

图 6.3.14　跟投主体超额收益与关注程度变化关系

该命题结果与命题 6.2.7 相似。同时可以发现，相比无领投股权众筹模式，两个众筹主体的超额收益均得到提升，说明有领投股权众筹模式有助于提高众筹主体收益，这也是实践中采用此种模式的原因之一。

股权众筹投资主体超额收益与股权众筹相关参数的变化关系如图 6.3.15—图 6.3.18 所示。

由此得出命题 6.3.8。

命题 6.3.8　(1) 股权众筹领投主体超额收益与资金需求量同向变化，与额外收益反向变化。

(2) 股权众筹领投主体超额收益与自身预期收益率反向变化，与跟投主体预期收益率同向变化。

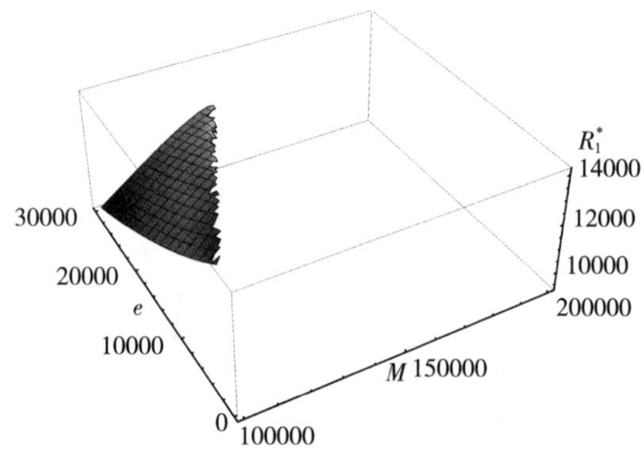

图 6.3.15 领投主体超额收益与资金参数变化关系

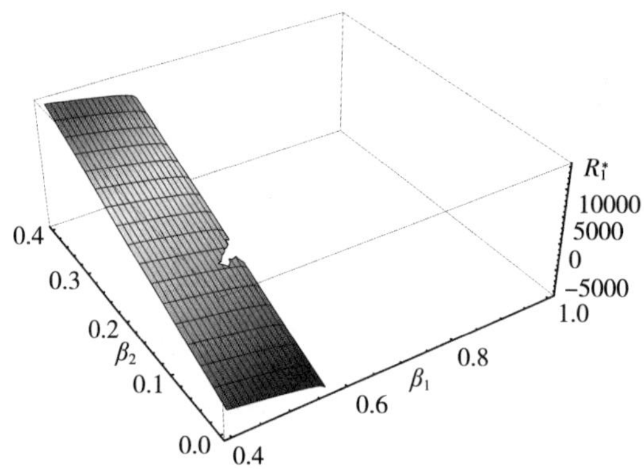

图 6.3.16 领投主体超额收益与预期收益率变化关系

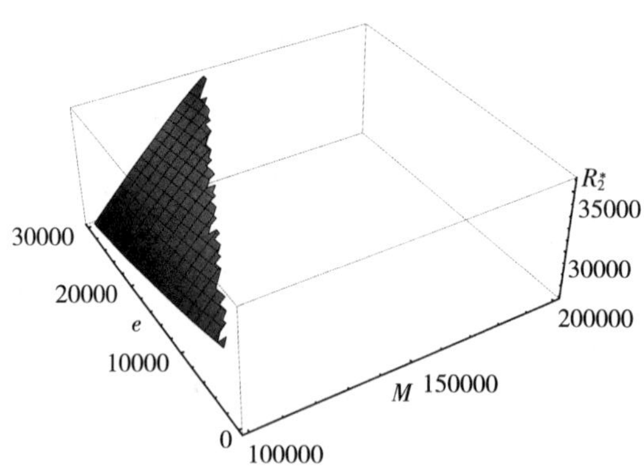

图 6.3.17 跟投主体超额收益与资金参数变化关系

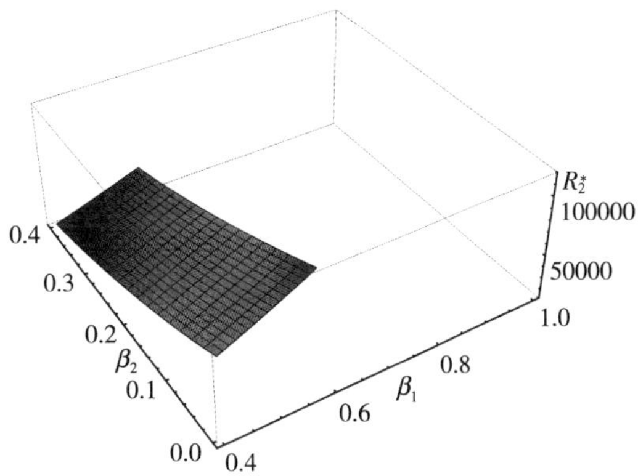

图 6.3.18　跟投主体超额收益与预期收益率变化关系

（3）跟投主体超额收益与资金需求量同向变化，与额外收益反向变化。

（4）跟投主体超额收益与自身预期收益率反向变化，与领投主体预期收益率同向变化。

该命题结果与命题 6.2.8 较为相似，领投主体与预期收益率的变化关系更为简洁。资金需求量的增加使股权让渡比例增加，众筹主体获得的总收益增加，故每个众筹主体的超额收益均与资金需求量同向变化。而制造商额外收益的增加使股权让渡比例减少，故每个众筹主体的超额收益均与额外收益反向变化，且领投主体超额收益反向变化的幅度高于跟投主体超额收益反向变化幅度，因为领投主体的投资额也与额外收益反向变化，减少了其收益分配比重。两个众筹主体的超额收益均与自身预期收益率反向变化，与其他主体预期收益率同向变化。超额收益是实际收益与自身预期收益的差值，较高的自身预期收益率提高了自身预期收益，故超额收益与自身预期收益率反向变化，而其他主体预期收益率的提高驱动自身增加投资，提高了收益分配的比重，故超额收益与其他主体预期收益率同向变化。

（三）产量分析

产品产量与关注程度的变化关系如图 6.3.19 所示。

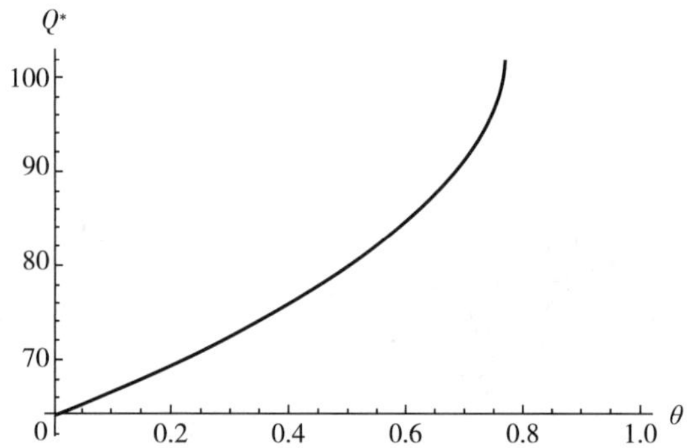

图 6.3.19　产量与关注程度变化关系

由此可得出命题 6.3.9。

命题 6.3.9　产量与制造商对消费者价值的关注程度同向变化。

该命题表明制造商对消费者价值的关注使得产品能够更好地满足消费者需求，从而提高了产品产量。

产量与股权众筹相关参数的变化关系如图 6.3.20、图 6.3.21 所示。

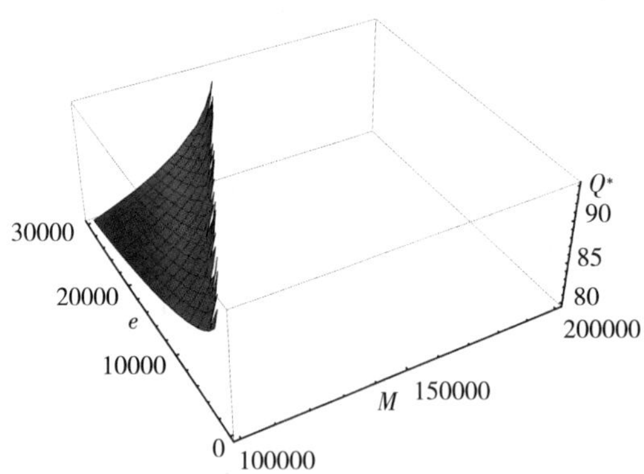

图 6.3.20　产量与资金参数变化关系

由此可得出命题 6.3.10。

命题 6.3.10　（1）产量与资金需求量同向变化，与额外收益反向变化。

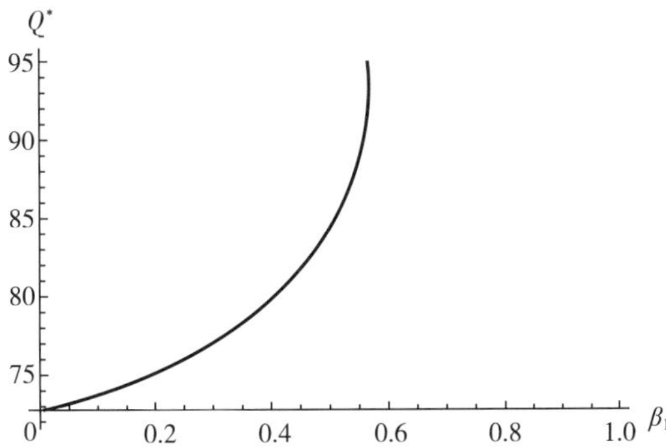

图 6.3.21　产量与预期收益率变化关系

（2）产量与股权众筹领投主体预期收益率同向变化，与跟投主体预期收益率无关。

该命题表明，资金需求量的增长反映了制造商进行股权众筹的热度提升，使制造商获得了更多用于生产的资金，从而扩大了产能，提高了产量。而随着额外收益的增长，制造商为减少自身的价值损失降低了股权让渡比例，从而减少了众筹主体超额收益，故产量下降。与命题 6.2.10 不同，在有领投股权众筹模式下产量只与领投主体预期收益率同向变化，与跟投主体无关，这是因为股权让渡比例只与领投主体预期收益率相关，表明制造商主要关注领投主体预期收益率，所以产量仅与其有关。

（四）消费者价值分析

消费者价值与关注程度的变化关系如图 6.3.22 所示。

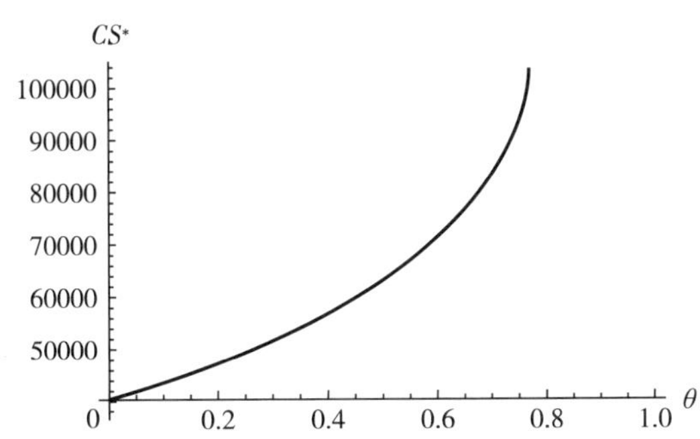

图 6.3.22　消费者价值与关注程度变化关系图

由此可得出命题 6. 3. 11。

命题 6. 3. 11 消费者价值与关注程度同向变化。

该命题表明，制造商通过产品升级、定制化等措施迎合了消费者需求，进而提升了消费者价值。

消费者价值与股权众筹相关参数的变化关系如图 6. 3. 23、图 6. 3. 24 所示。

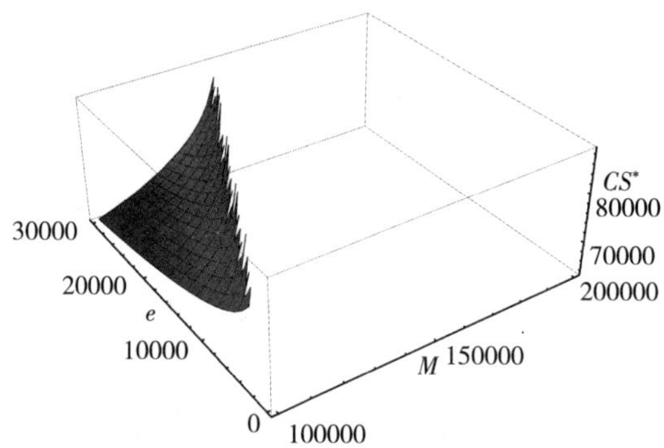

图 6. 3. 23 消费者价值与资金参数变化关系

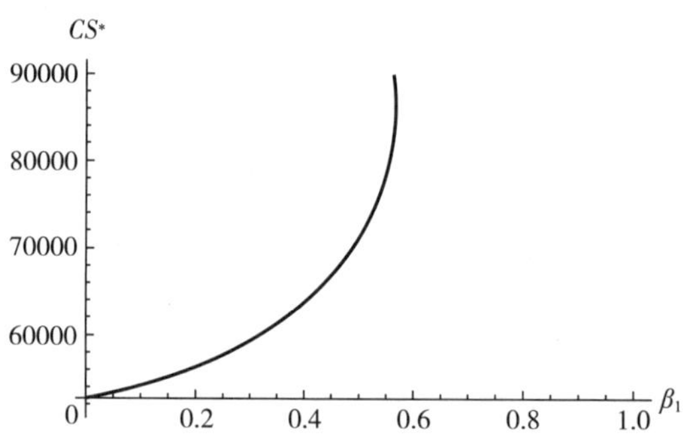

图 6. 3. 24 消费者价值与预期收益率变化关系

由此可得出命题 6. 3. 12。

命题 6. 3. 12 （1）消费者价值与资金需求量同向变化，与额外收益反向变化。

（2）消费者价值与股权众筹领投主体预期收益率同向变化，与跟投主体预期收益率无关。

该命题表明消费者价值与股权众筹相关参数的变化关系同产量与股权众筹相关参数的变化关系相似。消费者价值仅与股权众筹领投主体预期收益率同向变化，原因与命题 6. 3. 10 相似。

（五）企业与企业联盟价值分析

企业与企业联盟价值与制造商对消费者价值关注程度的变化关系如图 6. 3. 25—图 6. 3. 28 所示。

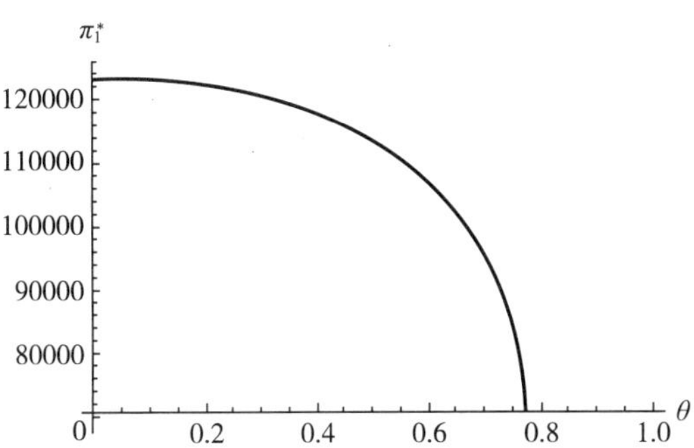

图 6. 3. 25　制造商价值与关注程度变化关系

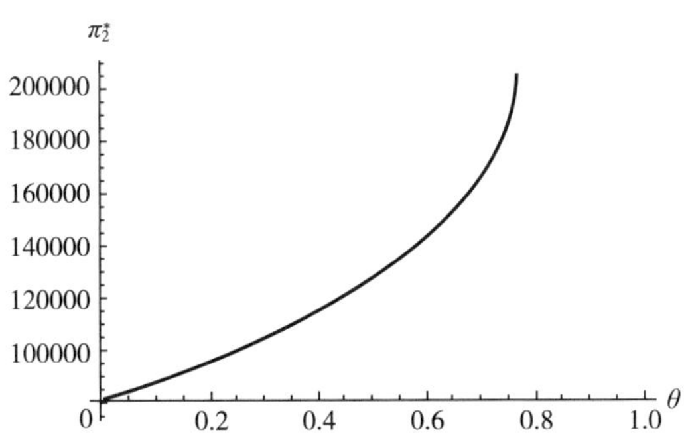

图 6. 3. 26　零售商价值与关注程度变化关系

由此可得出命题 6. 3. 13。

命题 6. 3. 13　制造商价值与制造商对消费者价值的关注程度反向变化，零售商、回收再制造企业、企业联盟价值与关注程度同向变化。

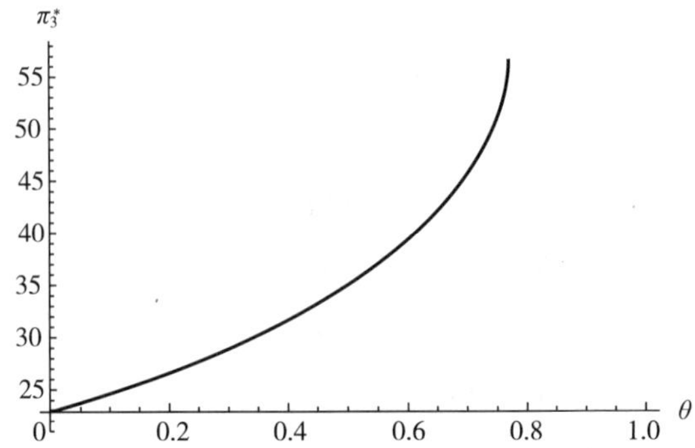

图 6. 3. 27　回收再制造企业价值与关注程度变化关系

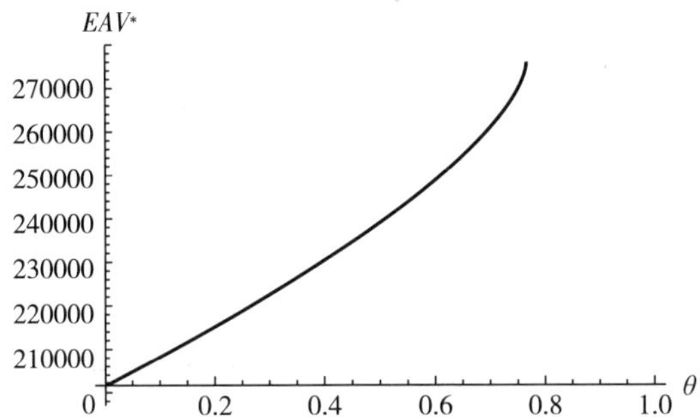

图 6. 3. 28　企业联盟价值与关注程度变化关系

该命题表明，制造商对消费者价值的关注付出了相关成本，降低了自身价值，但由此提升了消费者满意度，增加了销量，所以，零售商、回收再制造企业、企业联盟价值得到提升，这与前述章节结论相似。

制造商价值与股权众筹相关参数的变化关系如图 6. 3. 29、图 6. 3. 30 所示。

由此可得出命题 6. 3. 14。

命题 6. 3. 14　(1) 制造商价值与资金需求量反向变化，与额外收益同向变化。

(2) 制造商价值与股权众筹领投主体预期收益率反向变化，与跟投主体预期收益率无关。

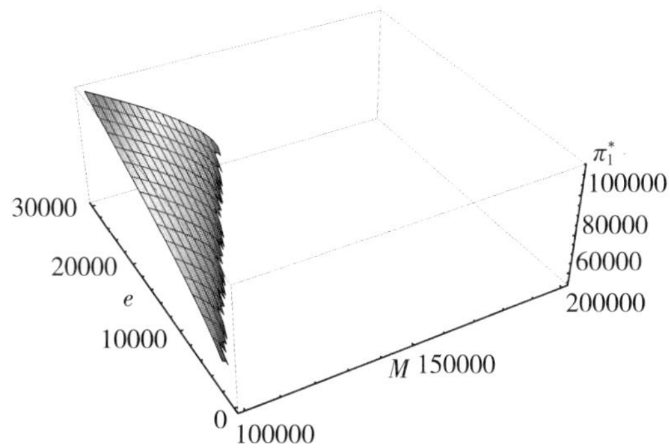

图 6. 3. 29　制造商价值与资金参数变化关系

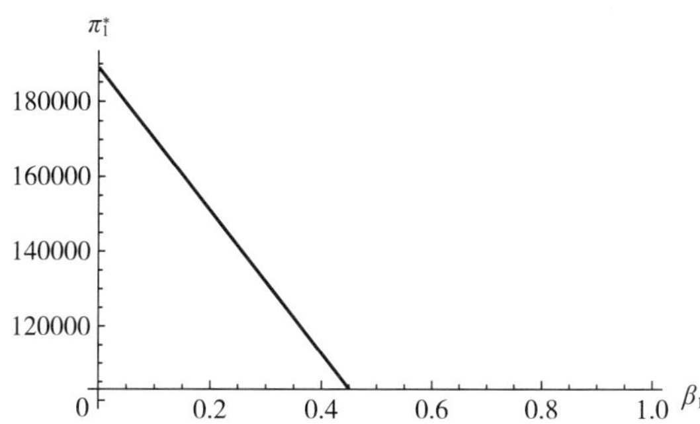

图 6. 3. 30　制造商价值与预期收益率变化关系

结合命题 6. 3. 4 可知，资金需求量的增长迫使制造商提高股权让渡比例，从而吸引众筹主体增加投资，减少了制造商价值，而额外收益的增加表明股权众筹投资盈利能力的提高，降低了制造商的资金需求，故制造商降低股权让渡比例，提高了自身价值。预期收益率的提升驱使领投主体同制造商谈判以提高股权让渡比例获取更高分红，即使产量得到了提升但最终却降低了制造商价值，同时跟投主体影响有限，故制造商价值仅与股权众筹领投主体预期收益率反向变化。

零售商、回收再制造企业价值与股权众筹相关参数的变化关系如图 6. 3. 31—图 6. 3. 34 所示。

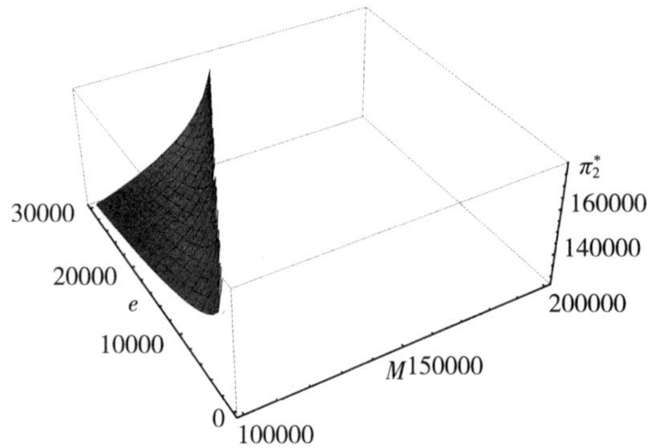

图 6.3.31 零售商价值与资金参数变化关系

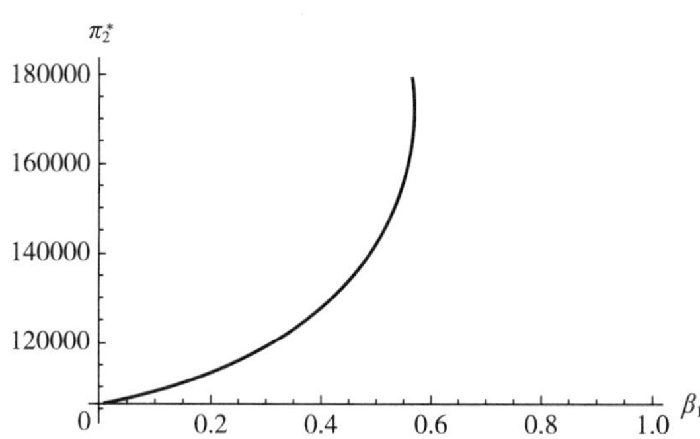

图 6.3.32 零售商价值与预期收益率变化关系

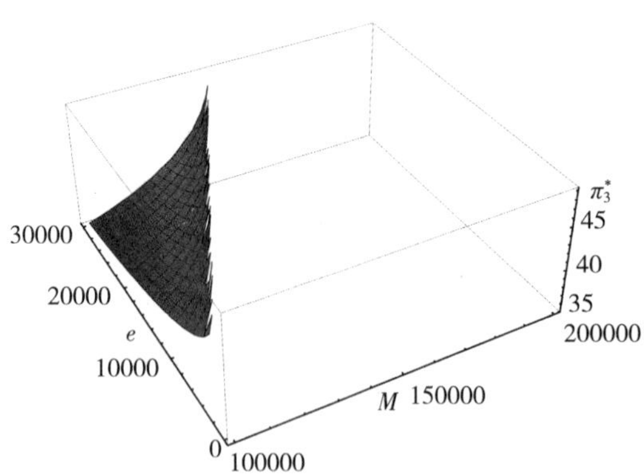

图 6.3.33 回收再制造企业价值与资金参数变化关系

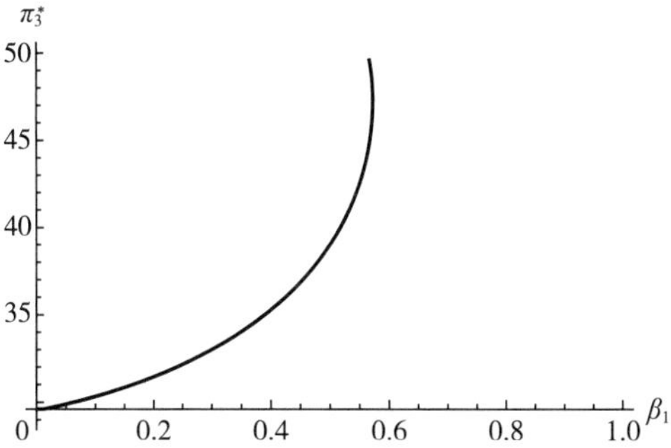

图 6.3.34 回收再制造企业价值与预期收益率变化关系

由此可得出命题 6.3.15。

命题 6.3.15 （1）零售商价值、回收再制造企业价值与资金需求量均同向变化，与额外收益均反向变化。

（2）零售商价值、回收再制造企业价值与股权众筹领投主体预期收益率均同向变化，与跟投主体预期收益率均无关。

该命题表明，零售商价值、回收再制造企业价值与产量高度相关，故变化趋势同产量关于股权众筹相关参数的变化趋势相近，而同制造商关于股权众筹相关参数的变化趋势相反，进一步证明制造商同众筹主体的博弈和分红对制造商价值的影响为主导作用。零售商价值、回收再制造企业价值仅与股权众筹领投主体预期收益率同向变化，原因与命题 6.3.10 相似。

企业联盟价值与股权众筹相关参数的变化关系如图 6.3.35、图 6.3.36 所示。

由此可得出命题 6.3.16。

命题 6.3.16 （1）企业联盟价值与资金需求量先反向变化后同向变化，与额外收益同向变化。

（2）企业联盟价值与股权众筹领投主体预期收益率反向变化，与跟投主体预期收益率无关。

该命题表明，企业联盟价值与股权众筹相关参数的变化趋势虽然受到了零售商、回收再制造企业的影响，但主要体现了制造商价值与股权众筹相关参数的变化趋势特征，与命题 6. 2. 16 相似。企业联盟价值仅与股权众筹领投主体预期收益率同向变化，原因与命题 6. 3. 10 相似。

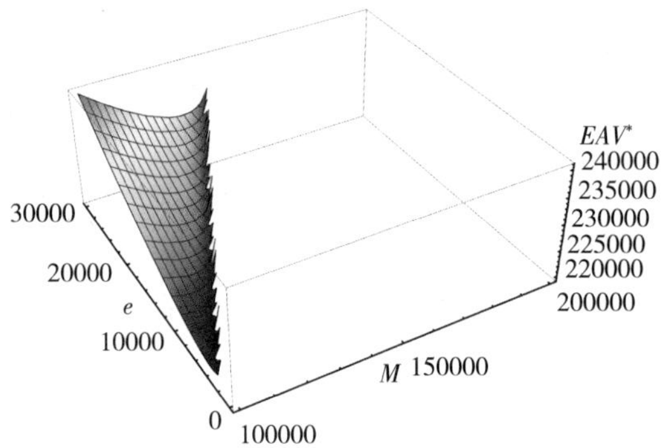

图 6. 3. 35　企业联盟价值与资金参数变化关系

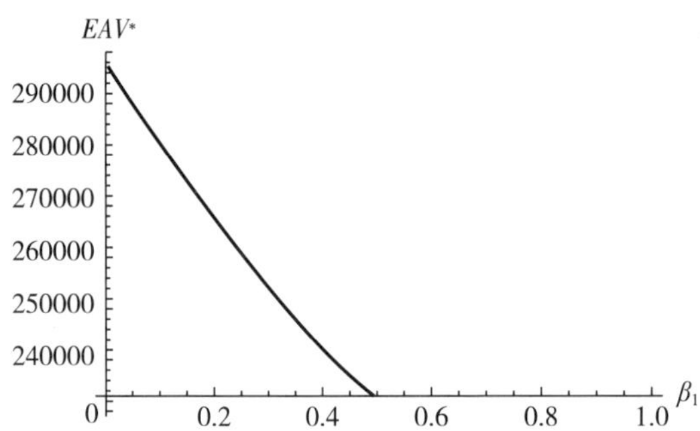

图 6. 3. 36　企业联盟价值与预期收益率变化关系

（六）闭环供应链价值分析

闭环供应链价值与制造商对消费者价值关注程度的变化关系如图 6. 3. 37 所示。

由此可得出命题 6. 3. 17。

命题 6. 3. 17　闭环供应链价值与制造商对消费者价值的关注程度同向变化。

该命题表明，制造商关注消费者价值最终有利于闭环供应链整体价值，这与前述章节的相关命题类似，且闭环供应链价值低于无领投股权众筹模式下的闭环供应链价值。

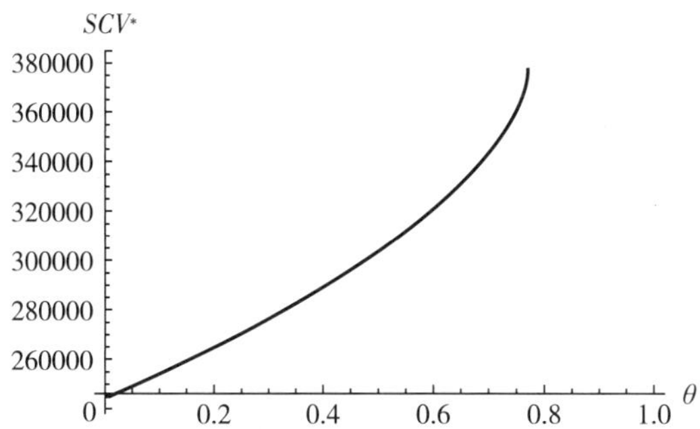

图 6.3.37　闭环供应链价值与关注程度变化关系

闭环供应链价值与股权众筹相关参数的变化关系如图 6.3.38、图 6.3.39 所示：

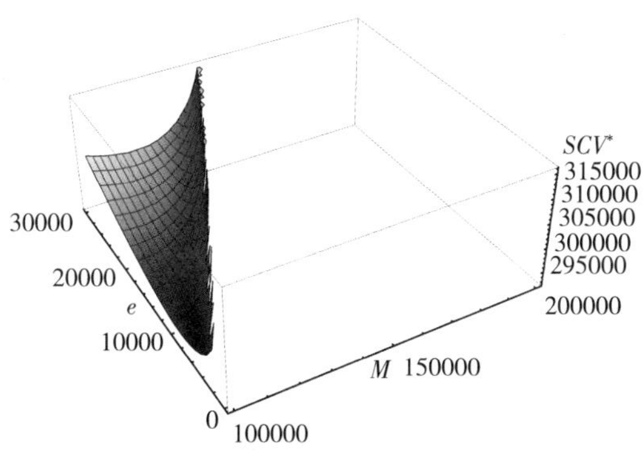

图 6.3.38　闭环供应链价值与资金参数变化关系

由此可得出命题 6.3.18。

命题 6.3.18　(1) 闭环供应链价值与资金需求量先反向变化后同向变化，与额外收益同向变化。

(2) 闭环供应链价值与股权众筹领投主体预期收益率反向变化，

与跟投主体预期收益率无关。

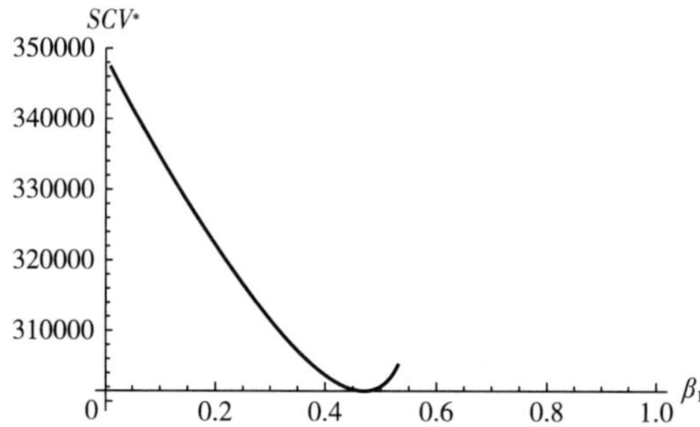

图 6.3.39 闭环供应链价值与预期收益率变化关系

该命题表明，在增加了消费者价值后，闭环供应链价值关于股权众筹相关参数的变化趋势同企业联盟价值与股权众筹相关参数的变化趋势基本相似。闭环供应链价值仅与股权众筹领投主体预期收益率反向变化，原因与命题 6.3.10 相似。

（七）环保效应分析

环保效应与制造商对消费者价值关注程度的变化关系如图 6.3.40 所示。

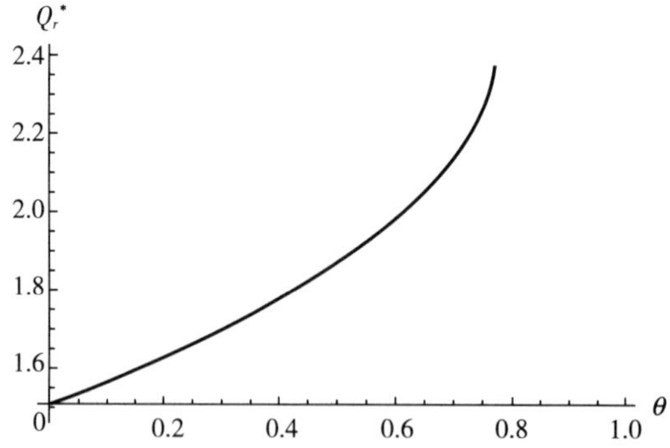

图 6.3.40 闭环供应链环保效应与关注程度变化关系

由此得出命题 6. 3. 19。

命题 6. 3. 19　闭环供应链环保效应与制造商对消费者价值的关注程度同向变化。

该命题与回收再制造企业价值同关注程度的变化关系相似。

环保效应与股权众筹相关参数的变化关系如图 6. 3. 41、图 6. 3. 42 所示。

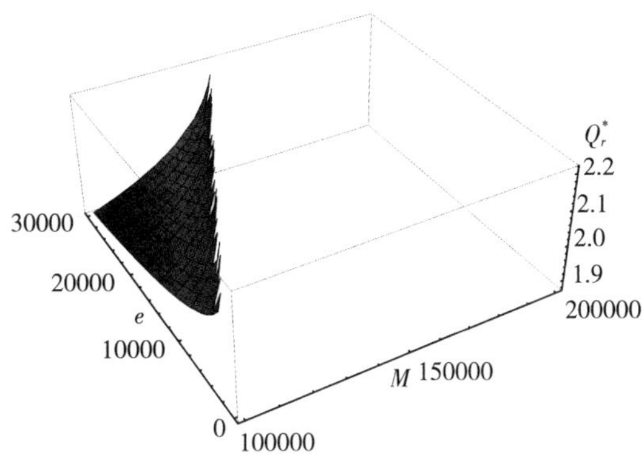

图 6. 3. 41　环保效应与资金参数变化关系

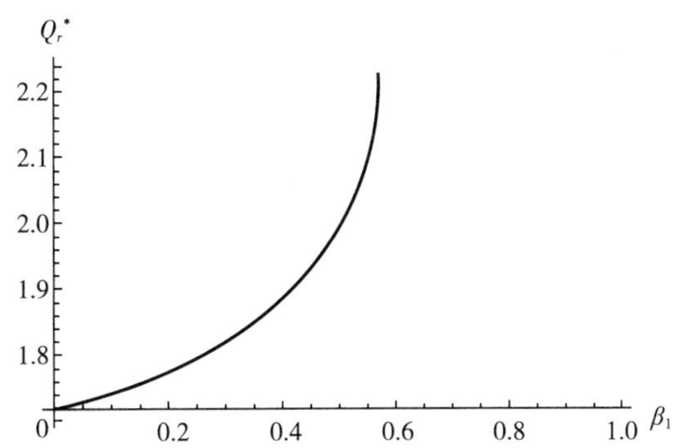

图 6. 3. 42　环保效应与预期收益率变化关系

由此得出命题 6. 3. 20。

命题 6. 3. 20　（1）环保效应与资金需求量同向变化，与额外收益反向变化。

（2）环保效应与股权众筹领投主体预期收益率同向变化，与跟投主体预期收益率无关。

环保效应与股权众筹相关参数的变化关系同回收再制造企业与股权众筹相关参数的变化关系相似。

由此可发现，闭环供应链链上各主体价值共创结果均仅与股权众筹领投主体预期收益率相关，而股权众筹投资主体投资额及超额收益则与领投主体、跟投主体的预期收益率均有关。

（八）消费者参与价值共创分析

价值共创是企业与消费者共同创造价值的活动，企业关注消费者价值，改进生产活动，促进消费者价值的提升，同时也应当创造条件吸引消费者通过多种方式主动参与到价值共创活动中，促进企业价值增值，形成良性互动的局面。制造商关注消费者价值前后的制造商、消费者价值如表 6. 3. 1 所示。

表 6. 3. 1　制造商关注消费者价值前后的制造商、消费者价值

π_1^*	π_1^{**}	CS^*	CS^{**}
113554. 18	123267. 51	63566. 67	40620. 01

所以，制造商关注消费者价值前后的消费者价值之差为 $\Delta CS = CS^* - CS^{**} = 63566.67 - 40620.01 = 22946.66$。消费者参与价值共创活动等价于将自身价值转移给制造商，假设该部分价值占 ΔCS 的比例为 η。消费者转移的价值应当使制造商价值高于非共创时的价值，同时消费者价值减少后也应高于非共创时的价值。故 η 应满足如下条件：

$$\begin{cases} \pi_1^* + \eta \Delta CS > \pi_1^{**} \\ CS^* - \eta \Delta CS > CS^{**} \end{cases}$$

解得 $0.42 < \eta < 1$。令 $\eta = 0.43$，解得 $\pi_1^{c*} = 113554.18 + 0.43 \times 22946.66 = 123421.2438 > \pi_1^{**}$，$CS^{c*} = 63566.67 - 0.43 \times 22946.66 = 53699.6062 > CS^{**}$。由此得出命题 6. 3. 21。

命题 6. 3. 21　当消费者通过参与价值共创活动将自身价值较不共

创时增值的 η 部分转移给制造商时，制造商弥补了关注消费者价值造成的价值损失，闭环供应链上各方价值均得到提升。

最终，价值共创后的闭环供应链各主体、股权众筹投资主体主要结果如表 6.3.2 所示。

表 6.3.2　　价值共创后的闭环供应链各主体、股权众筹投资主体主要结果

λ^*	R_1^*	R_2^*	CS^*	π_1^*	π_2^*	π_3^*	EAV^*	SCV^*	Q_r^*
0.38	9346.20	26088.82	53699.61	123421.24	127098.12	35.21	250554.57	304254.18	1.88

所以，除制造商价值、企业联盟价值、闭环供应链价值外，其余结果（最优股权让渡比例，股权众筹领投主体、跟投主体超额收益，消费者价值，零售商价值，回收再制造企业价值，环保效应）均高于无领投股权众筹模式下的对应结果。此时，若制造商同时对下游零售商持股，设持股比例为 λ_{12}。因为两种股权众筹模式下的制造商价值之差为 $\Delta\pi_1^*=132094.93-123421.24=8613.69$，零售商价值之差为 $\Delta\pi_2^*=127098.12-122500.58=4597.54$，$\Delta\pi_1^*>\Delta\pi_2^*$，故此时制造商无法通过持有零售商股份并分红来完全弥补制造商在有领投股权众筹模式下相比无领投股权众筹模式的价值损失，但仍然可以得到缓解。λ_{12} 应满足如下不等式 $0<\lambda_{12}<\dfrac{4597.54}{127098.12}\approx 0.036$，这表明制造商可通过持股零售商缓解价值损失但持股比例最高不超过 3.6%。由此得出命题 6.3.22。

命题 6.3.22　在进行有领投股权众筹的同时若制造商同时持有零售商的股份，则制造商在有领投股权众筹模式下的利润损失会得到缓解。

第四节　讨论

本节将从动因、过程分析出发讨论不同股权合作形式影响下的闭环供应链价值共创异同，实现对前述章节的整合。

一　考虑股权合作的闭环供应链价值共创动因分析

（一）相同点

闭环供应链链上企业间、链上企业与链外主体间股权合作的共同动因是通过股权合作的激励、信息共享、谈判等机制实现协同，为闭环供应链与消费者共创价值奠定基础。闭环供应链与消费者共创价值的共同动因是使产品快速进入新市场，满足消费者多样化需求，降低市场营销成本，提高消费者忠诚度，同时与消费者共同进行回收再制造活动。

（二）不同点

考虑股权合作的闭环供应链价值共创动因的不同点主要体现在股权合作动因的不同，下面将分类阐述。

（1）链上企业间股权合作侧重于通过股权合作影响企业运营，其次是获取相应的经济价值，属于运营导向型股权合作（孙娜、王保平，2017）。零售商持股制造商、制造商持股零售商以及制造商与零售商交叉持股这三种股权合作形式动因的区别如下：

①零售商持股制造商。零售商持股制造商使制造商能更好地掌控销售渠道，同时零售商可获得更稳定的货源和对制造商生产、运营等工作的话语权（Dyer et al.，1998；孟庆春等，2017）。另外，零售商也可通过股权合作帮助制造商改善生产流程特别是与回收再制造相关的生产流程，提升环保效应。

②制造商持股零售商。制造商可通过持股帮助零售商改善销售渠道的环保工作，降低环保成本，提高环保活动的经济性。

③制造商与零售商交叉持股。制造商与零售商交叉持股是为了进一步形成协同性更高的战略联盟，更高效地进行资源共享、风险共担，从而增强竞争力。

（2）闭环供应链链上企业与链外主体股权合作的动因除了实现协同外更侧重财务方面，属于财务导向型股权合作（孙娜、王保平，2017）。链上企业通过股权合作解决资金缺口，链外主体也会根据被投资企业、项目的基本信息来决策是否投资，项目成功后获取分红。

另外，也有关注环保的链外主体会选择参与和闭环供应链价值共创相关的项目。所以，通过股权众筹，链外主体也实现了对闭环供应链价值共创中与环保相关工作的支持与监督，形成了“供应链+多元主体”的闭环供应链价值共创模式（孟庆春等，2020）。

二　考虑股权合作的闭环供应链价值共创过程分析

（一）相同点

第三章第三节第一小节运用系统论将考虑股权合作的闭环供应链价值共创过程归纳为系统投入、转换、产出、反馈，这是考虑股权合作的闭环供应链价值共创过程的共同特征。过程的相同点主要体现在闭环供应链与消费者共创价值的过程，都包含了制造商关注消费者价值、消费者参与价值共创。另外，不同股权合作形式下闭环供应链链上、链外各主体间的博弈形式均为广义的完全信息动态博弈，都采用递阶规划模型求解。

（二）不同点

（1）在考虑单向持股的闭环供应链价值共创过程中，零售商持股制造商、制造商持股零售商是两种不同的股权合作形式，两种形式动因的不同最终体现在股权合作过程与模型设置上。零售商持股制造商降低了制造商单位生产成本，同时分享制造商价值，制造商持股零售商降低了零售商单位环保成本，同时分享零售商价值。

（2）考虑交叉持股的闭环供应链价值共创过程结合了两种单向持股合作形式，同时又分成了利润单次分配、精确分配两种分配方式。利润单次分配指制造商、零售商之间只进行一次利润分配，精确分配指制造商、零售商之间通过无限次分配使利润分配趋于精确。

（3）考虑股权众筹的闭环供应链价值共创将股权合作从链上企业间拓展至链上企业与链外主体间，并可分成无领投股权众筹和有领投股权众筹两类。股权众筹投资主体对制造商投资的影响表现在解决了制造商的资金短缺，使制造商获得了额外收益。考虑股权众筹的闭环供应链价值共创决策过程较单向持股、交叉持股更为复杂，需采用有约束递阶规划模型求解。

第五节 本章小结

本章首先构建了考虑无领投股权众筹的闭环供应链价值共创模型，通过数值分析与仿真刻画了股权众筹对闭环供应链价值共创的影响，并在此研究基础上，引入股权众筹领投人，进一步探究相关结果的变化。主要结论与启示如下：

（1）在两种股权众筹模式下，制造商关注消费者价值虽然使自身价值、股权众筹投资主体超额收益受到损失，但是提升了消费者、零售商、回收再制造企业、企业联盟与闭环供应链价值以及环保效应。

股权众筹并未改变制造商关注消费者价值这一价值共创环节提升价值的作用机理，但是影响了制造商关注程度的确定。制造商除需考虑其他链上企业、消费者价值，还要关注股权众筹投资主体的超额收益，否则过高的关注程度会使对方蒙受较大损失，不利于股权众筹和价值共创活动的可持续发展。

（2）在两种股权众筹模式下，制造商应积极创造条件吸引消费者参与价值共创，与制造商对消费者价值的关注相互配合，形成协同高效的价值共创。

与前述章节类似，消费者参与价值共创弥补了制造商价值损失并进一步提升其价值。制造商应为消费者提供参与价值共创活动的渠道，推进与回收再制造相关的价值共创活动，最终形成协同高效的价值共创。

（3）在无领投股权众筹模式下，制造商、企业联盟、闭环供应链价值同股权众筹相关参数的变化关系与零售商、回收再制造企业价值以及环保效应同股权众筹相关参数的变化关系相反。

制造商在发布股权众筹项目时应当尽量准确地计算众筹项目所需资金和预期收益，过高估算资金数和过低估算预期收益都会给自身利益造成损失。制造商还应当通过与股权众筹投资主体的沟通交流了解众筹主体对投资收益的心理预期，从而使众筹项目的决策运营更为科学，进而实现对价值共创结果的优化。

（4）在无领投股权众筹模式下，股权众筹投资主体超额收益、投资额均与自身预期收益率反向变化，与其他众筹主体预期收益率同向变化。

股权众筹投资主体参与众筹项目时应当广泛调研，准确预估参与投资的其他主体的预期收益率，由此作出实现主体自身和闭环供应链共赢的投资决策。

（5）在有领投股权众筹模式下，闭环供应链上各主体价值、股权让渡比例及环保效应仅与领投主体预期收益率有关。

这是有领投股权众筹模式相对无领投股权众筹模式的主要变化，凸显了领投人的作用。制造商等供应链核心企业在组织股权众筹时应当重点关注、评估领投人预期收益率等关键信息，从而实现经济价值和环保效应的最大化。

（6）在有领投股权众筹模式下，除制造商、企业联盟、闭环供应链价值外的闭环供应链各主体、股权众筹投资主体主要结果均获得提升，若制造商同时持有零售商的股份则会缓解其价值损失，并与考虑有领投股权众筹的闭环供应链价值共创初步构成“供应链+多元主体”的闭环供应链价值共创模式。

零售商、回收再制造企业价值、股权众筹投资主体超额收益及环保效应均得到提升，说明制造商股权让渡比例较高，将较多的自身价值让渡给了股权众筹投资主体，但产品销量得到了提升。现实中，企业为了尽快达成股权众筹、获得资金，也存在让渡较高收益的情形，所以，这一结果为有领投股权众筹在现实中的广泛应用提供了理论依据。环保效应的提升同时表明通过股权众筹这一方式整合关心企业环保问题的投资主体来共同投资治理的有效性，初步形成了“供应链+多元主体”的闭环供应链价值共创模式，拓展了闭环供应链价值共创的边界。有领投股权众筹和链上企业股权合作的并存相比单纯的股权众筹更优，整合了前述章节的研究结果。相对有领投股权众筹，无领投股权众筹的融资成本应当更高，囿于模型的复杂性和资料的缺乏本次未将其纳入模型，这也是笔者未来的研究方向之一。

第七章　结论与展望

第一节　主要工作、结论与管理启示

一　主要工作

提升产业链供应链现代化水平要求供应链具有良好的价值创造能力。近年来兴起的价值共创理论重视消费者在价值创造中的作用，为供应链价值创造研究提供了新视角。随着环境问题日益突出，供应链上下游企业开始进行产品的回收与再制造，形成闭环供应链，价值共创活动也从传统制造扩展到了再制造领域。供应链企业间的合作是供应链高效决策的基础，也是企业与消费者共创价值的重要保证。股权合作即为重要合作形式，主要包括供应链链上企业之间的单向持股和交叉持股，以及链上企业与链外主体间的股权合作（如股权众筹）等。三类股权合作形式虽然具有独特优势，也得到了广泛实践，但仍不可避免地存在缺陷，故对闭环供应链价值共创的影响不确定，需要全面系统地研究。有鉴于此，本书将以单向持股、交叉持股为例的链上企业股权合作形式和以股权众筹为例的链上企业、链外主体股权合作形式纳入闭环供应链价值共创体系中，全面分析了三类股权合作形式对闭环供应链价值共创的影响，提出了实现闭环供应链经济价值、环保效应提升的有效途径。本书主要做了以下工作：

（1）考虑股权合作的闭环供应链价值共创基础研究。首先，界定了股权合作、闭环供应链价值共创等重要概念，明确了考虑股权合作的闭环供应链价值共创内涵；其次，从链上企业、链外主体、消费者角度出发分析了闭环供应链链上、链外交叉持股，闭环供应链与消费者共创价值的动因；最后，通过系统分析明确了考虑股权合作的闭环供应链价值共创过程及实现形式，为后续章节的研究内容提供了理论支撑。

（2）考虑单向持股的闭环供应链价值共创研究。针对零售商持股制造商、制造商持股零售商影响下的闭环供应链价值共创问题运用 Stackelberg 博弈、无约束递阶规划构建相关模型，采用非线性分段函数刻画制造商单位生产成本与持股比例的关系，分析了两种单向持股对闭环供应链价值共创的影响，并通过数值分析与仿真进行比较。

（3）考虑交叉持股的闭环供应链价值共创研究。在前述研究基础上首先针对利润单次分配型交叉持股影响下的闭环供应链价值共创问题运用 Stackelberg 博弈、无约束递阶规划构建相关模型，揭示了交叉持股对价值共创的影响，提出了实现价值提升的途径，并通过数值分析与仿真得出了使闭环供应链及各主体价值实现帕累托改进的最优交叉持股比例。在此研究基础上进一步运用圆盘定理构建考虑利润精确分配型交叉持股的闭环供应链价值共创模型，全面对比了两种利润分配模式下交叉持股对闭环供应链价值共创影响的异同以及最优交叉持股比例的变化，从而为两种利润分配型交叉持股的应用提供了理论依据。

（4）考虑股权众筹的闭环供应链价值共创研究。首先针对无领投股权众筹影响下的闭环供应链价值共创问题运用完全信息动态博弈、有约束递阶规划构建了考虑无领投股权众筹的闭环供应链价值共创模型，解得最优闭环供应链及其各主体价值、环保效应和制造商股权让渡比例，分析了股权众筹对闭环供应链价值共创的影响。在此基础上，本书引入股权众筹领投人，进一步探究相关结果的变化，并简要分析了股权众筹、链上企业股权合作并存的情形，初步形成了“供应链+多元主体”的闭环供应链价值共创模式。

二　主要结论

本书主要得出以下结论：

（1）闭环供应链价值共创的基本形式和特征不会因为股权合作形

式的不同而改变。基本形式和特征是：制造商关注消费者价值虽然损失了自身价值，但是提升了消费者、零售商、回收再制造企业、企业联盟与闭环供应链价值以及环保效应；制造商应创造条件吸引消费者积极参与价值共创，使其与制造商对消费者价值的关注相互配合，形成协同高效的价值共创。

（2）在考虑单向持股的闭环供应链价值共创研究中发现：当使用再制造零件的单位生产成本关于零售商对制造商持股比例的反向变化速度较快且制造商将其对消费者价值的关注程度控制在一定范围内时，零售商对制造商持股比例的提升将使消费者、企业与企业联盟、闭环供应链价值以及环保效应得到提升；零售商持股制造商有助于确定制造商对消费者价值关注程度的上限；当制造商对零售商持股比例的提升使零售商单位环保成本降低时，闭环供应链价值和除回收再制造企业外的其他各主体价值得到提升，只优化销售渠道的环保措施并不能提升环保效应；制造商持股零售商有助于确定制造商对消费者价值关注程度的下限；提高制造商对零售商的持股比例还将促进消费者参与价值共创。

（3）在考虑交叉持股的闭环供应链价值共创研究中发现：在利润单次分配方式下，当使用再制造零件的单位生产成本关于零售商对制造商持股比例的反向变化速度较快且制造商将其对消费者价值的关注程度控制在一定范围内时，提高零售商对制造商持股比例将使消费者、企业与企业联盟、闭环供应链价值以及环保效应得到提升；当制造商对零售商持股比例的提升使零售商单位环保成本降低时，闭环供应链价值和除回收再制造企业外的其他各主体价值得到提升，只优化销售渠道的环保措施并不能推进回收再制造活动、提高回收再制造企业价值以及环保效应；最优交叉持股比例的存在与关注程度等因素有关，该比例应实现闭环供应链及各主体价值的帕累托改进；制造商对零售商持股比例的提升还将促进消费者参与价值共创。在利润精确分配方式下，消费者参与价值共创的积极性与交叉持股比例反向变化的可能性提升；闭环供应链各主体价值及环保效应与交叉持股比例的反向变化关系较利润单次分配方式下更为显著，虽然制造商对零售商的最优持股比例提升，增强了对销售渠道的控制，但闭环供应链经济价值、环保效应低于利润单次分配型交叉持股下的对应指标。

（4）在考虑股权众筹的闭环供应链价值共创研究中发现：在无领投股权众筹模式下，制造商、企业联盟、闭环供应链价值同股权众筹相关参数的变化关系与零售商、回收再制造企业价值以及环保效应同股权众筹相关参数的变化关系相反；股权众筹投资主体超额收益、投资额均与自身预期收益率反向变化，与其他众筹主体预期收益率同向变化。在有领投股权众筹模式下，闭环供应链上各主体价值、股权让渡比例及环保效应仅与领投主体预期收益率有关；除制造商、企业联盟、闭环供应链价值外的闭环供应链各主体、股权众筹投资主体主要结果均获得提升，若制造商同时持有零售商的股份则会缓解其价值损失，并与考虑有领投股权众筹的闭环供应链价值共创初步构成“供应链+多元主体”的闭环供应链价值共创模式。

三　管理启示

通过对考虑不同股权合作形式的闭环供应链价值共创问题进行研究后，本书得出如下管理启示：

（1）闭环供应链上的企业间应当通过股权投资等方式优化制造商与再制造相关的成本与流程，实现经济价值与环保效应的共赢。

零售商通过持股优化制造商成本后产生的环保效应高于制造商持股零售商后产生的环保效应。这表明闭环供应链和作为核心企业的制造商应当把提高环保效应的重点放在利用股权投资等方式优化与再制造相关的成本和生产流程上，仅仅通过改善销售渠道环保工作（如苹果等手机生产商改变包装、不再提供产品附件等）产生的环保效应有限。单向持股可以针对上下游企业的具体状况选择合适的股权合作形式，当制造商等核心企业存在生产、环保等运营方面问题时可以让渡部分股权给零售商，运用零售商的资金改善相关问题；当制造商需要进一步掌握销售渠道或改进销售渠道的销售、环保等方面的问题时可以持有下游零售商的股权以实现相关目的。

（2）闭环供应链链上企业应当把工作重心放在制造等核心主业上，减少股权合作负面影响。

与直觉不同，利润精确分配型交叉持股使闭环供应链价值和环保效应不升反降，原因可能是过于复杂的利润分配方式削弱了利润精确分配型交叉持股对闭环供应链价值共创的提升作用，这可能也是其在实践中难以应用的原因。现实中复杂的交叉持股关系的确会对企业价值造成冲击，比如力霸集团连续7年亏损最终破产，主要原因就是母子公司间的复杂交叉持股关系加剧了企业价值的内耗（冉明东，2011）。所以，企业应当聚焦于自身的主营业务，减少类似的股权合作负面影响对企业产出的冲击。简单、稳定的交叉持股有利于相关企业结成更稳定高效的战略联盟。

（3）闭环供应链链上企业应当根据不同情形选择合适的股权众筹形式，而政府应出台政策鼓励有领投股权众筹的发展。

无领投股权众筹下闭环供应链制造商价值较高，未将自身的过多价值让渡给股权众筹投资主体，而有领投股权众筹下制造商价值较低。故当资金需求不紧迫时制造商可选择无领投股权众筹，反之则可选择有领投股权众筹，即通过让渡较多的价值尽快获得投资。目前京东、阿里等主流平台的股权众筹项目多为有领投股权众筹，本书研究也表明在有领投股权众筹下，闭环供应链的产量提升，环保效应更高，且得益于领投人的专业性，跟投人的收益水平能够得到更好的保障。所以，政府应当出台政策鼓励有领投股权众筹的发展，特别是对涉及回收再制造的股权众筹项目应当加大支持力度，促进全社会环保效应的提升。

第二节　研究不足与展望

一　研究不足

本书研究了不同股权合作情形影响下的闭环供应链价值共创问题，虽然取得了一定成果，但仍存在以下几点不足：

（1）本研究均为确定性静态模型，忽略了不确定性和系统的动态反馈。虽然忽略以上特征能够使本研究的重要结果较为清晰明了，但也与实际情形有所脱节。

（2）研究中涉及主体较少，也未进一步考虑价格弹性、消费者异质性偏好、风险等影响因素，虽然降低了求解分析的复杂性，但无法更全面地反映现实问题。

（3）囿于模型的复杂性，考虑股权众筹的闭环供应链价值共创研究难以采用比较静态分析探究股权众筹对闭环供应链价值的影响，在一定程度上限制了结果的普适性，同时模型中未考虑有领投股权众筹与无领投股权众筹交易成本的不同，这也对研究结果有所影响。

（4）因为部分企业数据、案例难以获取，研究的数值分析与仿真部分未能全部使用真实数据，也没有针对考虑股权合作的闭环供应链价值共创真实案例展开分析，限制了研究的实践性。

二 研究展望

针对未来考虑股权合作的闭环供应链价值共创研究可以从如下方面展开：

（1）基于复杂网络考虑股权众筹的闭环供应链价值共创研究。复杂网络更接近闭环供应链的本质属性，研究时可构建相关指标来刻画更为多元的影响因素，同时复杂网络中涉及不确定性、时间序列的建模仿真也使研究结果更贴近实践。

（2）在考虑股权众筹的闭环供应链价值共创研究中引入不同股权众筹形式下的交易成本。首先通过建模求解分析引入交易成本后不同形式的股权众筹对闭环供应链价值共创影响的变化，然后通过实证研究、访谈调研获取相关数据、案例进一步分析，将数据代入模型验证分析结果。

（3）考虑股权合作的回收定价实证研究。研究中通过模型刻画了回收量与持股比例的关系，但并没有通过实证进一步验证，未来可通过实地调研获取相关数据展开实证研究。

（4）不同股权合作模式的适用性研究。本书中通过数理模型求解分析的股权合作模式在企业中的真实运行机制是什么，分别适用于何种企业？国有企业混合所有制改革同样涉及股权问题，本书结论能否应用于该问题？这些都属于不同股权合作模式的适用性研究，未来将针对此问题采用扎根理论、案例分析等多种方法展开研究。

参考文献

习近平：《高举中国特色社会主义伟大旗帜　为全面建设社会主义现代化国家而团结奋斗——在中国共产党第二十次全国代表大会上的报告》，人民出版社 2022 年版。

蔡继荣：《联盟关系协同的股权规制机制研究》，《中国管理科学》2015 年第 1 期。

邓超、王腾：《股权众筹领投人机制对项目融资绩效的影响研究》，《中南大学学报》（社会科学版）2019 年第 1 期。

丁川、陈璐：《考虑风险企业家有公平偏好的风险投资激励机制——基于显性努力和隐性努力的视角》，《管理科学学报》2016 年第 4 期。

樊帅、田志龙、张丽君：《虚拟企业社会责任共创心理需要对消费者态度的影响研究》，《管理学报》2019 年第 6 期。

樊文平、王旭坪、刘名武等：《不同减排合同下企业间纵向持股对供应链决策的影响》，《管理工程学报》2021 年第 1 期。

方兴：《领投人能促进股权众筹项目成功吗?》，《中国经济问题》2017 年第 6 期。

付红、李良强：《考虑强势下游企业持股弱势上游企业的供应链决策与协调》，《工业工程与管理》2020 年第 2 期。

付红、马永开、唐小我：《制造商持股供应商情形下的组装供应链协调》，《系统工程理论与实践》2014 年第 9 期。

葛万达、盛光华、龚思羽：《消费者绿色价值共创意愿的形成机制——归因理论与互惠理论的视角》，《软科学》2020 年第 1 期。

辜胜阻、杨嵋、庄芹芹等：《规范发展股权众筹支持创业创新的战略思考》，《经济纵横》2016 年第 7 期。

郭朝阳、许杭军、郭惠玲：《服务主导逻辑演进轨迹追踪与研究述评》，《外国经济与管理》2012 年第 7 期。

郭小林、段永瑞、吴述金：《交叉持股股份公司的利润分配》，《上海交通大学学报》2002 年第 10 期。

何丽红、黄甘泉、张哲薇：《供应链交叉持股对制造商直销渠道选择的影响》，《管理学报》2018 年第 9 期。

何哲、孙林岩、朱春燕：《服务型制造的概念、问题和前瞻》，《科学学研究》2010 年第 1 期。

孔昭君、夏诗颖、符之焕：《股权众筹质量信号对投资人参与度的影响》，《北京理工大学学报》（社会科学版）2019 年第 4 期。

李宝库：《消费者信息、中间商行为与制造商渠道的管理效率》，《管理世界》2007 年第 6 期。

李朝辉、金永生：《价值共创研究综述与展望》，《北京邮电大学学报》（社会科学版）2013 年第 1 期。

李雷、简兆权、张鲁艳：《服务主导逻辑产生原因、核心观点探析与未来研究展望》，《外国经济与管理》2013 年第 4 期。

李明敏、李秉祥、惠祥：《异质股东控制权配置对企业混改绩效的影响——基于股东资源与治理结构双视角》，《预测》2020 年第 1 期。

李维安、李勇建、石丹：《供应链治理理论研究：概念、内涵与规范性分析框架》，《南开管理评论》2016 年第 1 期。

李欣、穆东：《动力电池闭环供应链回收定价与协调机制研究》，《软科学》2018 年第 11 期。

李鑫、于辉：《零售商投贷联动融资的供应链契约结构分析》，《系统工程理论与实践》2020 年第 4 期。

林文进、江志斌、李娜：《服务型制造理论研究综述》，《工业工程与管理》2009 年第 6 期。

刘家树、张娟：《股权融资对创新模式选择的影响效应研究——基于创新投入的中介作用》，《科学管理研究》2019 年第 6 期。

刘名武、樊文平、付红：《零售商持股制造商减排投资的运作与优化策略》，《科技管理研究》2017 年第 16 期。

刘名武、樊文平、许以撒：《碳交易政策下零售商持股制造商减排投资决策》，《工业工程与管理》2017 年第 4 期。

刘晓峰、黄沛：《基于策略型消费者的最优动态定价与库存决策》，《管理科学学报》2009 年第 5 期。

刘志远、白默：《公允价值计量模式下的会计政策选择——基于上市公司交叉持股的实证研究》，《经济管理》2010 年第 1 期。

马洪坤、杨振宇：《基于交叉持股理论的国有企业混合所有制改革研究》，《经济体制改革》2020 年第 6 期。

马健、刘志新、张力健：《异质信念、融资决策与投资收益》，《管理科学学报》2013 年第 1 期。

马丽莎、王建琼、董大勇等：《交叉持股关系影响股价联动吗》，《财贸经济》2014 年第 4 期。

孟庆春、董建华、厉聪聪：《基于新产消合一的供应链价值最大化研究》，《中国管理科学》2012 年第 6 期。

孟庆春、李慧慧：《基于新产消合一考虑链间竞争的供应链价值最大化研究》，《中国管理科学》2015 年第 3 期。

孟庆春、张伸、郝婷婷：《基于共创考虑企业间持股的消费类电子产品供应链价值创造研究》，《东岳论丛》2017 年第 2 期。

孟庆春、张夏然、郭影：《“供应链+多元主体”视角下中小制造企业污染共治路径与机制研究》，《中国软科学》2020 年第 9 期。

苗文龙、严复雷：《众筹融资、项目选择与技术进步》，《金融经济学研究》2014 年第 4 期。

聂佳佳、石纯来：《零售商纵向持股对制造商直销渠道选择的影响》，《软科学》2016 年第 3 期。

裴桂芬、赵翠：《日本与德国交叉持股模式的演变及其影响》，《日本学刊》2012 年第 3 期。

冉明东：《论企业交叉持股的“双刃剑效应”——基于公司治理框架的案例研究》，《会计研究》2011 年第 5 期。

饶育蕾、彭叠峰、贾文静：《交叉持股是否导致收益的可预测性？——基于有限注意的视角》，《系统工程理论与实践》2013 年第 7 期。

任天龙、马鹏程、李一鸣等：《国企高管激励方式协同配置：薪酬、股权与政治晋升》，《山东社会科学》2017 年第 8 期。

沙浩伟、曾勇：《交叉持股、网络位置与公司绩效的实证研究》，《管理科学》2014 年第 1 期。

沈娜利、杨灵莉、肖剑等：《大数据环境下供应链企业间客户知识共享股权激励机制研究》，《重庆大学学报》（社会科学版）2021 年第 4 期。

沈小平：《供应链价值系统与竞争优势》，《物流工程与管理》2010 年第 8 期。

宋鹏、田丽丽、李常洪：《交叉持股网络与企业风险承担》，《经济问题》2019 年第 6 期。

孙娜、王保平：《企业集团持股模式、管控系统与契合绩效的研究——基于 210 家企业集团的经验数据》，《会计研究》2017 年第 4 期。

万骁乐、郝婷婷、戎晓霞等：《共创视角下考虑开放式创新的供应链价值创造研究》，《中国管理科学》2017 年第 7 期。

万骁乐、孟庆春：《开放式创新驱动的供应链期权价值共创及分配机制》，《学习与实践》2017 年第 5 期。

王康周、江志斌、林文进等：《服务型制造混合供应链管理研究》，《软科学》2013 年第 5 期。

王旭坪、樊文平、阮俊虎等：《考虑纵向持股的现代农业供应链运营决策与协调优化研究》，《中国管理科学》2022 年第 10 期。

王艳、何竺虔、汪寿阳：《民营企业并购的协同效应可以实现吗?》，《会计研究》2020 年第 7 期。

王宇、于辉：《供应链合作下零售商股权融资策略的模型分析》，《中国管理科学》2017 年第 6 期。

王宇、于辉：《竞争视角下企业股权融资问题的模型研究》，《系统工程理论与实践》2018 年第 1 期。

王玉燕、李璟：《公平关切下基于网络平台销售、回收的 E-闭环供应链的主导模式研究》，《中国管理科学》2018 年第 1 期。

吴清津、邹锐、杨春梅等：《基于价值共创的垃圾处理服务变革和社会营销策略》，《中国人口 · 资源与环境》2014 年第 2 期。

吴一帆、柳欢、陈靖：《航空公司交叉持股对产能共享策略的影响研究》，《管理工程学报》2021 年第 2 期。

武文珍、陈启杰：《价值共创理论形成路径探析与未来研究展望》，《外国经济与管理》2012 年第 6 期。

夏恩君、李森、赵轩维：《股权众筹投资者动机研究》，《科研管理》2017 年第 12 期。

夏良杰、孔清逸、李友东等：《考虑交叉持股的低碳供应链减排与定价决策研究》，《中国管理科学》2021 年第 4 期。

徐海峰：《高新技术企业股权激励与创新投入的协同效应研究》，《科学管理研究》2014 年第 4 期。

许晖、王琳、杨坤：《基于利益相关者的企业绿色价值链重构——以卡博特（天津）为例》，《管理案例研究与评论》2015 年第 1 期。

薛小荣、唐凯桃、赵琳：《公允价值下公司交叉持股的会计计量》，《西安财经学院学报》2014 年第 3 期。

晏妮娜、黄小原：《基于第 3 方逆向物流的闭环供应链模型及应用》，《管理科学学报》2008 年第 4 期。

曾经莲、简兆权：《互联网环境下产品服务系统研究：企业—顾客—环境价值共创视角》，《中国科技论坛》2017 年第 8 期。

曾燕、梁思莹、田凤平等：《股权众筹投融资方的最优策略分析》，《管理科学学报》2017 年第 9 期。

张汉江、宫旭、廖家旭：《线性需求供应链中企业交叉持股的定价和绩效变化研究》，《中国管理科学》2010 年第 6 期。

张楠、周宗放：《供应商持股制造商的供应链协调》，《系统工程》2016 年第 4 期。

张楠、周宗放：《上游企业持股下游企业的供应链协调研究》，《管理评论》2017 年第 8 期。

张伸、孟庆春：《销售商持股制造商的闭环供应链价值创造研究》，《软科学》2020 年第 4 期。

张兴亮、程琦炜：《表里相济：财政补贴与股权激励在促进企业创新中的协同效应》，《财政研究》2020 年第 8 期。

张亚欣：《科技型小微企业股权众筹融资探讨》，《科学管理研究》2016 年第 5 期。

张正、孟庆春：《供给侧改革下农产品供应链模式创新研究》，《山东大学学报》（哲学社会科学版）2017 年第 3 期。

张正、孟庆春：《技术创新、网络效应对供应链价值创造影响研究》，《软科学》2017 年第 12 期。

张正、孟庆春、张文姬：《技术创新情形下考虑政府补贴的供应链价值创造研究》，《软科学》2019 年第 1 期。

郑丽、陈志军、赵月皎：《子公司董事的集团身份、股权激励对技术创新的影响——基于子公司董事会的作用》，《浙江工商大学学报》2017 年第 5 期。

钟振东、唐守廉、Pierre Vialle：《基于服务主导逻辑的价值共创研究》，《软科学》2014 年第 1 期。

周勤、车天骏、庄雷：《股权众筹、控股比例和锚定效应》，《财贸经济》2017 年第 10 期。

周志强、李舜、王洁莹：《民营企业参与国有企业混合所有制改革的协同治理研究——基于分享经济理论的视角》，《江淮论坛》2020 年第 4 期。

朱开悉：《公司交叉持股的会计问题研究》，《审计与经济研究》2011 年第 2 期。

Adams, J. S., "Inequity in social exchange", *Advances in Experimental Social Psychology*, Vol. 2, No. 4, 1965.

Ahlers, G. K. C., Cumming, D., Günther, C., et al., "Signaling in equity crowdfunding", *Entrepreneurship Theory and Practice*, Vol. 39,

No. 4, 2015.

Akter, S., Bandara, R., Hani, U., et al., "Analytics-based decision-making for service systems: A qualitative study and agenda for future research", *International Journal of Information Management*, Vol. 48, 2019.

Ang, J. S. and Constand, R., "The portfolio behavior of Japanese corporations' stable shareholders", *Journal of Multinational Financial Management*, Vol. 12, No. 2, 2002.

Ashby, A., "Developing closed loop supply chains for environmental sustainability: Insights from a UK clothing case study", *Journal of Manufacturing Technology Management*, Vol. 29, No. 4, 2018.

Barki, H. and Hartwick, J., "Measuring user participation, user involvement, and user attitude", *MIS Quarterly*, Vol. 18, No. 1, 1994.

Belleflamme, P., Lambert, T. and Schwienbacher, A., "Crowdfunding: Tapping the right crowd", *Journal of Business Venturing*, Vol. 29, No. 5, 2014.

Block, J., Hornuf, L. and Moritz, A., "Which updates during an equity crowdfunding campaign increase crowd participation?" *Small Business Economics*, Vol. 50, No. 1, 2018.

Brockhoff, K., "Customers' perspectives of involvement in new product development", *International Journal of Technology Management*, Vol. 26, No. 5/6, 2003.

Chakraborty, S., Bhattacharya, S. and Dobrzykowski, D. D., "Impact of supply chain collaboration on value co-creation and firm performance: A healthcare service sector perspective", *Procedia Economics and Finance*, Vol. 11, 2014.

Chang, C. H., "Do green motives influence green product innovation? The mediating role of green value co-creation", *Corporate Social Responsibility and Environmental Management*, Vol. 26, No. 2, 2019.

Chen, J., Hu, Q. and Song, J. -S., "Effect of partial cross ownership on supply chain performance", *European Journal of Operational Research*, Vol. 258, No. 2, 2017.

Cheung, Y. -L., Haw, I. -M., Hu, B., et al., "Common institutional investors and supplier performance in supply chains", *Journal of Operations Management*, Vol. 66, No. 6, 2020.

Cholakova, M. and Clarysse, B., "Does the possibility to make equity investments in crowdfunding projects crowd out reward-based investments?" *Entrepreneurship Theory and Practice*, Vol. 39, No. 1, 2015.

de Bettignies, J. -E. and Brander, J. A., "Financing entrepreneurship: Bank finance versus venture capital", *Journal of Business Venturing*, Vol. 22, No. 6, 2007.

Dunne, D. D., Gopalakrishnan, S. and Scillitoe, J. L., "An empirical study of the impact of firm resources on alliance governance structures", *Journal of Engineering and Technology Management*, Vol. 26, No. 3, 2009.

Dyer, J. H., Cho, D. S. and Chu, W. J., "Strategic supplier segmentation: The next 'best practice' in supply chain management", *California Management Review*, Vol. 40, No. 2, 1998.

Elitzur, R. and Gavious, A., "Contracting, signaling, and moral hazard: A model of entrepreneurs, 'angels,' and venture capitalists", *Journal of Business Venturing*, Vol. 18, No. 6, 2003.

Esain, A. E., Aitken, J., Williams, S. J., et al., "Reverse exchange: Classifications for public service SCM", *Supply Chain Management: An International Journal*, Vol. 21, No. 2, 2016.

Fanti, L., "Social welfare and cross-ownership in a vertical industry: When the mode of competition matters for antitrust policy", *Japan and the World Economy*, Vol. 37-38, 2016.

Ferguson, R. and Hitzig, N. B., "How to get rich quick using GAAP", *Financial Analysts Journal*, Vol. 49, No. 3, 1993.

Filson, D. and Morales, R., "Equity links and information acquisition in biotechnology alliances", *Journal of Economic Behavior & Organization*, Vol. 59, No. 1, 2006.

Flath, D., "Vertical Integration by means of shareholding interlocks", *International Journal of Industrial Organization*, Vol. 7, No. 3, 1989.

Franke, N. and Shah, S., "How communities support innovative activities: An exploration of assistance and sharing among end-users", *Research Policy*, Vol. 32, No. 1, 2003.

Fu, H. and Ma, Y., "Optimization and coordination of decentralized supply chains with vertical cross-shareholding", *Computers & Industrial Engineering*, Vol. 132, 2019.

Fu, H., Ma, Y. and Cai, X., "Downstream firm's investment with equity holding in decentralized assembly systems", *Omega-The International Journal of Management Science*, Vol. 75, 2018.

Gaigné, C., Latouche, K. and Turolla, S., "Vertical ownership and export performance: Firm-level evidence from the food industry", *American Journal of Agricultural Economics*, Vol. 100, No. 1, 2018.

Ghayebloo, S., Tarokh, M. J., Venkatadri, U., et al., "Developing a bi-objective model of the closed-loop supply chain network with green supplier selection and disassembly of products: The impact of parts reliability and product greenness on the recovery network", *Journal of Manufacturing Systems*, Vol. 36, 2015.

Greenlee, P. and Raskovich, A., "Partial vertical ownership", *European Economic Review*, Vol. 50, No. 4, 2006.

Grönroos, C. and Voima, P., "Critical service logic: Making sense of value creation and co-creation", *Journal of the Academy of Marketing Science*, Vol. 41, No. 2, 2013.

Güth, W., Nikiforakis, N. and Normann, H.-T., "Vertical cross-shareholding: Theory and experimental evidence", *International Journal of Industrial Organization*, Vol. 25, No. 1, 2007.

Halassi, S., Semeijn, J. and Kiratli, N., "From consumer to prosumer: A supply chain revolution in 3D printing", *International Journal of Physical Distribution & Logistics Management*, Vol. 49, No. 2, 2019.

He, J. and Huang, J., "Product market competition in a world of cross-ownership: Evidence from institutional blockholdings", *The Review of Financial Studies*, Vol. 30, No. 8, 2017.

Herrmann, S., Rogers, H., Gebhard, M., et al., "Co-creating value in the automotive supply chain: An RFID application for processing finished vehicles", *Production Planning & Control*, Vol. 26, No. 12, 2015.

Höffler, F. and Kranz, S., "Imperfect legal unbundling of monopolistic bottlenecks", *Journal of Regulatory Economics*, Vol. 39, No. 3, 2011a.

Höffler, F. and Kranz, S., "Legal unbundling can be a golden mean between vertical Integration and ownership separation", *International Journal of Industrial Organization*, Vol. 29, No. 5, 2011b.

Hollebeek, L. D., Srivastava, R. K. and Chen, T., "S-D logic-informed customer engagement: Integrative framework, revised fundamental propositions, and application to CRM", *Journal of the Academy of Marketing Science*, Vol. 47, No. 1, 2019.

Hong, I. H. and Ke, J. -S., "Determining advanced recycling fees and subsidies in 'E-scrap' reverse supply chains", *Journal of Environmental Management*, Vol. 92, No. 6, 2011.

Hornuf, L. and Schwienbacher, A., "Market mechanisms and funding dynamics in equity crowdfunding", *Journal of Corporate Finance*, Vol. 50, 2018.

Hoyer, W. D., Chandy, R., Dorotic, M., et al., "Consumer cocreation in new product development", *Journal of Service Research*, Vol. 13, No. 3, 2010.

Hu, M., Li, X. and Shi, M. Z., "Product and pricing decisions in crowdfunding", *Marketing Science*, Vol. 34, No. 3, 2015.

Huang, M. C., Kang, M. P. and Chiang, J. K., "Can a supplier benefit from investing in transaction-specific investments? A multilevel model of the value co-creation ecosystem perspective", *Supply Chain Management: An International Journal*, Vol. 25, No. 6, 2020.

Huang, Y. and Wang, Z., "Demand disruptions, pricing and production decisions in a closed-loop supply chain with technology licensing", *Journal of Cleaner Production*, Vol. 191, 2018.

Igarashi, K., Yamada, T., Gupta, S. M., et al., "Disassembly system modeling and design with parts selection for cost, recycling and CO_2 saving rates using multi criteria optimization", *Journal of Manufacturing Systems*, Vol. 38, 2016.

Jap, S. D., "'Pie sharing' in complex collaboration contexts", *Journal of Marketing Research*, Vol. 38, No. 1, 2001.

Kähkönen, A.-K. and Lintukangas, K., "Supply management as a value creating element in a firm", *International Journal of Value Chain Management*, Vol. 6, No. 4, 2012a.

Kähkönen, A.-K. and Lintukangas, K., "The underlying potential of supply management in value creation", *Journal of Purchasing and Supply Management*, Vol. 18, No. 2, 2012b.

Kanno, M., "Network structures and credit risk in cross-shareholdings among listed Japanese companies", *Japan and the World Economy*, Vol. 49, 2019.

Kavusan, K. and Frankort, H. T. W., "A behavioral theory of alliance portfolio reconfiguration: Evidence from pharmaceutical biotechnology", *Strategic Management Journal*, Vol. 40, No. 10, 2019.

Ketzenberg, M., "The value of information in a capacitated closed loop supply chain", *European Journal of Operational Research*, Vol. 198, No. 2, 2009.

Keuschnigg, C. and Nielsen, S. B., "Start-ups, venture capitalists, and the capital gains tax", *Journal of Public Economics*, Vol. 88, No. 5, 2004.

Khanna, T. and Palepu, K., "Policy shocks, market intermediaries, and corporate strategy: The evolution of business groups in Chile and India", *Journal of Economics & Management Strategy*, Vol. 8, No. 2, 1999.

Kotler, P. and Levy, S. J., "Broadening the concept of marketing", *Journal of Marketing*, Vol. 33, No. 1, 1969.

Kristensson, P., Gustafsson, A. and Archer, T., "Harnessing the creative potential among users", *Journal of Product Innovation Management*, Vol. 21, No. 1, 2004.

Lam, P. T. I. and Law, A. O. K., "Crowdfunding for renewable and sustainable energy projects: An exploratory case study approach", *Renewable and Sustainable Energy Reviews*, Vol. 60, 2016.

Leising, E., Quist, J. and Bocken, N., "Circular Economy in the building sector: Three cases and a collaboration tool", *Journal of Cleaner Production*, Vol. 176, 2018.

Leng, M. and Parlar, M., "Game-theoretic analyses of decentralized assembly supply chains: Non-cooperative equilibria vs. coordination with cost-sharing contracts", *European Journal of Operational Research*, Vol. 204, No. 1, 2010.

Levy, N., Spiegel, Y. and Gilo, D., "Partial vertical integration, ownership structure, and foreclosure", *American Economic Journal: Microeconomics*, Vol. 10, No. 1, 2018.

Mathisen, T. A., "Competitive tendering and cross-shareholding in public passenger transport", *Transport Policy*, Vol. 48, 2016.

McKeen, J. D., Guimaraes, T. and Wetherbe, J. C., "The relationship between user participation and user satisfaction: An investigation of Four contingency factors", *MIS Quarterly*, Vol. 18, No. 4, 1994.

Meng, Q., Zhang, Z., Wan, X., et al., "Properties exploring and information mining in consumer community network: A case of Huawei Pollen Club", *Complexity*, 2018.

Mishra, J. L., Hopkinson, P. G. and Tidridge, G., "Value creation from circular economy-led closed loop supply chains: A case study of fast-moving consumer goods", *Production Planning & Control*, Vol. 29, No. 6, 2018.

Pal, R. and Gander, J., "Modelling environmental value: An examination of sustainable business models within the fashion industry", *Journal of Cleaner Production*, Vol. 184, 2018.

Pandher, G. S. and Vu, J. D., "Divisional managers' compensation to maximize spillovers and cooperation", *International Review of Economics and Finance*, Vol. 54, 2018.

Peng, Z., Sha, H., Lan, H., et al., "Cross-shareholding and financing constraints of private firms: Based on the perspective of social network", *Physica A: Statistical Mechanics and its Applications*, Vol. 520, 2019.

Pinho, N., Beirão, G., Patrício, L., et al., "Understanding value co-creation in complex services with many actors", *Journal of Service Management*, Vol. 25, No. 4, 2014.

Ramaswamy, V. and Ozcan, K., "Offerings as digitalized interactive platforms: A conceptual framework and implications", *Journal of Marketing*, Vol. 82, No. 4, 2018a.

Ramaswamy, V. and Ozcan, K., "What is co-creation? An interactional creation framework and its implications for value creation", *Journal of Business Research*, Vol. 84, 2018b.

Ramírez, R., "Value co-production: Intellectual origins and implications for practice and research", *Strategic Management Journal*, Vol. 20, No. 1, 1999.

Ryu, W., McCann, B. T. and Reuer, J. J., "Geographic co-location of partners and rivals: Implications for the design of R&D alliances", *Academy of Management Journal*, Vol. 61, No. 3, 2018.

Sampson, R. C., "R&D alliances and firm performance: The impact of technological diversity and alliance organization on innovation", *Academy of Management Journal*, Vol. 50, No. 2, 2007.

Sarkar, B., Ullah, M. and Kim, N., "Environmental and economic assessment of closed-loop supply chain with remanufacturing and returnable transport items", *Computers & Industrial Engineering*, Vol. 111, 2017.

Savaskan, R. C., Bhattacharya, S. and Van Wassenhove, L. N., "Closed-loop supply chain models with product remanufacturing", *Management Science*, Vol. 50, No. 2, 2004.

Schenkel, M., Caniëls, M. C. J., Krikke, H., et al., "Understanding value creation in closed loop supply chains-Past findings and future directions", *Journal of Manufacturing Systems*, Vol. 37, 2015.

Sokolova, K. and Kefi, H., "Instagram and YouTube bloggers promote it, why should I buy? How credibility and parasocial interaction influence purchase intentions", *Journal of Retailing and Consumer Services*, Vol. 53, 2020.

Spohrer, J. and Maglio, P. P., "The emergence of service science: Toward systematic service innovations to accelerate co-creation of value", *Production and Operations Management*, Vol. 17, No. 3, 2008.

Vargo, S. L. and Lusch, R. F., "Evolving to a new dominant logic for marketing", *Journal of Marketing*, Vol. 68, No. 1, 2004.

Vargo, S. L. and Lusch, R. F., "Service-dominant logic: Continuing the evolution", *Journal of the Academy of Marketing Science*, Vol. 36, No. 1, 2008.

Vargo, S. L. and Lusch, R. F., "Institutions and axioms: An extension and update of service-dominant logic", *Journal of the Academy of Marketing Science*, Vol. 44, No. 1, 2016.

Vargo, S. L., Maglio, P. P. and Akaka, M. A., "On value and value co-creation: A service systems and service logic perspective", *European Management Journal*, Vol. 26, No. 3, 2008.

Vismara, S., "Information cascades among investors in equity crowdfunding", *Entrepreneurship Theory and Practice*, Vol. 42, No. 3, 2018.

Vismara, S., "Sustainability in equity crowdfunding", *Technological*

Forecasting & Social Change, Vol. 141, 2019.

Wan, X., Hao, T., Rong, X., et al., "The robust analysis of supply chain based on uncertainty computation: Insight from open innovation", *Cluster Computing: The Journal of Networks, Software Tools and Applications*, Vol. 22, 2019.

Wan, X., Zhang, Z., Rong, X., et al., "Exploring an interactive value-adding data-driven model of consumer electronics supply chain based on Least Squares Support Vector Machine", *Scientific Programming*, Vol. 2016, 2016.

Wang, Q., Li, J., Yan, H., et al., "Optimal remanufacturing strategies in name-your-own-price auctions with limited capacity", *International Journal of Production Economics*, Vol. 181, 2016.

Wang, Y., Hazen, B. T. and Mollenkopf, D. A., "Consumer value considerations and adoption of remanufactured products in closed-loop supply chains", *Industrial Management & Data Systems*, Vol. 118, No. 2, 2018.

Yang, T., Fu, C., Liu, X., et al., "Closed-loop supply chain inventory management with recovery information of reusable containers", *Journal of Combinatorial Optimization*, Vol. 35, No. 1, 2018.

Yi, Y. and Gong, T., "Customer value co-creation behavior: Scale development and validation", *Journal of Business Research*, Vol. 66, No. 9, 2013.

Zhang, S. and Meng, Q., "Electronics closed-loop supply chain value co-creation considering cross-shareholding", *Journal of Cleaner Production*, Vol. 278, 2021.

Zhang, S., Meng, Q. and Xie, J., "Closed-loop supply chain value co-creation considering equity crowdfunding", *Expert Systems with Applications*, Vol. 199, 2022.

Zhao, S., Yu, H., Xu, Y., et al., "Relationship-specific investment, value creation, and value appropriation in cooperative innovation",

Information Technology & Management, Vol. 15, No. 2, 2014.

Zollo, M., Reuer, J. J. and Singh, H., "Interorganizational routines and performance in strategic alliances", *Organization Science*, Vol. 13, No. 6, 2002.

后　记

本书是在我的博士学位论文基础上修改完成的。工作单位山东社会科学院为本书出版提供了院出版资助项目、博士基金项目的经费支持，同时在修改指导等方面给予了充分保障，有关领导、专家曾审阅书稿或听取我的汇报并提出了宝贵意见，让本书得以顺利通过项目评审。各位院出版资助项目匿名外审专家的意见让本书质量有了进一步提高。在此，我谨向山东社会科学院和各位领导、专家致以诚挚的感谢！

我的本硕博求学历程都是在母校山东大学完成的，没有母校的悉心培养，就没有我今天取得的成绩。今天我以母校为荣，我唯有更加拼搏工作，争取让“母校以我为荣”的那一天早日到来！

回望求学之路，我要感谢的人很多很多。

感谢我最敬爱的导师孟庆春教授。作为师门中第一个硕博连读研究生，再算上本科求学时间，我在师门的时间可能是最长的。导师对我学习、工作、生活上的教导与关心也是无法估量的，其中有几句话对我影响最大。研究时，导师常问我“这个概念是什么”“这个模型中哪个是变量哪个是参数”“创新点是什么”，这些看似简单的问题实则很难回答，让我在研究中不断夯实基础知识，培养创新能力。面对工作和生活时，导师常说“管理学院的研究生一方面要做好研究，另一方面要培养为人处世的能力”。近年来我多次跟随导师组织学术会议、调研相关企事业单位，在这些活动中，导师待人接物的大方谦和让我折服，我也从中获益良多。导师对我的期望或者说培养目标可以用他的一句话概括，那就是“读书这么多年你必须要有所改变！”为了这个“有所改变”，导师可以放弃休息的时间和我讨论科研、找工作等方面的问题，可以在住院时指导我逐字逐句修改论文，付出了太多心血。而我自知与导师要求尚有距离，我唯有在今后的学术生涯中更加努力工作，才能不辜负导师的培养，也衷心希望导师能多加保重身体，永远健康快乐。

感谢戎晓霞教授，包春兵、薛小乐、谢磊、郑钦月副教授等团队导师各具特色的指导。感谢任课老师的敬业授课让我建立了科研必备的知识基础。感谢各位校外老师通过学术讲座、答疑解惑等多种形式启迪、指导我的研究。感谢预答辩委员会、答辩委员会专家以及各位博士学术学位论文匿名评阅专家给予的宝贵意见。

本书的顺利出版得益于中国社会科学出版社李庆红编辑及各位出版工作者的精心编审。自从联系李老师以来，李老师对我的问题有问必答，提出了很多具有很强专业性和可操作性的修改意见，让本书质量有了进一步提升并最终顺利出版。在此，我谨向李庆红编辑及各位出版工作者致以衷心的感谢！

本书写作、出版过程中还得到了国家自然科学基金面上项目（71974115），山东省社会科学规划研究青年项目（22DGLJ30）的资助，特此致谢！

能够加入“梦之队”，与一大批热爱科研、活泼可爱的师兄师姐师弟师妹们并肩战斗是我莫大的荣幸，愿各位同门师兄师姐师弟师妹们都有属于自己的美好未来。感谢共同奋斗的 2017 级博士班、2015 级学硕二班全体同学和我亲爱的室友在学习、生活中对我的帮助与包容。感谢山东大学第 16 届研究生支教团全体队友们。

感谢我亲爱的外公外婆！我出生后迈进的第一个家门就是外公外婆家，6 岁前是在那儿长大的。外婆慈祥和善，总是把我的吃穿冷暖放在心上、挂在嘴边。外公勤奋好学，常常教导我们几个外孙要多读书，听说我攻读博士学位后他兴奋不已，多次给我奖励，对我的学习生活格外好奇关心。可是，天有不测风云，外婆、外公先后在 2007 年、2020 年永远离开了我们，再也无法分享我穿上博士学位服、走上工作岗位的喜悦了。如今本书即将付梓，我想这是对二老最好的告慰！

最后，我要把最特别的感谢献给我的父母！我的家能成为一个温馨舒适、书香四溢的家庭，都要归功于我的父母。父亲 1996 年读博，1999 年顺利毕业，在他读博期间我还在上幼儿园。那时的博士寥若晨星，幼儿园老师听说他是博士研究生后都很佩服，这让我一直为父亲感到自豪。母亲也是一个勤学要强的人，小时候在外公家住时，写字台就在床边，母亲用报纸挡住灯光防止照到床上影响我休息，我经常是伴着母亲学习的身影进入梦乡的，这也深深影响了我。另外，父亲选择读博以及我面临转博选择时，都是母亲在我们背后打气支持，鼓励我们一定要坚持读下去，所以，她常常打趣说自己成就了两个博士，信哉斯言！自我 4 岁进入幼儿园接受教育到现在已经 27 年了，父母为了培养我所付出的辛勤和汗水是无法估量的。如今我已走上工作岗位，父母也年届退休。我将继承他们的优良学风，努力攀登学术高峰，尽己所能回报他们，让他们过上幸福的退休生活。

限于本人学力，本书一定还有不当之处，敬请各位读者批评指正。谨致谢忱！

张伸

2023 年初夏于山东社会科学院